JUSTUS FRANTZ

Künstler zwischen den Welten

Eine Biografie von Jens Meyer-Odewald

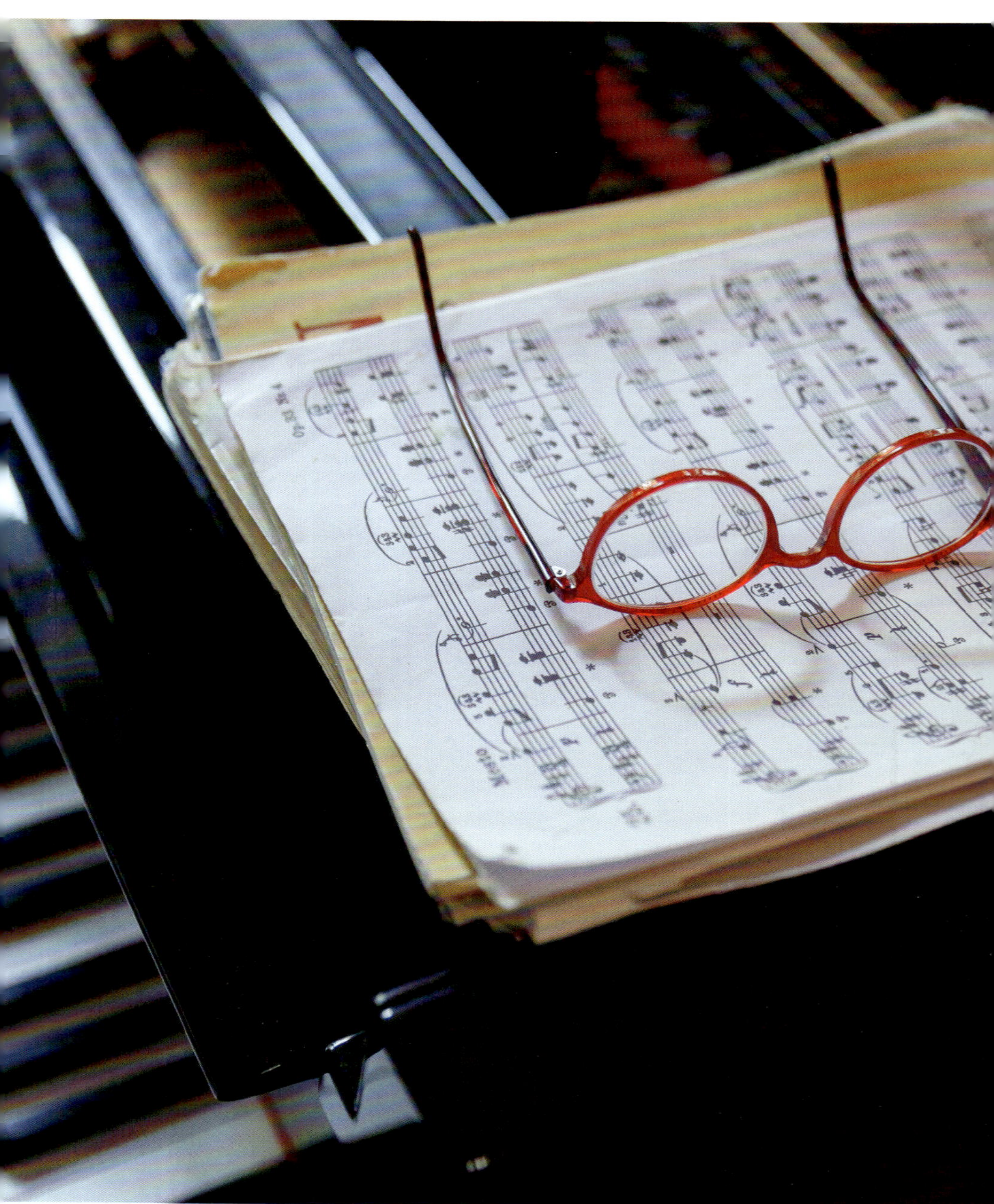

Foto: Marcelo Hernandez, Hamburg

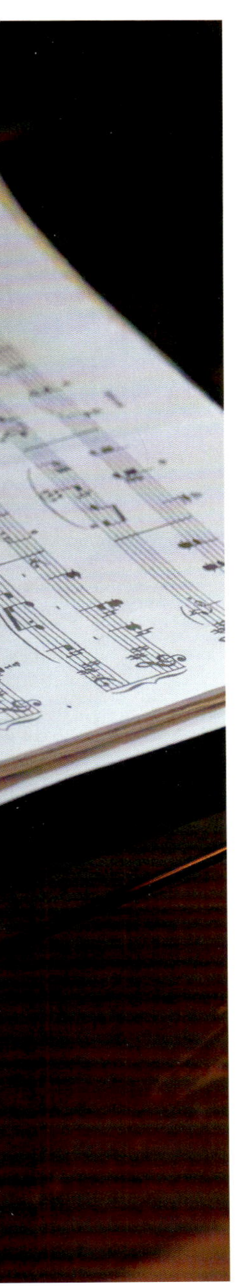

Inhalt

Vorwort

Im Komponistenhäuschen der Finca de los Musicos im Süden Gran Canarias ging's ans Eingemachte. In der exotischen Idylle, die früher auch Leonard Bernstein und Helmut Schmidt (41-mal!) zu schätzen wussten, äußerte sich Justus Frantz zu den delikateren Eckpunkten seiner üppigen Biografie – freimütig und offenherzig. Damit machte er sein Versprechen wahr. Und zwar auf die dezente Art, nicht mit dem Holzhammer. Der Pianist sprach frank und frei über seine finanzielle Situation, mangelhafte Altersabsicherung, sein Verhältnis zu Russland, über seine Gefühls- und Beziehungswelt. Ja, auch Männer spielen langjährige Hauptrollen darin. Auf die Nuancen kommt es an. Wie in der Musik.

Beim ersten Treffen Anfang 2023 war an Themen wie diese noch nicht zu denken. Wir saßen in seinem Wohnzimmer am Kamin, tranken Ingwertee mit Blaubeeren – und diskutierten über Gott und die Welt. Das geht gut mit Professor Frantz, vorzüglich sogar. Justus Frantz ist belesen und meinungsfreudig, streitbar und impulsiv. Er kann ebenso gut austeilen wie einstecken. Er liebt die Provokation. Und er freut sich wie ein kleines Kind, wenn er es

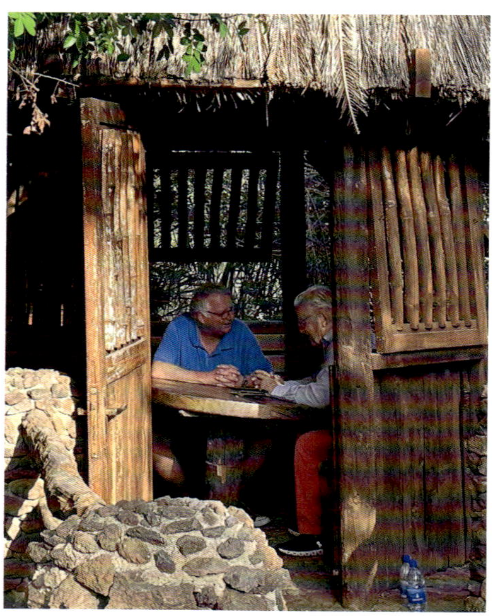

Foto: Jens Meyer-Odewald privat

Der Autor und Justus Frantz im »Komponistenhäuschen« im weitläufigen Garten der Casa de los Musicos auf Gran Canaria

schafft, andere auf die Palme zu bringen. Dass es klüger sein kann, hin und wieder auf die Bremse zu treten, ist ihm bewusst, aber entspricht nicht immer seinem temperamentvollen Naturell.

Eines war der charmante Filou in keiner Phase seiner Achterbahnfahrten: feige. Er benennt Ross und Reiter, laviert nicht herum, zeigt klare Kante. 24 Treffen gab es für dieses Buch. Von Mal zu Mal wurde es spannender. Justus Frantz verfügt über ein beeindruckendes Wissen. Wunderbare Anekdoten zeugen von einer besonderen Lebensgeschichte. Drei Tage Klausur auf seiner Finca boten die Kulisse, um finale Fragen zu klären. Dass ihm dieses Paradies eigentlich gar nicht mehr gehört, ist eines von vielen erstaunlichen Details.

Gespräche mit wichtigen Menschen aus seinem Umfeld, darunter seine langjährige Ehefrau Alexandra von Rehlingen sowie Ksenia Dubrovskaya, die Mutter des gemeinsamen Sohnes Justus Konstantin, rundeten die Recherche ab. Der ehemalige Ministerpräsident Schleswig-Holsteins, Björn Engholm, und mehr als ein Dutzend weiterer Weggefährten aus turbulenten Jahren trugen zum umfassenden Porträt eines Menschen bei, der seine ureigene Art auslebt. Es ist ein Kosmos mit dem Mutterplaneten Frantz. Übereinstimmender Tenor früherer Mitstreiter: Es war eine aufregende, anstrengende, unvergessliche Zeit. Der Maestro traf Majestäten der Welt, bewahrte sich indes ein Herz für kleine Wunder am Wegesrand. Für ein Stück Pflaumenkuchen mit Schlagsahne ließ er ein Flugzeug fliegen. Ein anderer Jet wartete auf dem Rollfeld auf ihn, während der Künstler zunächst noch innere Einkehr in der Badewanne hielt.

Einem reellen Zoff ging Justus Frantz nie aus dem Weg – bis heute als nunmehr 80-Jähriger nicht. Andererseits machten Talent und Chuzpe den Weg frei für Meisterleistungen wie die Gründung des Schleswig-Holstein Musik Festivals oder die Idee einer Philharmonie der Nationen. Wenn er seine Kreativität ausleben kann, ist Justus Frantz ganz in seinem Element.

JENS MEYER-ODEWALD,
Hamburg im Frühjahr 2024

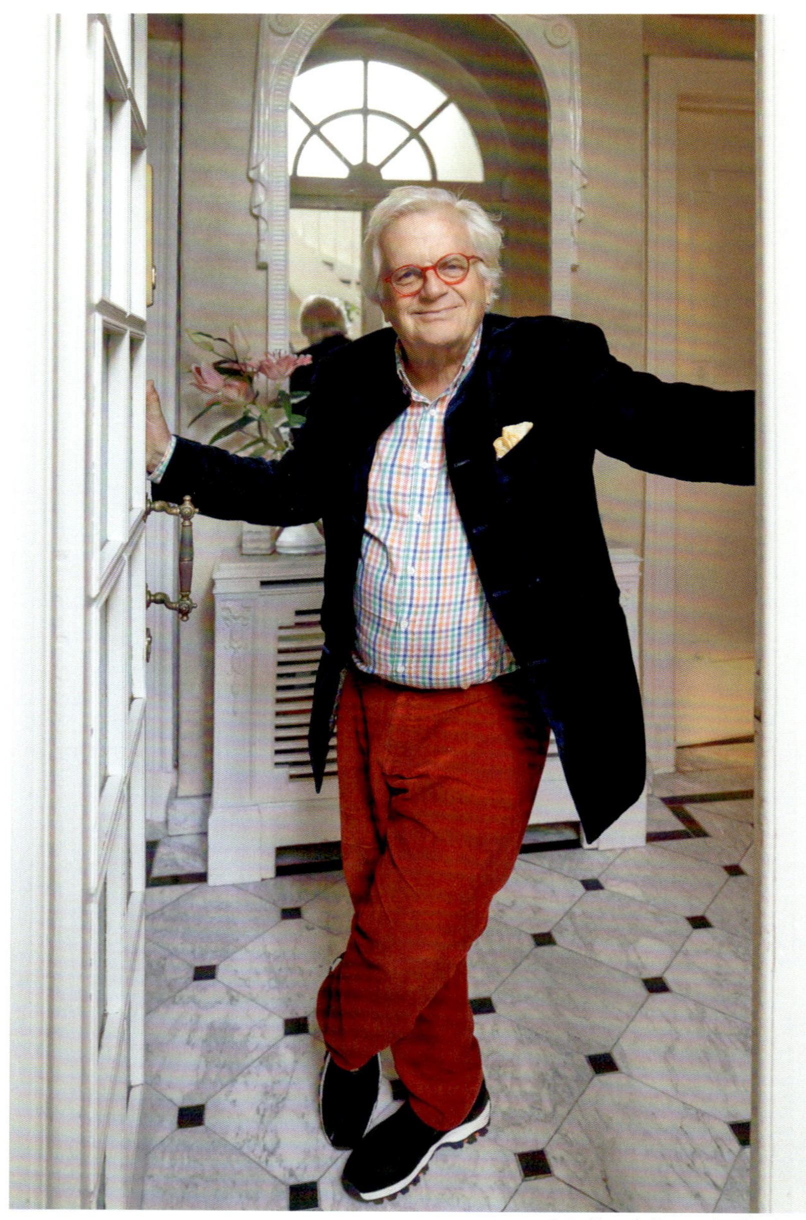

Foto: Marcelo Hernandez, Hamburg

Herzlich willkommen! Justus Frantz an der Eingangstür seiner Wohnung nahe der Hamburger Außenalster. Dort ist der Maestro seit Jahrzehnten zu Hause.

Bühne frei

Kapitel 1

Der Maestro – hinter den Kulissen

In der Casa de los Musicos auf Gran Canaria

An dieser sperrigen Haustür im Süden Gran Canarias schließt sich der Kreis. »Hier möge der Frieden wohnen«, steht in lateinischer Sprache an dem aus Eisen gegossenen Türklopfer. Und: »Lass kein Böses eintreten.« Im Original: »Pax hic habitet, nec intrent mala.« So soll es nach Justus Frantz' Wunsch sein – seit mehr als einem halben Jahrhundert. Eigentlich jedoch noch viel länger. Denn das Original dieses Schildes prangte bereits am Eingang des Familienguts Schaetz im heutigen Polen. Auch wenn sich nach der Flucht 1944 aus dem damaligen Schlesien westwärts so vieles ereignet hat, ist der Pianist und Dirigent dem Credo seiner Vorfahren treu geblieben. Dass eine Nachbildung nun auf der spanischen Insel vor der Nordwestküste Afrikas den Weg in das Innere seines Hauses weist, ist alles andere als ein Zufall. Dieses Refugium in der subtropischen Bergidylle, etwa zehn Kilometer vom Tourismus-Tohuwabohu entfernt, ist eine Welt für sich.

»Wer mich wirklich kennenlernen will«, hatte Justus Frantz bei einem Kamingespräch in seiner Altbauwohnung in Hamburg gesagt, »muss mich auf den Kanaren besuchen.« Eben aus diesem Grund steht dieses Kapitel am Anfang. Weil die Finca eine Basis seines Schaffens ist, ein Refugium abseits des Alltags. Auf unwirtlichem Grund schufen Frantz & Freunde eine exotische Oase. In bewegenden Zeiten kamen illustre Gäste dorthin: Staatspräsidenten, Könige, Minister, Künstler, Musiker, ein ehemaliger Bundeskanzler zigmal, Weggefährten und vor allem Freunde. Neben seiner Privatwohnung am Hamburger Rothenbaum, in der er seit 60 Jahren zu Hause ist, bedeutet ihm der Rückzugsort auf Gran Canaria am meisten. »Diese Finca ist mir eine Herzensangelegenheit«, sagt Justus Frantz, »und für mich der wichtigste Ort auf der Welt.«

Der Name seines grandiosen Anwesens dort sagt alles: »Casa de los Musicos«, das Haus der Musiker. Und der Musik: Mehrere Flügel sind auf der Finca untergebracht. Erwerb, Bau, Gestaltung und Blütenpracht des Anwesens sind ein Kapitel für sich. Angereichert ist diese Geschichte mit exotischen, beinahe unvorstellbaren und immer wieder erstaunlichen Ereignissen. In Muße auf dem Monte Leon, hatte Professor Frantz zuvor versprochen, könne er ganz anders, viel befreiter über alle Themen sprechen – auch über die heiklen. Stichworte sind ein nicht grundsätzlich nur sonniges Gefühlsleben und Finanzen. Um es vorwegzunehmen: Justus Frantz wird Wort halten.

Zuerst jedoch möge dieses beeindruckende Eldorado für sich sprechen. Über eine steile, holprige und mit tückischen Steinen gespickte Straße steuert der Taxifahrer die »Finca Justus Frantz« an. Mit Bussen kommt man hier nicht weiter. Weiter aufwärts geht's an einem grünen Gittertor vorbei. Der frühere Bundeskanzler Helmut Schmidt übersah es in vergangenen Jahren in der Abenddämmerung und rammte es mit seinem geliehenen Mercedes. 41-mal war der verstorbene Staatsmann (zahlender!) Gast bei seinem Freund Justus Frantz in der Casa de los Musicos. Oft war Ehefrau Hannelore alias Loki dabei.

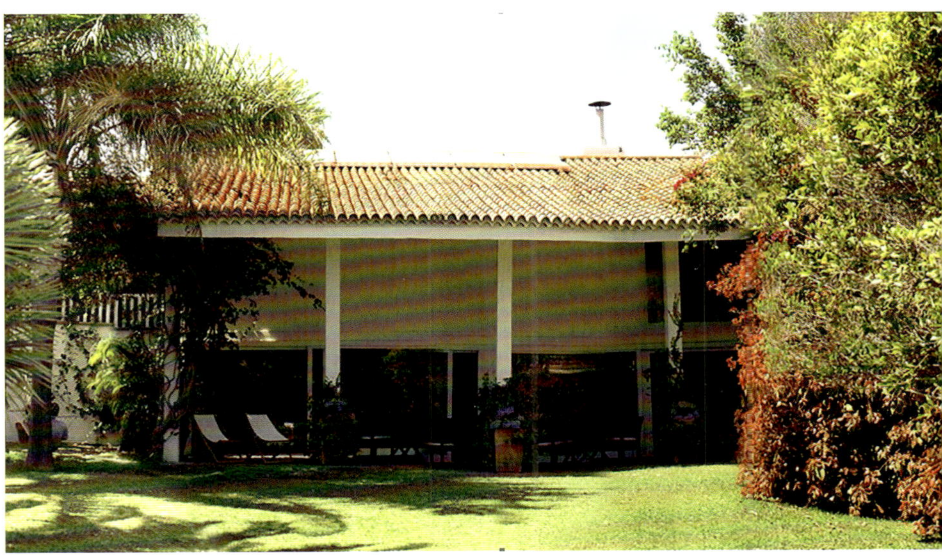

Foto: Peter Bankowski, privat

Die »Finca Justus Frantz« ist eine subtropische Oase im Süden Gran Canarias. In der Bergregion oberhalb von Maspalomas schuf der Pianist und Dirigent ein Paradies – mit tatkräftiger Unterstützung von Freunden.

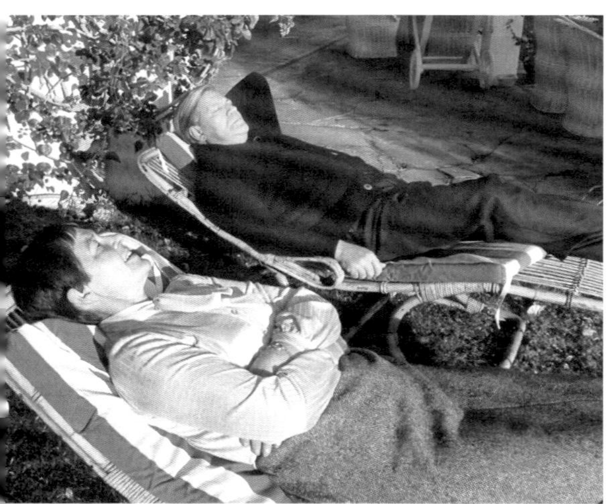
Foto: picture-alliance / dpa | Fritz Fischer

Hannelore und Helmut Schmidt pflegten eine innige Beziehung zum Künstler Justus Frantz. Der Staatsmann reiste 41-mal in die Casa de los Musicos, in deren Garten er und seine Ehefrau gerne entspannten.

Die begeisterte Botanikerin fand ein üppig gedeihendes Paradies vor – belebt von allen möglichen Tieren und einer fantastischen Pflanzenwelt. Zum Abwasch nach langen, gemeinsamen Abendessen war sie sich nie zu schade. Unvergessen ist ebenfalls die Diät ihres Ehemanns Helmut, der sich oft zu wohlbeleibt fühlte. In Kanzlerzeiten war das, also zwischen 1974 und 1982. Dann genehmigte Schmidt sich, kalorienbewusst, lediglich eine Avocado zum Frühstück. Dazu trank er zwei Flaschen Coca-Cola. Um den Geschmack zu intensivieren, pflegte er zwei Stück Würfelzucker ins Glas kullern zu lassen. Die anderen reagierten amüsiert, ersparten sich aber ironische Kommentare. Der Kanzler hatte solche dagegen liebend gern parat. Als er irgendwann einen Wein aus auf der Finca geernteten Trauben kostete, befand er knurrend: »Da schmeckt ja Meister Propper besser.« Dieses Reinigungsmittel war seinerzeit ob massiver Fernsehwerbung vielen geläufig.

Amüsante Rückblicke stammen aus dem Erinnerungsfundus des Hausherrn »Don Justo«, wie der Koch und Majordomus José Rey sagte, und seiner Freunde. Etliche sind schriftlich festgehalten, in Notizen, Tagebüchern und privaten Memoiren. Denn seit den 1970er-Jahren lud Justus Frantz quasi Gott und die Welt in sein tropisches Reich ein. Politische Größen reisten reihenweise an: Bundespräsident Richard von Weizsäcker, Spaniens König Juan Carlos I., Russlands Außenminister Andrei Kosyrew, der südkoreanische Präsident Park Chung-hee, Saudi-Arabiens König, Fidel Castros Sohn Fidelito und viele mehr.

Auch der weltberühmte Komponist und Dirigent Leonard Bernstein, der in Justus Frantz vielleicht mehr als nur einen guten Freund sah, lebte über etliche Jahre teilweise monatelang auf der Anlage. Andere Legenden aus Kultur, Politik und Wirtschaft aus aller Herren Länder wie Sachsens Ministerpräsident Kurt Biedenkopf, Samuel Barber, Alfred Schnittke, René Kollo, Barbara Hendricks, Will Quadflieg, Patrick Süskind oder Hamburgs Ehrenbürger John Neumeier kamen. Angelockt nicht nur vom Naturerlebnis, sondern auch vom bis in die Neuzeit organisierten Finca-Event »Frantz & Friends«, dem »World Piano Festival«. Regelmäßig wurde parallel zu Galadinners geladen. Zu diesem Zweck wurde auf dem 16 Hektar umfassenden Areal ein Amphitheater mit Platz für 500 Gäste geschaffen. Tennisstar Steffi Graf reiste an und nutzte den Tenniscourt hinter dem großen Pool – auch zu einem Match mit Helmut Schmidt. Eine Reitanlage gehört ebenfalls dazu. »Jeder konnte und kann hier nach seinem Gusto leben«, pflegt Justus Frantz zu sagen.

In Spaniens nach Franco begründeter Demokratie kam auch der neue Innenminister zu Besuch. Der Politiker hatte zahlreiche Beamte und Sicherheitsleute im Schlepptau. Da sich die Gäste kurzfristig ankündigten, war in Sachen Bewirtung guter Rat überhaupt nicht teuer. Am Wochenende und weit entfernt vom nächsten Supermarkt war Fantasie gefragt. Alexandra von Rehlingen, damals Ehefrau und heute gute Freundin des Maestros, zauberte einen Kuchen auf den Tisch der Finca. Gewissermaßen aus dem Nichts. Gekochte Kaktusfrüchte, vor dem Haus geerntet, sollten dem kulinarischen Erlebnis eine zusätzliche Note verleihen. Natürlich ahnte das Ehepaar Frantz nicht, dass sich diese Früchte durch langes Kochen in eine karamellähnliche Pampe verwandeln. »Mit einer Wirkung wie Sekundenkleber«, beschrieb der Hausherr die anfangs gar nicht komische Situation. Nach den ersten Bissen guckten die Besucher überrascht. Der Kuchen verschlug ihnen die Sprache. Ein bisschen tatsächlich; denn die Kaktusfrüchtemasse klebte ihnen den Mund zu. Als ein Beamter eine Plombe aus dem Mund zog, wich die Verblüffung allgemeinem Gelächter. Der Sachverhalt war rasch aufgeklärt.

Erheiterung bescherte auch die Einladung eines Nachbarn. Auf einem Berg in der Umgebung hatte sich ein schillernder, international bekannter

»Geschäftsmann« niedergelassen – in fürstlichem Rahmen. Mister Adnan Kashoggi stammte aus Saudi-Arabien und hatte dem Vernehmen nach auch mit Waffenhandel ein gigantisches Vermögen angehäuft. In den 1970er-Jahren geisterte er durch Europas Klatschspalten. Jedenfalls hatte er die Idee, seine Nachbarn auf Gran Canaria zu einem exklusiven Abendessen zu laden. Justus Frantz und Alexandra von Rehlingen wollten sich diese gewiss bizarre Veranstaltung nicht entgehen lassen. Und in der Tat: Plüsch, Pomp und übertriebener Luxus entsprachen den Erwartungen. Auch waren mehrere junge Ladys präsent, die als Models vorgestellt wurden. Zum Finale der Einladung klatschte Kashoggi in die Hände. Lakaien überreichten den Gästen kleine Tüten. Auf der Heimfahrt mit seinem halbautomatischen VW Käfer wollte Justus Frantz den auf den ersten Blick kitschigen Beutel dem Abfall übergeben. Die Aufschrift »Bulgari« sagte ihm nichts. Hergestellt in Bulgarien, dachte er. Bestimmt nichts wert. Alexandra bremste ihn. Gut so, denn die Tüte enthielt ein Seidenkleid von Dior sowie wertvolle Kugelschreiber und ein Feuerzeug der Nobelmarke Bulgari, gegründet 1884 in Rom. Einen Teil erhielt der Hausmeister José.

Lange Zeit konnten die großzügigen Appartements und Einzelzimmer der weitläufigen Frantz-Finca auch von Fremden gebucht werden. Direkt, aber ebenso über Buchungsportale wie booking.com. Der kostspielige Unterhalt dieses üppig wachsenden Kleinods im regenarmen Süden Gran Canarias musste gedeckt, der Angestelltenstab bezahlt werden. Und da der gastgebende Maestro Geselligkeit und Trubel schätzt, damals wie kurz vor seinem 80. Geburtstag, schuf er sich einen separaten Privatbereich: In einem Flügel der sich architektonisch kreativ über drei Ebenen erstreckenden Finca befinden sich seine Räumlichkeiten. Auf viel Geld verschlingende Klimaanlagen wurde prinzipiell verzichtet. Ein ausgeklügelter Ventilator in seinem Schlafzimmer, der mit einem geeisten Wasserbehälter bestückt werden kann, reicht auch in heißen Nächten absolut. Davor befindet sich ein Balkon mit Blick auf Flora und Fauna. Das Ganze wirkt beeindruckend, indes keinesfalls luxuriös oder gar protzig. Die Casa hat einen natürlichen, stilvollen, dem Süden der Kanareninsel angepassten Charme. Auf diesem terrassenähnlichen

Balkon saß einst Bundeskanzler Helmut Schmidt Seite an Seite mit Frankreichs Staatspräsident Valéry Giscard-d'Estaing. Es ging um die Weltordnung, die Zukunft eines vereinten Europas, die Wurzeln einer gemeinsamen Währung. »Diese Finca war ein Knotenpunkt in meinem Leben«, sagt Justus Frantz. »Wichtige Weichen wurden dort gestellt.«

Das Beste an diesem Kapitel: Die Finca hat Justus Frantz gemeinsam mit seelenverwandten und naturbegeisterten Freunden zu einem Paradies gestaltet, Hand in Hand, Idee auf Idee. Bevor Details beschrieben werden, gilt ein besonderer Applaus dem Mitstreiter und langjährigen Weggefährten Peter Bankowski. Der frühere Konzertmanager und Stratege des Schleswig-Holstein Musik Festivals arbeitet heute als Physiotherapeut und Osteopath in Hamburg. Im Stadtteil Harvestehude lebt er in einer Wohnung direkt über seinem Freund und Vertrauten Justus. In mehrseitigen Erinnerungen an eine großartige Ära in der Casa de los Musicos, die Bankowski später erheblich mitgestaltete, präsentiert er unvergessliche Momentaufnahmen – auf unterhaltsame Art. Beispiele sind heimlich im Flugzeug als Handgepäck nach Gran Canaria importierte Hawaii-Gänse, das Schwein Jolante und die frei umherlaufende Eselin Lisa. Oder das auf der Bettkante der genierten Haushälterin Maria Nieve geführte Telefonat des Bundeskanzlers Helmut Schmidt mit dem US-Präsidenten. Simple Erklärung: In ihrem Zimmer befand sich das erste Festnetztelefon der Finca. Die Gegend war seinerzeit noch nicht mit dem Netz verbunden. Und Handys waren noch nicht erfunden. Ging es um etwas sehr Wichtiges, gab Nachbar Uwe vom besser ausgestatteten Haus auf dem Berg nebenan Signale. »Die Finca Justus Frantz war ein Ort, der unterschiedliche Menschen magnetisch anzog«, bilanziert Peter Bankowski in seinem auch für diese Biografie außerordentlich hilfreichen Aufsatz. Bei einem Besuch in seiner Wohnung wird der angenehme Norddeutsche noch viel mehr erzählen.

Zurück auf Start, zurück ins Jahr 1970. Der österreichische Dirigent Herbert von Karajan, ein international gefeierter Weltstar, hatte Justus Frantz und dessen Freund Christoph Eschenbach, der in einem späteren Kapitel noch ausführlich vorgestellt wird, zu einem großen Orchesterabend in Südfrankreich eingeladen. Sie logieren in einem

Nobelhotel in Aix-en-Provence. Durch peinliche Organisationspannen vor Ort werden weder Karajan noch Frantz in den Konzertsaal gelassen. Aus dem Problem wird, typisch für Justus Frantz, eine Tugend gemacht. Höchst spontan buchen sie einen Flug: Marseille–Madrid–Las Palmas. Auf zum großen Open-Air-Festival auf Gran Canaria. Dieser Trip ist ein Schlüsselmoment.

Auf den Kanaren hört Justus Frantz von preiswerten Grundstücken. Vor Ort ist 1970 nicht nur Grund und Boden erschwinglich. Weil der Tourismus noch nicht boomt. Justus Frantz hat vor allem die Idee, seiner Mutter Dosy, seinen »Vizeeltern« von Moltke und seiner Schwester Sibylle mit einer Finca Gutes angedeihen zu lassen. »Ich liebte meine Schwester unglaublich«, sagt Justus Frantz, »und hoffte, dass das milde Klima meiner schwer an Multipler Sklerose erkrankten Schwester helfen könne.« Weiterer Pluspunkt neben den günstigen Grundstückspreisen ist das ganzjährig gute Klima. Im Gegensatz zur Witterung in Schleswig-Holstein und Hamburg. Ergebnis: Gemeinsam mit seinem seit Kindheit vertrauten Freund, dem Pianisten Christoph Eschenbach, kauft Frantz keine Finca – sondern gleich einen ganzen Berg. Monte Leon ist malerisch im Süden Gran Canarias gelegen, indes karg. Die ganze Gegend heißt Monte Leon, besagen Hinweisschilder an den prima ausgebauten Straßen. »Daraus lässt sich was machen«, befinden die beiden. Frantz ist der Initiator. Als Kaufpreis werden 800.000 D-Mark vereinbart, umgerechnet etwa 400.000 Euro. Aus heutiger Sicht ein Spottpreis. Einziges Problem: Justus Frantz hat nur 700 Mark auf dem Konto. Mit der ihm eigenen Chuzpe löst er das Problem gekonnt. Der Deal entpuppt sich aus diversen Gründen als Glücksfall.

Der Weg führt, indirekt, über Helmut Schmidt. Jenen Sozialdemokraten, den er als Aktivist der Jungen Union in jüngeren Jahren erstmals in Kiel traf. Mehr dazu in Kapitel zwei. »Mein Vater war an der Front erschossen worden, als meine Mutter mit mir schwanger war«, erzählt Justus Frantz. »Aus Berichten der Familie weiß ich, dass er die mörderische Nazidiktatur verabscheute.« Abgesehen vom Kindheitstraum mit der Wunschvorstellung, dass sein Vater vielleicht doch noch leben möge und »gleich einfach so um die Ecke« komme, habe dieser Verlust zum politischen Denken animiert. »Nie wieder Diktatur«, sagte er sich schon in jungen Jahren – und wurde aktiv. Bis ins hohe Alter blieb Justus Frantz diesem Credo treu. Durchaus streitbar, nicht immer einfach, jedoch prinzipiell diskussionsfreudig.

Über Helmut Schmidt hat Justus Frantz den gebürtigen Hamburger Karl Klasen kennengelernt. In diesem Fall praktisch, dass der Hanseat seit dem 1. Januar 1970 als Präsident der Bundesbank in Deutschland in Amt und Würden ist. Klasen handelt unverzüglich: Für Justus Frantz schaltet er seinen spanischen Kollegen ein. Dieser wiederum bahnt den Weg zu einer spanischen Hypobank: Im Gegenwert von 800.000 Mark wird eine Hypothek in Peseten gewährt. Eschenbach und Frantz teilen sich das Vergnügen.

Und da die Peseta, die spanische Währung vor Einführung des Euro, in der Folgezeit erheblich abgewertet wird und der Kurs der D-Mark entsprechend im Wert steigt, haben die beiden Investoren aus Alemania Fortune. Ihr Anteil bezahlt sich praktisch von selbst. Das Geschäftsglück hält an. Ob der Verkäufer klamm ist oder aus anderen Gründen im Nu frisches Geld braucht, ist nicht bekannt. Jedenfalls macht er ein Angebot, das Justus Frantz nicht ablehnen kann: Wenn er ruckzuck 250.000 Mark bezahlt, sei alles erledigt. Eile ist also geboten. Erneut erweist sich das Netzwerk des jungen Pianisten als fruchtbar. Über einen Kontakt mit dem FDP-Politiker und späteren Bundeswirtschaftsminister (1972 bis 1977) Hans Friderichs beschafft sich Frantz die erforderliche Summe – binnen eines Tages. Der Deal ist perfekt. Und das Glücksgefühl ist famos.

Justus Frantz und Freund Christoph Eschenbach wundern sich selbst. Letztlich lief das Geschäft im Sauseschritt. Ihnen gehört nun ein kleiner Berg im Höhenzug hinter Maspalomas. Leer, wüstenartig, in karger Natur, indes ausbaufähig. Vor allem gefragt: Fantasie. Die ist reichlich vorhanden. Eine innere Stimme sagt Justus Frantz, er werde dort eines Tages Konzerte veranstalten. Und genauso wird es sein.

Doch wie ein ansehnliches Haus auf den Monte Leon zaubern? In alten Militärkarten übrigens ist dieser als »Heiliger Berg« eingetragen. Angeblich trafen sich dort einst zwei Könige der Ureinwohner (Guanchen), um in regelmäßigen Abständen ihren Frieden zu besiegeln. Das genau ist jener Geist, den Justus Frantz schätzt. Ohnehin inspiriert, kommt ihm ein weiterer Kontakt in den Sinn: Friedrich Wilhelm Kraemer, Hochschulprofessor und namhafter Architekt in Braunschweig. Eine Koryphäe. Kraemer und Frantz hatten sich bei einem Konzert kennengelernt – und eine gemeinsame Wellenlänge gespürt. Auch zu Kraemers Ehefrau übrigens. Justus Frantz wollte für seinen Auftritt beim Architektenkongress kein Geld nehmen. Kraemer akzeptierte es, versprach jedoch: »Okay, einverstanden, aber wenn Sie Ihr erstes Haus bauen, übernehme ich die Planung unentgeltlich.« Ernst gemeint? Versuch macht klug.

Justus Frantz greift zum Haustelefon: »Herr Professor Kraemer, stehen Sie noch zu Ihrem Wort?« Der Ehrenmann steht. Und einem Geniestreich gleich macht er ein Projekt daraus: Im Team mit einem Dutzend Studenten entwirft er das kühne Bild einer ganz besonderen Finca. Mehrere Etagen, verschachtelt, in verschiedenen Wohneinheiten ausgeklügelt um ein Atrium angelegt. Sechs bis sieben Zimmer, jeweils mit Bad ausgestattet. Die höheren Bereiche zur Atlantikseite gerichtet. Das Modell aus Sperrholz begeistert Eschenbach & Frantz. Nicht nur einmal reisen Professor Kraemer und seine Studenten nach Gran Canaria.

Justus Frantz ist obenauf. Der Glücksritter in ihm hat obsiegt. Denn auch wenn die Finanzierung über Bankkredite ein weiteres Kunststück ist, fügt sich das Puzzle zu einem architektonischen Meisterwerk in malerischer Umgebung. Noch ist das Areal weitgehend unwirtlich; doch die Vision reift. Von Euphorie beseelt, greift Justus Frantz zum Stift. Im Jahr 1971 formuliert der 27-Jährige einen zweiseitigen Brief an Mutter und Familie daheim in Kiel. Das Schriftstück wurde aufbewahrt und ist ein Dokument der Schaffenskraft sowie familiären Herzbluts. »Meine Lieben«, heißt es beim Schreiben auf der neuen Frantz-Finca. »Ich sitze auf der Südterrasse, die Sonne ist wärmer als bei uns im Sommer. Ich schaue auf das glitzernde Meer, die Lerchen singen schon.« Eine Passage weiter: »Der Pool ist heute fertig, der Garten ringsherum wird am Sonnabend angelegt. 24 sehr schöne Palmen geben dem Berg Tiefe und zeigen die Größe des Grundstücks.« Die Handwerker seien sehr bemüht und fleißig. Und: »Mein Studio ist akustisch einfach perfekt. Der Flügel klingt herrlich.« Den entscheidenden Satz am Schluss unterstreicht er

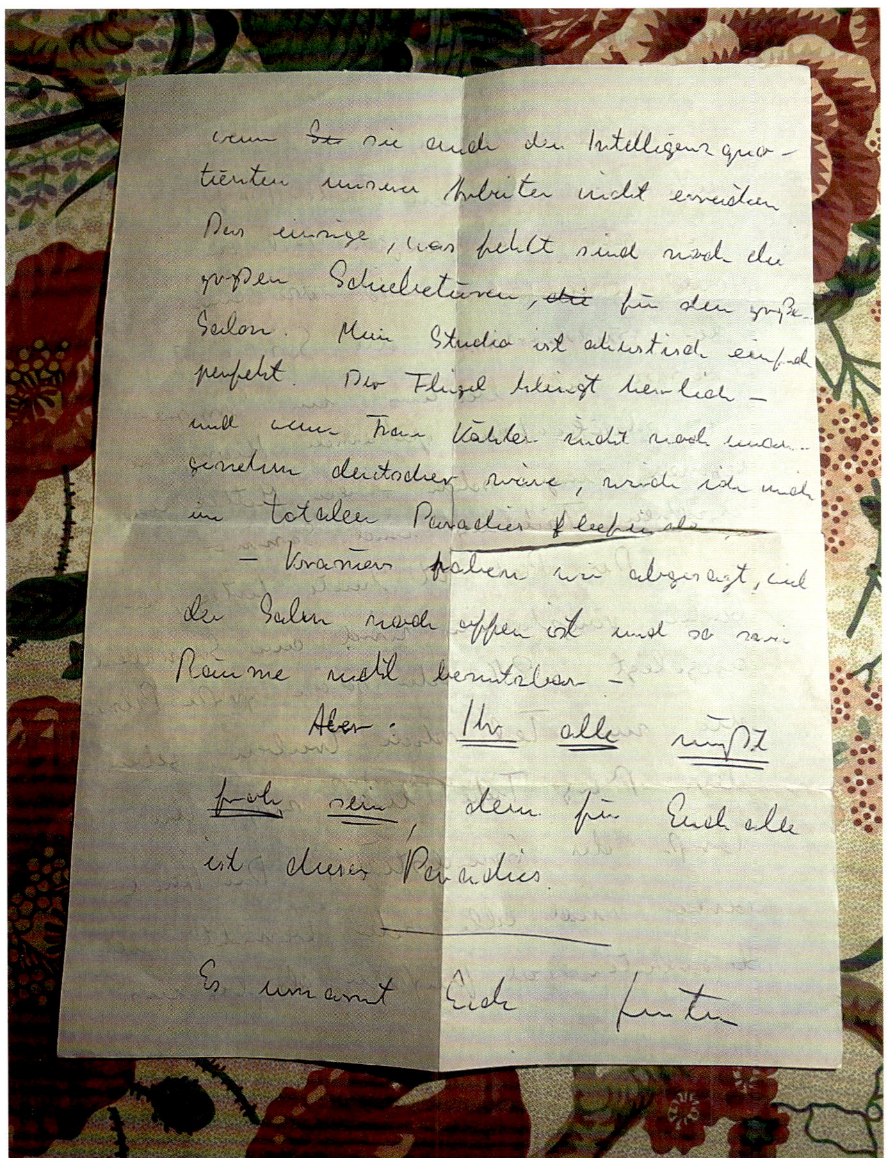

wenn ~~Sie~~ sie auch die Intelligenzquotienten unserer Arbeiter nicht erreichen.
Das einzige, was fehlt sind noch die großen Schiebetüren, ~~die~~ für den großen Salon. Mein Studio ist akustisch einfach perfekt. Der Flügel klingt herrlich – und wenn Frau Kahler nicht noch unangenehm deutscher wäre, würde ich mich im totalen Paradies ~~fühlen~~

– Kranien haben wir abgesagt, weil der Salon noch offen ist und so seine Räume nicht benutzbar –

Aber: Ihr alle müßt froh sein, denn für Euch alle ist dieses Paradies.

Es umarmt Euch Justus

Foto: Marcelo Hernandez, Hamburg

Begeistert schreibt Justus Frantz seiner Mutter »Dosy« vom Kauf der Finca auf Gran Canaria. Von der Oase, der Sonne und der Wärme sollte die gesamte Familie Frantz profitieren – und der Freundeskreis zudem.

doppelt: »Ihr alle müsst froh sein, denn für Euch alle ist dieses Paradies. Es umarmt Euch Justus.«

Es sei gestattet, diese Worte zu übersetzen. Im Alter von 27 Jahren hat Justus Frantz etwas Großes erreicht. Monte Leon gehört dazu. Er hat sich als Musiker einen klangvollen Namen erspielt, hat durch seine nationalen und internationalen Tourneen illustre Freunde und Bekannte gewonnen, hat noch Großes vor. Mit der Finca Justus Frantz, der Casa de los Musicos, ist nun etwas Beeindruckendes entstanden. Davon sollen die Liebsten seiner Familie profitieren. Mutter Dosy und den »Vizeeltern« von Moltke steht in tropischer Atmosphäre etwas Erwärmendes zur Verfügung – nicht nur die Temperaturen betreffend.

Später beschreibt der Autor einer lokalen Sommerzeitung einen Besuch bei diesem Trio. Titel der fast ganzseitigen Reportage: »Urlaub bei Justus Frantz«. Der Augenzeuge ist begeistert über das »Anwesen des Maestros«. Er beobachtet dort nicht nur zehn Meter hohe Palmen, sondern auch meterhohe Kakteen, Bananenstauden, Papayas, Limonen, Orangen, Mangos, Kiwis, Maracujas, Feigen und Olivenbäume. Ebenso Wein, Avocados, Kaffee, Johannisbrot, Süßkartoffeln, roten Pfeffer inmitten einer exotischen Pflanzenvielfalt.

Einer von ihnen ist, siehe oben, sein Vertrauter und Freund Peter Bankowski. Seine niedergeschriebenen Erinnerungen sind amüsant zu lesen. Zum Beispiel 1982, also mehr als ein Jahrzehnt nach Kauf, Erschließung und Bau der Finca. »Beim Anflug auf Gran Canaria packte mich schieres Entsetzen«, berichtet er von seinem Debüt auf den Kanaren. »Die Fahrt vom Flughafen verschlimmerte diesen Eindruck noch.« Niemals hätte Bankowski gedacht, »dass ich von nun an jährlich drei bis vier Monate im Jahr dort verbringen sollte«.

Doch so geschieht es. Denn oben in Monte Leon entfährt ihm ein begeisterter Stoßseufzer: »Welch eine Augenweide!« Seine Entdeckung: »Ein auf mehreren Ebenen angelegtes, großzügiges, einzigartiges Haus mit Ausblicken in alle Richtungen. Eine beeindruckende Architekturperle, umringt von einer subtropischen Oase.« Zumal in diesem Eldorado tierisch was los ist. Um erneut Peter Bischoff aus der Sommerzeitung als Zeugen zu zitieren: »Man findet in seiner

Naturlandschaft auch Tauben (weiß und gefleckt), Truthähne, Enten, schwarze Schwäne, japanische Seidenhühner, Schafe, Ziegen, kanarische schwarze Schweine, Kühe und Pferde. In einem bis zu sechs Meter tiefen Biotop inklusive Teich tummeln sich Frösche, Goldfische und Karpfen.« Kein Wunder, dass Hamburgs verstorbene Ehrenbürgerin Loki Schmidt sich in diesem Paradies so wohlfühlte. Und über Helmut Schmidts 41 Besuche in der Casa de los Musicos ist zum Ausklang dieses Kapitels Informatives und Unterhaltsames zu lesen.

Und um zeitlich der inhaltlichen Dramaturgie und Klarheit wegen noch weiter vorzugreifen: Die Finca Justus Frantz bescherte ihrem Besitzer nicht nur Glücksgefühle. Irgendwann hatte er den Anteil seines Mitbesitzers Christoph Eschenbach übernommen. Für die Oase nördlich von Maspalomas ergaben sich zwei einschneidende Tücken.

Erstens der Ausbruch der Coronapandemie 2020. Quasi von einem auf den anderen Tag wurde der Betrieb heruntergefahren. Die für einen wirtschaftlichen Betrieb notwendigen Fremdvermietungen gehörten endgültig der Vergangenheit an. Und langfristig wohl noch gravierender: Der in juristische Scharmützel ausufernde Streit zwischen Justus Frantz und seinem langjährigen Freund und Mäzen Reinhold Würth. Hintergründe dieses Zwists werden später in diesem Buch beschrieben. Der milliardenschwere Unternehmer aus Baden-Württemberg steht heutzutage als Eigentümer der Finca Justus Frantz im Grundbuch Gran Canarias. Vor den Gerichten erstritt sich der Pianist und Dirigent das Recht, Anlage und Gebäude einige Monate im Jahr nutzen zu können. Bei Erscheinen dieser Biografie leben Pläne, die Casa de los Musicos dauerhaft als Zentrum der Musik und junger Talente erhalten zu können. Auch dazu später mehr.

Zuvor wollen wir zurückblicken auf grandiose Jahre kreativer Geselligkeit und glamouröser Ereignisse auf dem Monte Leon. Große Namen wurden erwähnt, markante Persönlichkeiten aus aller Welt. Nicht nur wegen seiner tatsächlich 41 Besuche auf der Frantz-Finca, sondern auch wegen seiner innigen Beziehung zur exotischen Oase im Südteil der Kanareninsel verdient der verstorbene Staatsmann Helmut Schmidt eine besondere Beachtung. Hinzu kommt, dass sich interessante und

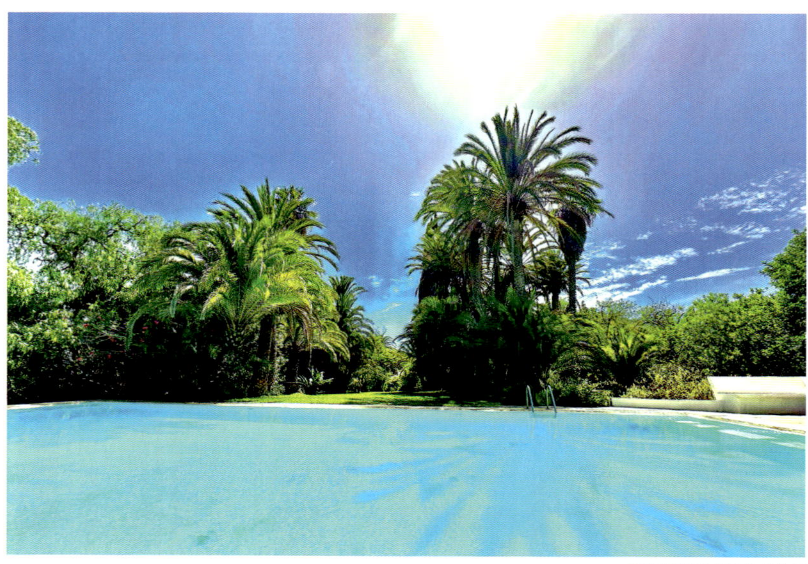

Foto: Justus Frantz privat

Vom idyllisch gelegenen Pool haben Besucher einen weiten Blick auf die üppige Pflanzenwelt des Gartens der Finca »Casa de los Musicos« auf dem Monte Leon.

amüsante Anekdoten um seine Reisen Richtung 28. Breitengrad ranken. Viel grundsätzlicher noch: Helmut Schmidt und Justus Frantz verband eine Freundschaft. Sie ging über Musik und Politik hinaus.

Der Musiker war ein Gründungsmitglied der legendären Freitagsgesellschaft. Bei dieser handverlesenen Runde im Hause Schmidt in Hamburg-Langenhorn standen – im Anschluss an ein meist gutbürgerliches Essen – aktuelle Themen diverser Disziplinen auf der Tagesordnung. Es ging um große Politik, Philosophie, bahnbrechende Forschung, Kultur, Medizin und sehr viel mehr. Wer in der Hansestadt Rang und Namen hatte, durfte dabei sein. Wenn es der Hausherr und ehemalige Bundeskanzler wollte. Die Idee dieses hochkarätigen Zirkels, dessen Referate schriftlich festgehalten wurden, keimte übrigens – auf der Finca Justus Frantz. Der Politiker schrieb dort seine Bücher, der Pianist feilte an seinen Partituren. Dieses kreative Milieu ergab einen idealen Nährboden für anspruchsvolle Gespräche. Oft wurden passende Persönlichkeiten hinzugebeten.

Weil es sich an dieser Stelle so gut ergibt, gönnen wir uns eine Erinnerung an die Wurzeln einer geistigen Verbindung mit unkonventionellem Charakter. Entsprechend begann sie auch.

Zur Erinnerung: Justus Frantz war von jeher politisch sensibilisiert und interessiert. Er sammelte Wahlprogramme – und las sie sogar. Seinerzeit ging es um grundsätzlichere Inhalte als in der Neuzeit. Als Teenager trat er der CDU-Nachwuchsorganisation Junge Union bei und gründete in der Nähe seines Heimatguts Testorf in Holstein einen JU-Verband. Bei einer Diskussionsveranstaltung der Jungen Union saß der junge Christdemokrat Justus Frantz mit dem charismatischen Sozialdemokraten Helmut Schmidt an einem Tisch. 1953 war der Hamburger erstmals in den Deutschen Bundestag gewählt worden. In dem Jahr beging Justus seinen neunten Geburtstag. Etwa 1960, Justus ist mittlerweile 16, lädt die Junge Union Helmut Schmidt zum Vortrag mit kontroverser Diskussion ein. »Ich fand Schmidt großartig«, tut er seinen politischen Mitstreitern kund. Nicht jeder teilte diese Auffassung. Ohnehin sollte Justus' Karriere bei den jungen Christdemokraten nur von kurzer Dauer sein. Irgendwann trat er aus.

Nach der Zusammenkunft in Kiel schrieb der Schüler dem Politiker einen Brief. Dieser antwortete. Daraus ergab sich mehr. Später, in Hamburg, wurde die Bekanntschaft intensiviert. Wegbereiter war der oben angeführte Karl Klasen, Hamburger, Jurist, Vorstandsmitglied der Deutschen Bank und SPD-Mitglied. Zu Hause bei Ilse und Karl Klasen in der Brabandstraße im Norden der Hansestadt stand ein Klavier. Eines Abends saßen dort fünf Personen gemütlich beisammen: das Ehepaar Klasen, Loki und Helmut Schmidt sowie Justus Frantz. Das Quintett unterhielt und verstand sich. Und als sich Justus Frantz an die Tasten setzte, machten die musikaffinen Schmidts große Ohren.

Treffen dieser Art wiederholten sich, auch im erweiterten Kreis. Häufig setzte sich Justus Frantz ans Klavier der Klasens.

Hin und wieder intonierte er Brahms. »Mir eine Nuance zu pathetisch und theatralisch«, befand der Politiker. »Sie haben auch pathetische Reden gehalten und verwenden Stilmittel, Herr Schmidt«, entgegnete der Pianist. »Spielen Sie das bitte noch einmal«, entgegnete Schmidt nach kurzem

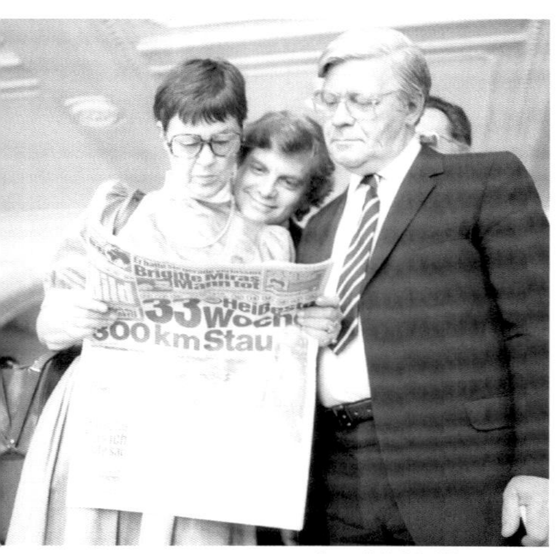

Foto: IMAGO / Dieter Bauer

Das Ehepaar Hannelore und Helmut Schmidt studiert gemeinsam mit Justus Frantz (Mitte) die Berichterstattung in einer Boulevardzeitung. Offensichtlich hat der Pianist am meisten Freude daran …

Innehalten. »Gerne«, meinte Frantz, »Brahms ist ein Größerer als wir beide zusammen.« Helmut Schmidt habe leise geknurrt, sich eine weitere Mentholzigarette angezündet und gesagt: »Ja, da haben Sie wohl recht.« Beide litten keinesfalls an geringem Selbstbewusstsein. Und einer wie der andere liefen zur Hochform auf, wenn sie mit Widerworten aus der Reserve gelockt wurden. Vor allem wenn sie von sachlicher Argumentation begleitet waren.

Während der Kontakt intensiver wurde, machte Schmidt Karriere. 1967 wurde er Fraktionsvorsitzender der SPD im Bundestag in Bonn, 1969 Verteidigungs- und drei Jahre darauf Finanzminister. 1974 erfolgte die Wahl zum Bundeskanzler. In dieser Zeit ging es auch daheim beim Ehepaar Klasen politisch hoch her. Justus Frantz war Ohrenzeuge brisanter Unterhaltungen. Am Rande ging es auch um Privates. Frantz saß daneben, als es um gesundheitliche Probleme des aufstrebenden und wortgewandten Spitzenpolitikers ging. Gelegentlich, tat Hannelore Schmidt in vertrauter Runde kund, leide ihr Ehemann an leichten Ohnmachtsanfällen, ganz kurzen Aussetzern zwischendurch. Vielleicht der permanente Stress auf der Überholspur?

Kurz danach rief Karl Klasen bei Justus Frantz an. Botschaft: »Helmut braucht unbedingt Erholung. Er muss zu dir nach Gran Canaria kommen.« Wenig später ging's tatsächlich los. Per normalem Charterflug von Hamburg-Fuhlsbüttel aus, damals noch etwas Außergewöhnliches, hoben Loki und Helmut Schmidt ab. Zu viert verbrachte man erholsame, abgeschiedene Tage auf der aufblühenden Finca: das Ehepaar Schmidt, Justus Frantz und Co-Eigentümer Christoph Eschenbach. Bodyguards waren Anfang der 1970er-Jahre noch nicht notwendig. Die

Mercedes-Niederlassung in der Hauptstadt Las Palmas überließ den Schmidts ein Auto, so etwas wie ein Mietwagen. Niemand außer Loki habe gern in dem Fahrzeug Platz genommen. »Helmut Schmidt war ein miserabler Fahrer«, behielt Justus Frantz im Gedächtnis. Erstaunlich, indes wahr: Schmidt widersprach solchen Frotzeleien nicht. Er habe dann nur knurrig geguckt, dezent amüsiert.

Letztlich fanden Loki und er Gefallen am urigen Leben mit exotischem Charme. Die Gran-Canaria-Trips wiederholten sich. Für ein paar entspannte Tage, hin und wieder auch für vier bis sechs Wochen. Einmal gab es einen Besuch in einem Hotel auf Mallorca. Als der Politiker dort beim Frühstück und im Foyer von Touristen angesprochen wurde, verabschiedete er sich von der Baleareninsel. Auf der Finca Justus Frantz, der Casa de los Musicos, hatte er seine Ruhe. Die Schmidts pflegten zu bezahlen, in der Regel per Überweisung. Als der Gastgeber darauf verzichten wollte, habe Frau Schmidt lediglich betont: »Selbstverständlich, Justus!« Mit spitzem »s-t«. Loki und Justus duzten sich, während Helmut Schmidt wechselte. Manchmal sagte er Du, bisweilen Sie. Meist nutzte er das »Hamburger Du«, von anderen als »Hamburger Sie« bezeichnet. Das bedeutet: beim Vornamen nennen – und siezen.

Offensichtlich gefiel es den Schmidts am besten, dass sie in Monte Leon weit weg vom Alltagstrubel waren. Und dass sie sich nach ihrer Fasson verhalten durften. Auf Deutsch: mit allen inbrünstig gepflegten Marotten, die beide von jeher ausmachten.

Hinzu kam: Sie hatten auf der Anlage ihr eigenes Reich. Vom Haupthaus und Atrium durch eine schwere Schiebetür getrennt, war Abgeschiedenheit möglich. Im ersten Raum befanden sich ein Schreibtisch aus Holz, ein Bücherregal sowie ein Flügel. Eine separate Terrasse mit Blick in die subtropische Idylle stand zur Verfügung. Alles war großzügig, allerdings überhaupt nicht pompös. Dahinter ist auch heute noch ein Schlafzimmer gelegen. Nebenan, durch einen Seiteneingang erreichbar, wohnten während der Aufenthalte Mitarbeiterinnen und Sicherheitsleute. Im Notfall hätten sie durch eine Tür in die Räumlichkeiten des Ehepaars Schmidt gelangen können. Glücklicherweise gab es diesen Notfall nicht.

Auch wenn nach der Kanzlerschaft von 1974 an und während der Jahre des RAF-Terrors höchste Sicherheitsstufe herrschte. Zu Hause in Hamburg und Bonn war der genaue Urlaubsort sowieso Staatsgeheimnis. 26 Jahre war Ernst-Otto »Otti« Heuer als persönlicher Bewacher im Dienst. Wenn diese Respektsperson sagte: »Der Chef möchte gerne schwimmen«, war den anderen die Bedeutung dieses Satzes klar: Für eine gewisse Zeit war der Pool im hinteren Teil des Areals tabu. Man mutmaßte, der Politiker sei ein bisschen genierlich.

Stimmte wohl.

»Loki und Helmut Schmidt waren die besten und rührendsten Gäste, die man sich vorstellen kann«, weiß Justus Frantz aus guter Erfahrung. Sie wusch ab, machte sogar die Betten. Helmut Schmidt schrieb viel, diktierte, las stundenlang, sinnierte. »Helmut, was kann ich Schönes für Sie machen«, fragte Justus Frantz irgendwann. »Ein Bootsfahrt um die Insel wäre ein Traum«, bat dieser, wahrscheinlich in Gedanken bei seinem kleinen Segelboot auf dem Brahmsee in Schleswig-Holstein. Der Hausherr wusste schnellen Rat. Mit Unterstützung eines spanischen Grafen in Las Palmas wurde ein Boot mit Steuermann und einem Helfer mobilisiert. »Helmut war fröhlich«, erinnert sich Frantz.

Und selbstverständlich ging es um Politik, um kleine oder ganz große Themen. Schmidt sah, immerhin ein halbes Jahrhundert vor Erscheinen dieser Biografie, Japan und China als »Länder mit Zukunft«.

Die gemeinsamen Abendessen fielen ebenso einfach wie kultiviert aus: Hähnchen und Gemüse aus eigenem Anbau. Aber bitte mit Tischdecke. Später wurde stilvolles Porzellan mit grünem Aufdruck angeschafft: »Finca Justus Frantz«. Der Weinkeller in einem kleinen Gewölbe bot Solides von der Insel. Zeitweise wurden massenweise Trauben aus dem eigenen Garten zum Keltern nach Deutschland transportiert. In Flaschen kam der Wein zurück. Wäre aktuell wohl auch nicht mehr rentabel und vernünftig. Helmut Schmidt selbst hielt sich beim Vino zurück. Er bevorzugte gesüßte Cola. Als ihm sein Leibarzt, Professor Heiner Greten, in Hamburg die Gelbe Karte zeigte, gab es fortan nur noch Cola light – ohne zusätzliche Zuckerwürfel.

Regelmäßig wurde das Schachbrett hervorgeholt. Musikabende an einem der Flügel waren ein Ritual. Diskussionen über Gott und die Welt ebenfalls. Zwischen 1970 und 2011 standen praktisch alljährlich Finca-Besuche auf dem Privatprogramm. Einmal ließ sich der Politiker einen Bart wachsen. »Sah unmöglich aus«, meinte Justus Frantz. Loki Schmidt stimmte dieser Ansicht zu. Manchmal weilte das Ehepaar auch alleine auf der Anlage, später mit Sicherheitspersonal. Regie in der Casa führte dann Majordomus José. Das Paar kochte auch. Wobei zu bedenken ist: Vom Haus führen steile, enge und holprige Wege zur nächsten asphaltierten Straße. Bis zum Supermarkt sind es mehrere Kilometer. Vorteil: So leicht verliert sich kein ungebetener Gast dorthin.

Nach Möglichkeit wurden gemeinsame Aufenthalte geplant. Justus Frantz erinnert sich an längst nicht immer einmütige Diskussionen über Politik, Musik und Botanik. Erheblich später folgte ein ganz besonderes Klaviertrio: Christoph Eschenbach, Justus Frantz, Helmut Schmidt. An drei Instrumenten spielten sie Mozart. Das Ergebnis wurde auf einer

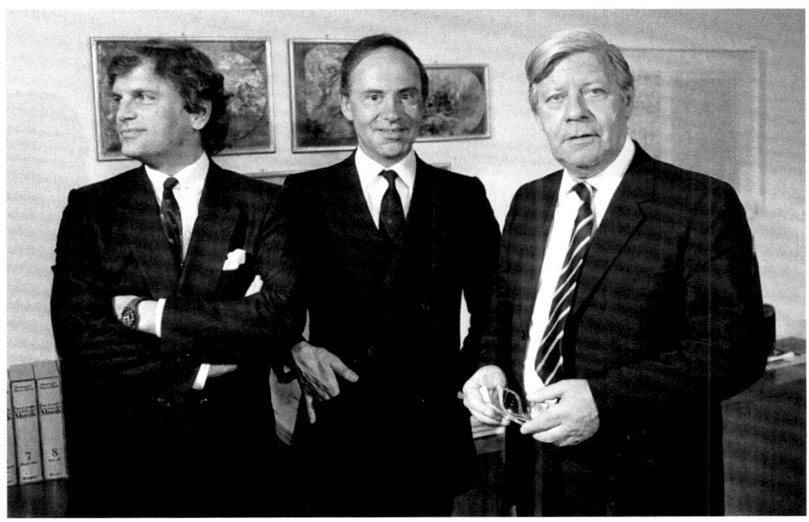

Foto: picture alliance/KEYSTONE | STR

Justus Frantz, Christoph Eschenbach und Helmut Schmidt (von links nach rechts) 1983 in Zürich, wo die beiden Musiker und der Staatsmann unter Ausschluss der Öffentlichkeit gemeinsam ein Konzert gaben. Zusammen mit dem Royal Philharmonic Orchestra entstand in London auch eine Schallplatte mit Werken von Mozart.

Langspielplatte in den Verkauf gebracht. Helmut Schmidt hatte zuvor vereinbart, dass sein Anteil am Erlös Amnesty International zufließen sollte. Doch in einem Bezug hatte sich der Staatsmann getäuscht: So schnell erledigt und in seiner Heimatstadt Hamburg organisiert wie vermutet war das Zusammenspiel keinesfalls.

In seinem 1996 erstmals veröffenlichten Buch »Weggefährten – Erinnerungen und Reflexionen« gab Schmidt zum Besten: »Wenig später begriff ich meine Naivität: Die Aufnahme musste zu meiner Überraschung mit dem London Philharmonic Orchestra gemacht werden, und zwar in London. Ich musste also einen Reisetag in meinen Terminkalender hineinquetschen.« Noch mehr verblüffte ihn, dass dieses Tripelkonzert ohne vorherige Proben stattfand. Obwohl der musizierende Politiker an seine Grenzen stieß, bilanzierte er: »Gleichwohl haben mich die Mitglieder des Orchesters liebenswürdigerweise ernst genommen. Das Ganze hat dann doch immerhin sechs Stunden gedauert.«

Und zum Ausklang seines Werkes, das 2015 in einer Nachpressung erschien, hielt Helmut Schmidt fest: »Ebenso danke ich Justus Frantz, in dessen Haus in den Bergen von Gran Canaria ich die zur Konzentration nötige Ruhe fand.« Sein Freund Justus Frantz revanchierte sich nicht nur mit von Schmidt ungemein geschätzten, privaten Klavierabenden, sondern auch ganz handfest. Hin und wieder schrieb der Pianist Reden für den Politiker – in Sachen Musik. Beispiele waren eine Ansprache in Hamburgs Hauptkirche St. Michaelis, dem Michel, über Johann Sebastian Bach oder bei Vorträgen im Rahmen des Schleswig-Holstein Musik Festivals. In der legendären Freitagsgesellschaft im Doppelhaus der Schmidts in Hamburg-Langenhorn gab Frantz, am Klavier sitzend, der Runde eine Einführung in die Zwölftonmusik. An einem anderen Abend referierte Justus Frantz über die Entwicklung der Musik Beethovens. Schmidts Wertschätzung: »Er ist ein glänzender Pädagoge – auch vor einem großen Publikum.« Diese Fähigkeit habe die Popularität seines Freundes zusätzlich gesteigert.

Zwar hatte Helmut Schmidt von Kindheit an Klavier gespielt, die Zwischentöne und Feinheiten indes habe er erst später von Justus Frantz erfahren. Die beiden spielten am Flügel beim Ehepaar Schmidt im

Norden Hamburgs, in der Frantz-Wohnung in Alsternähe – und eben auf der Finca de los Musicos auf dem Monte Leon. Nomen est omen. Während seiner Inselaufenthalte hielt Schmidt fast täglich an einem der Flügel innere Einkehr. Immer wieder fragte er Justus Frantz nach bestimmten Griffen. »Er wollte immer lernen, immer mehr lernen«, berichtet Justus Frantz. Ein kleines Wunder: Als Helmut Schmidt mit weit über 90 Jahren so gut wie schwerhörig war, saß er im Vorraum seines Wohnzimmers am Flügel – und griff in die Tasten. Die Töne kann er nicht gehört, aber sehr wohl gespürt haben.

Nach diesem Ausflug in eine florierende Finca-Ära kehren wir zurück in die Neuzeit, in den Herbst 2023. Nach 22 Terminen in Justus Frantz' Privatwohnung oder in seinem Garten steht ein dreitägiges Treffen im Südteil Gran Canarias auf dem Programm. Russland bekriegt die Ukraine nach wie vor. Wenig später werden islamistische Terroristen Israel angreifen und ein furchtbares Gemetzel an der Zivilbevölkerung verüben, sogar an Kleinkindern und Greisen. Im Jahr vor dem 80. Geburtstag befindet sich die Erdkugel in Aufruhr.

Neben den eingangs erwähnten heiklen Themen, die in aller Ruhe besprochen werden sollen, geht es in dieser Oktoberwoche in der Casa de los Musicos heiß her – nicht nur wegen Temperaturen von teilweise mehr als 35 Grad. Auf der Finca, und auch das ist typisch Frantz, geht es lebenslustig, fidel und für Ungeübte reichlich chaotisch zu. Feste Tagesabläufe im festgezurrten Sinne gibt es nicht. Hoch leben Spontaneität, Improvisationsgeist und die Gunst der Stunde. Kurz und lateinisch: carpe diem. Nutze den Tag. Auch in dieser Disziplin ist der Maestro Justus Frantz ein begnadeter Künstler. Zwei, drei typische Impressionen mögen helfen, einem Menschen näherzukommen, der alles andere ist als ein Allerweltsmann.

Ein kleines Beispiel am Rande. Zu Beginn der Finca-Ära versteckte Frantz auf dem Anwesen Jerónimo Saavedra. Der Führer der im Franco-Regime seinerzeit missliebigen Sozialistischen Partei Spaniens, zudem ein einflussreicher Gewerkschaftsfunktionär, wurde später Präsident der Kanarischen Inseln. Bei seinem Freund Frantz fand er sicheren Unterschlupf. Was heutzutage normal klingt, war während der erst 1977 beendeten Diktatur ein Wagnis. Angst vor staatlicher Macht oder Willkür hatte Justus Frantz nie. So, wie es in seiner Familie Tradition ist.

Zurück in die Neuzeit. Der besondere Charakter beginnt im Herbst 2023 bei den Gästen der Finca bei diesem Treffen. Sie verteilen sich in den diversen Gebäuden und Räumen auf dieser großzügigen, intelligent gestalteten Anlage so, dass jeder Besucher seinen Freiraum hat. Zentrum ist ein Atrium inmitten des Gebäudes. Davon gehen die offene Küche mit Wirtschaftskammern zum Kräutergarten hin ab, der Privatbereich des Hausherrn, ein riesiges Wohnzimmer mit Panoramafenstern und einer Terrasse. Wer neu ist, verläuft sich anfangs. Richtung Norden, vorbei an Palmenwäldchen, blühenden Büschen und viel rankendem Grün, locken der Pool und ein wundersames Kleinod, wie geschaffen für ruhige Gespräche. Justus Frantz nennt den luftigen Holzpavillon mit den hochklappbaren Fenstern »Komponistenhäuschen«. Einst sinnierte hier Weltstar Leonard Bernstein über seinen Werken.

Über verwinkelte, bisweilen steile Pfade führen Wege zu weiteren Gästehäusern, dem Tennisplatz und einem Amphitheater mit Platz für bis zu 500 Gäste. Bis heute steht dort große Musikkunst auf dem Programm. Zum Beispiel mit der kleinen Serie »Frantz & Friends«. Dieses Festival für ein handverlesenes Publikum, für das Karten zu kaufen sind, verfügt auf Gran Canaria wie auf dem Festland über einen vorzüglichen Ruf. Ob der in der Regel warmen, meist trockenen Witterung handelt es sich um Freiluftkonzerte. Teilnehmer berichten von einem faszinierenden Ambiente.

Am Abend zuvor hatten Justus Frantz & Team zu einem exklusiven Violinkonzert in den Palmengarten vor dem Haupthaus geladen. Star der Nacht war Ksenia Dubrovskaya aus Moskau. Mit ihrer Violine zog die 43-jährige Russin das Publikum in ihren Bann. Eingeweihte wussten: Ksenia ist Justus Frantz' Ehefrau. Sie leben getrennt, verstehen sich jedoch weiterhin gut. Wie ja auch der mehrtägige Aufenthalt auf der Finca und das Gastspiel belegen. Sie freuen sich über die Anwesenheit ihres gemeinsamen Sohnes Justus Konstantin Frantz. In Kapitel sechs kommen beide noch ausführlich zu Wort. Das Komponistenhäuschen backbords am Pool im hinteren Teil des Gartens lud zu ausführlichen Gesprächen unter vier Augen ein. Justus Frantz hatte mit seinem Vorschlag gemeinsamer

Tage auf Gran Canaria absolut recht behalten: In der abgeschiedenen und exotischen Idylle der Casa de los Musicos ließ es sich ganz anders reden als im norddeutschen Alltag.

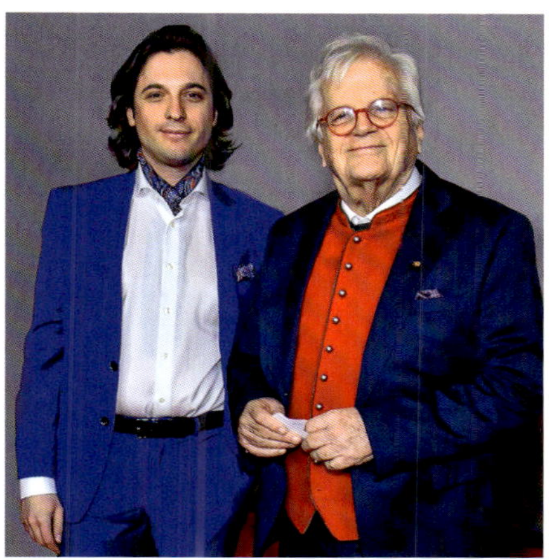

Foto: picture alliance /ABB/ -

Justus Frantz und dessen Manager Sebastian Kunzler (links), der seit vielen Jahren projektweise mit dem Maestro zusammenarbeitet, zu Gast bei einem Empfang anlässlich des 80. Geburtstags von Prof. Dr. Michael Otto im April 2023

Doch es wohnen in dieser Woche weitere interessante Persönlichkeiten auf der Finca. Mit der Folge, dass Langeweile null Chance hatte. Zur guten Stimmung der ungewöhnlich zusammengesetzten Crew trägt der Ungar Róbert Batyi bei, ein Kontrabassist, der in namhaften Orchestern spielt und immer wieder selbst dirigiert. Ein hörenswertes Beispiel ist das SziRom Symphonic Roma Orchestra. Hinzu kommt Sebastian Kunzler, Manager aus dem Büro Frantz. Der Saarländer fädelt Auftritte und Tourneen seines Chefs ein, organisiert die Reisen, kümmert sich um Medienarbeit, entwickelte die Strategie. Auch über diesen interessanten Menschen ist später mehr zu lesen.

Doch ist das längst noch nicht alles an Betriebsamkeit auf der Finca. Oft kommen Besucher mit ihren Autos die engen Gassen hoch auf den Berg – nach telefonischer Absprache oder sehr spontan. Ganz klar wird das nicht. Deutlich dagegen ist: Justus Frantz liebt kurzfristige Absprachen, ist sprunghaft wie in jungen Jahren. Bisweilen darf man vermuten: Dieser Mann liebt ein gewisses Maß an Tohuwabohu. Die Mahlzeiten sind kaum geplant. Einkäufe werden sehr kurzfristig geregelt. Wenn überhaupt. Mal sitzen alle am großen Terrassentisch einträchtig beim Frühstück beisammen, mal ergeben sich auf Zuruf kleine Grüppchen. Und wenn gar nichts organisiert ist, erscheint Don Juan als Retter. Der ehemalige Polizeichef Gran Canarias, mehr als 80 Jahre alt und seit

Jahrzehnten ein Freund von Frantz, ist nicht nur eine starke Persönlichkeit, sondern auch so etwas wie eine »Mutter der Kompanie«. Morgens bringt er manchmal frisches Baguette zur Finca. Zudem einen Behälter mit einem selbst gemachten Kräutergemisch. Es enthält gehackte Petersilie, Majoran, Gewürze, Öl.

Eines Abends, der Planungslevel hält sich trotz grundsätzlich bester Laune mal wieder auf mäßigem Niveau, erweist sich Don Juan als Retter in kulinarischer Not. Was deswegen doppelt hilfreich ist, weil mit dem US-Amerikaner Richard und seinem Lebensgefährten Julian zwei weitere Gäste aufmarschiert sind.

Juan transportiert aus seinem Auto nach und nach diverse Taschen Richtung Terrasse. Im Nu zaubert der Ex-Polizeichef ein Menü auf den Tisch. Offensichtlich hat er nachmittags daheim stundenlang gekocht. Justus Frantz dankt Don Juan mit ein paar persönlichen, herzlichen Worten. Dafür gibt's Beifall satt. Auch von Ignácio. Der Jurist bereichert zusätzlich die mehrsprachige, turbulente Runde.

Beim Dessert, das aus einem frisch pürierten Beerenmix besteht, hat sich Justus Frantz von zwei Schrecksekunden prima erholt. Unmittelbar zuvor war die Maschinerie des Mixgeräts heiß gelaufen und kollabiert. Folge: eine qualmende Gummidichtung. Da der Gestank aus der offenen Küche nach draußen drang, konnte ein drohendes Feuer im Keim erstickt werden. Zu Beginn des Abends hatte Justus Frantz der Atem aus einem anderen Grund kurzzeitig gestockt. Hinter seinem Rücken sprang plötzlich Spiderman auf die Terrasse. Während der Gastgeber vor Überraschung erstarrte, entpuppte sich der Spinnenmann als Nachbar Richard. Der Modeunternehmer mit einer Finca auf dem Nachbarberg war in ein Kostüm des Comic-Helden geschlüpft. Gag gelungen. Allgemeines Gelächter – bis in die Nacht. Justus Frantz ist in Hochform. Peter Bankowski, kenntnisreicher Chronist der ungewöhnlichen Finca-Historie, hatte seine Erkenntnis trefflich auf den Punkt gebracht: Auf der Finca ist Justus Frantz wie ein anderer Mensch.

Auch wenn das wunderbare Anwesen heute nicht mehr sein eigen ist: Die drei Flügel dort gehören ihm nach wie vor. Denn die Musik bedeutet ihm mehr als alles andere auf der Welt.

Kapitel 2

Wurzeln einer namhaften Familie

Flucht vor der Roten Armee – und Neustart in Ostholstein

Auch für Dorothea Frantz, geborene von Goßler, von ihrer Familie Dosy genannt, endet das Jahr erschütternd. Flächendeckende Bombardements legen die Städte des noch bestehenden Deutschen Reichs in Schutt und Asche. Im Sommer war Hamburg durch die »Operation Gomorrha« der britischen und amerikanischen Luftwaffe im Bombenhagel und Feuersturm kollabiert. Während die Alliierten die Invasion der Normandie planen, befindet sich im Osten die Rote Armee im Anmarsch. Der Zusammenbruch Nazideutschlands steht unmittelbar bevor. Nicht nur Weihnachten ist anders als jemals zuvor.

Erstaunlich, dass der Postweg in dieser Ära kompletter Auflösung noch funktioniert. Selbst zum Schluss herrscht in der Verwaltung teutonische Ordnung. Auf dem Gut Schaetz der Familie Goßler im Kreis Guhrau in Schlesien ist ein versiegelter Briefumschlag eingetroffen. Kurz vor dem Jahreswechsel 1943/44 steht Dorothea von Goßler im Wohnzimmer des schlossähnlichen Herrenhauses. Das Gut befindet sich im Besitz ihrer Eltern. Schweigen. »Er ist gefallen«, habe ihre Mutter nach der Lektüre des staatlichen Kondolenzschreibens lediglich geflüstert, erinnert sich ihre Tochter Monika später. Gemeint ist ihr Ehemann Richard Frantz, Oberstaatsanwalt in Breslau. Gefallen an der Ostfront, irgendwo in der Nähe von Minsk, im heutigen Belarus. Genauer Ort, Umstände und Todestag? Unbekannt. Eine Grabstelle existiert nicht. Wahrscheinlich auf ausdrücklichen Befehl der Nationalsozialisten. Sie wollten den ihnen missliebigen Richard Frantz aus der Wahrnehmung tilgen.

Die Todesnachricht selbst, wurde später bekannt, traf bereits am Tag vor Heiligabend ein. Doch wurde sie ein paar Tage zurückgehalten, um der Familie und den Kindern noch ein halbwegs harmonisches Weihnachtsfest zu bescheren. »Das ist preußisch«, sagt Justus Frantz. Im Moment dieser Hiobsbotschaft ist Dosy Frantz schwanger. Im Frühjahr 1944 erwartet sie ihr fünftes Kind. Jetzt soll der Junge Justus heißen. Der Gerechte, aus dem Lateinischen übersetzt. Seinen Vater kennt Justus Frantz später nur vom Hörensagen. Ebenso wie die folgende Schreckenszeit mit Vertreibung und Flucht, mit Hunger, Ängsten – aber auch mit einem Fünkchen Hoffnung. Dass Justus Frantz eines glücklicheren Tages deutsche und internationale Musikgeschichte schreiben wird, kann in dieser dramatischen Kriegszeit keiner ahnen.

Beginnen wir bei den Wurzeln der Familienzweige Frantz und von Goßler. Bildung, (Klavier-)Musik und Sinn für Kultur gehörten hier wie dort zum guten Ton. Selbst in wirtschaftlich anstrengenden Zeiten war dabei nach Möglichkeit ein Flügel unabdingbar.

Justus' Urgroßvater Gustav Adolph Constantin Frantz kam 1817 zur Welt. Der Publizist, Mathematiker, Philosoph und Politiker war vielseitig begabt. Er wirkte als preußischer Diplomat und veröffentlichte 35 Werke, die heutzutage teilweise noch verlegt werden. Beispiele sind »Die Naturlehre des Staates als Grundlage aller Staatswissenschaft« oder ein Buch über »Die Wiederherstellung Deutschlands« aus dem Jahr 1865. Constantin Frantz galt zeitweise als Gegenspieler des zwei Jahre älteren Reichskanzlers Otto von Bismarck.

Sein Nachfahr Wilhelm Frantz wuchs in politisch interessierten, kulturell gepflegten und wirtschaftlich wohlsituierten Verhältnissen auf. In der Universitätsstadt Greifswald im Nordosten des heutigen Bundeslandes Mecklenburg-Vorpommern lag seine Yacht vor Anker. Die Familienvilla befand sich in Nachbarschaft des Greifswalder Doms. Nachfahr Richard Frantz studierte zügig Rechtswissenschaft. Mit Station in Stettin zog er nach Breslau, die Großstadt im Westen Schlesiens. Dort stieg Richard Frantz zum angesehenen Oberstaatsanwalt auf. Sein nicht nur im Familienkreis unverhohlen geäußertes Misstrauen dem Nationalsozialismus gegenüber war bekannt. Zwar blieb der renommierte Jurist ob seines Amtes zuerst von starken Repressalien verschont. Dass seine Einberufung in die Wehrmacht sowie seine Versetzung an die Ostfront in diesem Zusammenhang stehen, ist nicht bekannt. Er hatte vier Kinder: Dorothea, Monika, Malte, Sibylle. Sein fünftes Kind, Justus, sollte der Vater nicht mehr zu Gesicht bekommen.

Seine 1906 auf Gut Schaetz geborene Ehefrau Dorothea »Dosy« von Goßler hatte Richard Frantz in Stettin kennen- und lieben gelernt. Sie heirateten Anfang der 1930er-Jahre. Die namhafte, weitverzweigte Adelsdynastie, auch in Hamburg durch das Goßlerhaus in Goßlers Park in Blankenese bekannt, hat eine ebenso bemerkenswerte Historie aufzuweisen. Ein markantes Beispiel ist Dosys Vater Alfred von Goßler. Der Verwaltungsjurist, Gutsbesitzer und preußische Politiker wurde 1867 im Kreis Guhrau in der damaligen Provinz Niederschlesien geboren. Der Rechtswissenschaftler gehörte als Mitglied der Deutschkonservativen Partei ein Jahrzehnt dem Abgeordnetenhaus Preußens an. Während des Ersten Weltkriegs kämpfte er als Rittmeister im Zieten-Husarenregiment. Der Kaiser ernannte ihn zu einer Art »Generalgouverneur« der drei baltischen Staaten. Auf dem Kamin zu Hause bei Justus Frantz dokumentiert ein altes Foto die damaligen Ereignisse. Auf dem Bild sind neben dem Kaiser und Alfred von Goßler drei Repräsentanten der baltischen Staaten zu sehen.

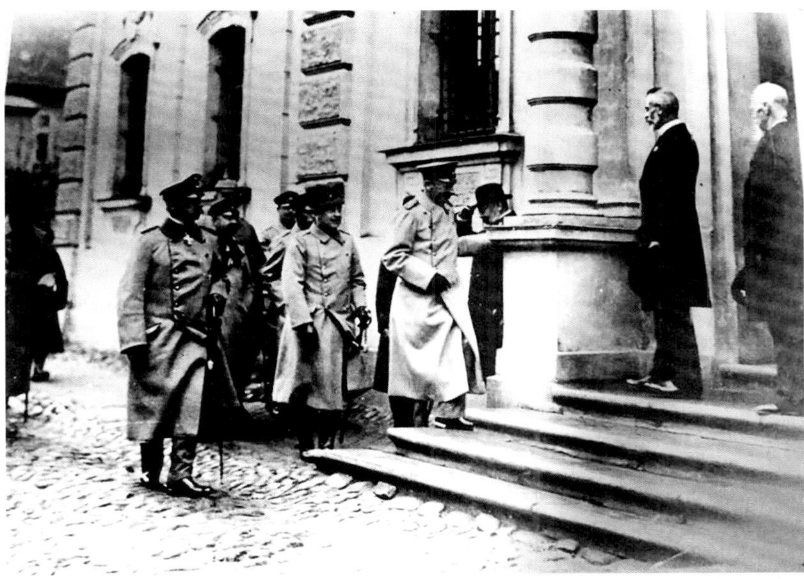

Foto: Justus Frantz privat

Alfred von Goßler (Mitte), der Großvater von Justus Frantz, mit Repräsentanten von Estland, Lettland und Litauen

Alfred von Goßler war Gutsherr auf dem eingangs erwähnten Hof Schaetz. Nach dem Tod seiner Mutter erbte er zudem das Gut Klein Kloden. Mit der mutigen Flucht Richtung Westen waren sämtliche Besitztümer verloren. Zwei Jahre vor Alfred von Goßlers Tod kam sein Enkel Justus Frantz zur Welt.

Und nach diesem Ausflug in die Vergangenheit zweier bekannter Familien kehren wir zurück in die chaotische Ära gegen Ende des Zweiten Weltkriegs. Das Deutsche Reich war dem totalen Zusammenbruch und der Kapitulation nahe. Da die Furcht vor der Roten Armee und deren Rache für Verbrechen unter dem Banner des Hakenkreuzes größer war als die Angst vor der Zerstörung im Westen des Deutschen Reichs, gab es nur einen Weg: die Flucht. Hals über Kopf, mit dem Nötigsten ausgestattet, machten sich Millionen auf eine strapaziöse, gefährliche Reise ins Ungewisse. Zur Erinnerung: Vor Kriegsende lebten mehr als 15 Millionen Deutsche im Osten Europas. Es war eine Völkerwanderung unvorstellbaren Ausmaßes. Viele kamen niemals an.

Justus Frantz hat die nachfolgenden Ereignisse erstaunlich präzise in seinem Gedächtnis gespeichert. In der Nachkriegszeit berichteten die Erwachsenen immer wieder von den ergreifenden Vorfällen dieser aufregenden Flucht. Da rückblickend das eine oder andere in der Erinnerung hin und her rutscht und da auch die Schilderungen in den einer Chronik ähnelnden Aufzeichnungen zu seinem 50. Geburtstag nicht in allen Punkten deckungsgleich sind, legt Justus Frantz Wert darauf, einen auf seinem Wissen basierenden Zeitplan niederzuschreiben. So soll es geschehen. Erinnerungen von Freunden und Verwandten folgen anschließend – um einen umfassenden Eindruck zu gewähren. Dass dabei die eine oder andere Beobachtung oder Erinnerung durcheinandergerät, ist auch den Turbulenzen der damaligen Zeit geschuldet.

Sowohl in Schaetz wie in Hohensalza, den Wohnorten und Stützpunkten der Familien Frantz und von Goßler, wird dem immer größeren Chaos im Deutschen Reich mit Aufrechterhaltung von Regeln und Regularien getrotzt. Soweit möglich. Jeden Morgen versammeln sich alle zu Andacht und Gesang. Schulter an Schulter beten Familien, geflüchtete Einzelpersonen und Personal das Vaterunser.

Der Treck der Goßlers, dem sich etwa am 10. Januar 1945 weitere befreundete Familien und Nachbarn anschließen, besteht aus rund 200 Menschen und Zugpferden für Kutschen und Wagen. Von ein paar Kutschen abgesehen, handelt es sich um schlichte Wagen ohne Verdeck, so wie sie in der Landwirtschaft für den Transport von Rüben oder Kartoffeln verwendet werden. Führt der Weg bergauf, müssen die Pferde oft passen. Dann springen praktisch alle vom Wagen und schieben. Die Kinder finden es lustig. Zumindest tagsüber und bei kürzeren Strecken.

Die überstürzte Flucht Richtung Westen wurde durch ein dramatisches Ereignis noch dringlicher. Als Justus Frantz' Großvater mit einer befreundeten Familie etwas weiter östlich telefonierte, überbrachte der Diener am Telefon eine fürchterliche Nachricht: »Die Herrschaften werden gerade im Hof von der Roten Armee erschossen.« Es ist das Signal zum Aufbruch. Sofort.

Unter den Millionen westwärts eilender Vertriebener und Flüchtlinge fallen sie nicht weiter auf. Die Wehrmacht ist fast geschlagen. Zerstört, eingekesselt, auf der Flucht. Es kommt auf jeden Tag an. Verwandte und Freunde schildern Dorothea von Goßler als ungemein standhaft und mutig. Sie macht ihren Kindern und anderen Mut in fast hoffnungsloser Situation. Was sich in ihrem Inneren abspielt, kann man nur erahnen. Sie hat viel verloren: ihren Ehemann Richard, ihre Heimat, das Gut, ihr Vermögen und andere Besitztümer. Neben anderen Schrecken hat Justus Frantz' Mutter das lautstarke Wehklagen der Kühe auf den Weiden in Erinnerung. Da sie nicht mehr gemolken werden konnten, litten sie fürchterliche Schmerzen. Dennoch muss es weitergehen. Ein Teil des Familienschmucks ist in eine Steppdecke eingenäht. Weitere Besitztümer werden neben Häusern und auf Feldern vergraben. Für den Fall einer Rückkehr. Eines Tages. Vielleicht.

Die Steppdecke mit dem eingenähten Schmuck wärmt während der überstürzten Flucht das Baby. Justus Frantz ist erst ein paar Monate alt. Details lassen sich acht Jahrzehnte später schwer recherchieren. Unter verschiedenen Notizen aus der Nachkriegszeit sind nachfolgende Informationen deckungsgleich. Der Kleine wurde in einem Körbchen transportiert. Zugedeckt war er mit der beschriebenen Steppdecke. Die ältere

Schwester hat außerdem einen Kinderwagen im Gedächtnis. Dieser stand neben Mutter Dosy und wackelte im Takt eines Pferdefuhrwerks oder einer Kutsche der Großeltern. Letztere stammte wohl noch aus dem 19. Jahrhundert. Sie war mit schwarzem und rotem Leder verkleidet – und erinnerte an erheblich bessere Zeiten.

Diese waren passé. Es war eiskalt unterwegs. In jeder Beziehung. Das war den Älteren selbstverständlich bewusst. Umso intensiver waren sie bemüht, die Jüngeren in Sicherheit zu wiegen. Im wahrsten Sinn des Wortes. Die fliehenden Menschen wurden von der Roten Armee mit Raketenwerfern, sogenannten Stalinorgeln, und Mörsern beschossen. Eigentlich war die Flucht nach Süddeutschland geplant, doch der angeschlagene Treck war den Strapazen des Mittelgebirges nicht gewachsen. Auf nach Zichtau, nahe der Elbe.

Justus erhielt Milch, Wärme, Zuneigung. Die Großeltern, bereits im Ersten Weltkrieg und nach der Machtübernahme der Nationalsozialisten leidgeprüft, bemühten sich im Treck um Zuversicht. Sie schaukelten das Baby, sangen Lieder, erzählten Märchen. Justus konnte sie natürlich nicht verstehen, die anderen schon. So erzählte Justus' Schwester von angenehmen Erinnerungen – trotz der Flucht. Alles habe ja seine Ordnung und verlaufe plangemäß, beruhigten die Erwachsenen.

Ein Teil dieser Familienvergangenheit ist in einem großartigen Buch enthalten, das anlässlich des 50. Geburtstags von Justus Frantz 1994 erschien. Es wird später noch ausführlich vorgestellt und in dieser Biografie immer wieder als Schatzkiste wertvoller Erinnerungen genutzt. Dutzende Zeitzeugen, Familienangehörige, Weggefährten und Freunde bereicherten dieses »Leporello« mit dem Titel »Ein Fest für Justus Frantz« mit sehr persönlichen Beiträgen. So habe Justus' Schwester während des Trecks an zurückliegende Zeiten gedacht. Als Vater Richard noch am Leben war. Als die Kinder in der guten Stube des Herrenhauses auf kuscheligen Teppichen im Kreis saßen und den Klaviertönen der Älteren lauschte. Die Großeltern besaßen zwei Flügel.

Zumal die Reise in Sicherheit und Geborgenheit weit war. In Zichtau nahe der Elbe, heute ein Ortsteil der Hansestadt Gardelegen, wurde ein weiteres Gut der weitverzweigten Familie angesteuert. Zichtau liegt etwa im Dreieck zwischen Wolfsburg, Wittenberge und Stendal, nördlich von Magdeburg. In Zichtau erlebte Justus seinen ersten Geburtstag. Von Feiern kann unter den obwaltenden Zuständen keine Rede sein. Da die Rote Armee und ihre Verbündeten jedoch weiter voranrückten, unaufhaltsam, bot auch diese Ortschaft keine dauerhafte Sicherheit. Nachts klopfte ein englischer Offizier an das Fenster. Seine Warnung: »In drei Stunden sind die Sowjets hier.«

Weiter ging die Flucht. Zwar hatte das Deutsche Reich bereits am 8. Mai 1945 die Kapitulationsurkunde unterzeichnet und die noch verbliebenen Waffen gestreckt, doch schien ein Verbleib weiter westlich ratsam. Engländer, Amerikaner und Franzosen versprachen auf lange Sicht mehr Menschlichkeit als die Sowjets. Obwohl das NS-Regime ebendiese Menschlichkeit zuvor so grauenvoll mit Füßen getreten hatte. Denn Gräueltaten beispielsweise aus Konzentrationslagern hatten sich nach dem Zusammenbruch sehr wohl herumgesprochen.

Folglich machte sich der aus befreundeten Familien, Nachbarn und Angestellten zusammengewürfelte Treck auf den Weg nach Ostholstein. Der Treck wurde von einem Tieffliegerangriff bedroht. In unmittelbarer Nähe der Kutschen und Wagen schlugen Granaten ein. Später erzählten die Erwachsenen, nach diesem Schrecken habe sich der kleine Justus fast ein Jahr nicht mehr bewegt – und nicht mehr gesprochen. Nach und nach habe sich die Blockade dann gelöst.

Alle profitierten vom starken Zusammenhalt der großen Familie, begüterten Verhältnissen und guten Kontakten. In der Katastrophe stand man Seite an Seite, rückte zusammen, reichte sich die Hand. Das war keine Geste von Großmut, sondern schlicht eine Frage des Überlebens. Niemand weiß es genau: Angeblich gab es während des Zweiten Weltkriegs in Europa zwischen 60 und 80 Millionen Tote.

Fakten wie diese waren nicht präzise bekannt, als die Familien Frantz, von Goßler und die anderen Menschen das Gut Testorf erreichten. Es war abends. Und es war dunkel. Was würde die Flüchtlinge erwarten? Absolut nichts schien sicher und verlässlich zu sein in diesen Monaten. Zwar bemühten sich die Erwachsenen redlich, den Jüngeren einen Hauch von Normalität vorzugaukeln, doch bemerkten diese sehr wohl Leichen am Wegesrand, Verletzte zuhauf, erbarmungswürdige Flüchtlinge in zerlumpter Kleidung, Panik, Schreie, leises Leid.

Und nun, im Frühsommer 1945, endet eine anstrengende, nervenaufreibende Flucht vor dem imposanten Herrenhaus einer barocken Hofanlage im östlichen Teil des heutigen Bundeslandes Schleswig-Holstein. Von Testorf sind es nur wenige Kilometer nach Heiligenhafen und der vorgelagerten Insel Fehmarn, der Lübecker Bucht, Grömitz, Eutin und Lütjenburg. Weiter östlich vom Gut befinden sich Plön, Neumünster und Kiel. Heute handelt es sich hier um ein wunderbares, grünes Stück Norddeutschland. Grundsätzlich war es vor knapp 80 Jahren natürlich nicht anders, doch hatten die Menschen damals keinen Blick für die Schönheit der Landschaft, sie waren erfüllt von existenziellen Sorgen und Nöten.

Vor der Tür des Herrenhauses steht Maria von Abercron, eine Tante von Justus Frantz. Das Ehepaar von Abercron heißt die Flüchtlinge mit offenen Armen willkommen – im wahrsten Sinn des Wortes. Die Ankömmlinge in Testorf bestehen aus sieben Familien. Gemeint sind sieben Mütter mit gut 30 Kindern. Denn die Männer, Greise und sehr Kranke ausgenommen, waren im Krieg gewesen. Das heißt: gestorben, verwundet, gefangen, verschollen. Die ersten Monate waren Justus und die anderen Kinder fast ausschließlich auf Frauen und Kinder konzentriert. Und noch eine weitere Bemerkung vor einer näheren Beschreibung des Guts Testorf: In den Räumen befanden sich zwei Flügel und ein kleineres Klavier. Gut zu wissen ist außerdem: Testorf spielte nicht nur eine entscheidende Rolle im jungen Leben des Justus Frantz. Es war vier Jahrzehnte später auch der Veranstaltungsort des Schleswig-Holstein Musik Festivals. Die Grundidee für dieses Kulturereignis keimte auf Gran Canaria.

Und jetzt zur Historie der Gutsanlage. Diese wechselreiche Geschichte reicht bis ins Mittelalter zurück. Das Gelände in Ostholstein gehörte ursprünglich zum Kloster Cismar. Die in der Neuzeit als Museum betriebene Abtei liegt in der Nähe von Grömitz. Vom Kloster führen herrliche Wanderwege fünf Kilometer bis zur Ostsee.

Das Gut Testorf selbst wurde anno 1460 von einer Familie Buchwaldt begründet. Rund 20 Jahre später wurde ein befestigtes, burgähnliches

Justus Frantz wuchs ohne Vater auf; umso mehr wurde er von der Großfamilie umsorgt. Disziplin gehörte dazu.

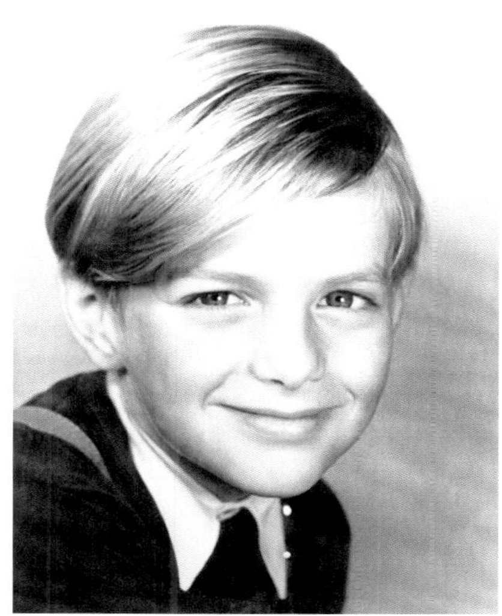

Foto: Justus Frantz privat

Herrenhaus errichtet. In den Turbulenzen der Jahrhunderte folgten Zerstörungen, Neubauten und immer neue Besitzverhältnisse. Aus Chroniken ist zu entnehmen, dass die Familien Reventlow, Brockdorff sowie das Haus Hessen-Kassel zu den Eigentümern des ebenso idyllischen wie fruchtbaren Guts zählten. Einst war die Hofinsel komplett von Wassergräben umgeben. Ende des 19. Jahrhunderts wurde ein Landschaftspark angelegt.

Das erhaltene Herrenhaus stammt im Kern aus dem Jahr 1774. Im Keller sind Gewölbe von anno 1482 erkennbar. Zur Anlage gehören mehrere Anbauten, Scheunen und weitere Wirtschaftsgebäude. In der Umgebung von Testorf ist das Vorwerk Karlshof gelegen, etwa zwei Kilometer entfernt. Bis 1949, dem Gründungsjahr der Bundesrepublik Deutschland, fand dort Justus Frantz mit Mutter, Geschwistern, Carl Ulrich von Barner sowie die Familie von Moltke Unterkunft. In der Folgezeit zogen sie in das Herrenhaus von Testorf um.

Insgesamt waren es prägende, nicht nur für den späteren Pianisten und Dirigenten Justus Frantz unvergessliche Jahre. Auch wenn die meisten Bewohner Hunger litten und es nach Kriegsende weder Heizung noch warmes Wasser gab, blieb eine unter dem Strich lebendige, glückliche Kindheit in ländlichem Umfeld in guter Erinnerung. »Für uns Kinder waren in Ostholstein Zerstörungen, Trümmer und Nachkriegswirren weit weg«, sagt Justus Frantz rückblickend. Während die bisherigen Ereignisse zumeist aus der Erinnerung seiner älteren Verwandten und Freunde stammen, ändert sich das nun. Die

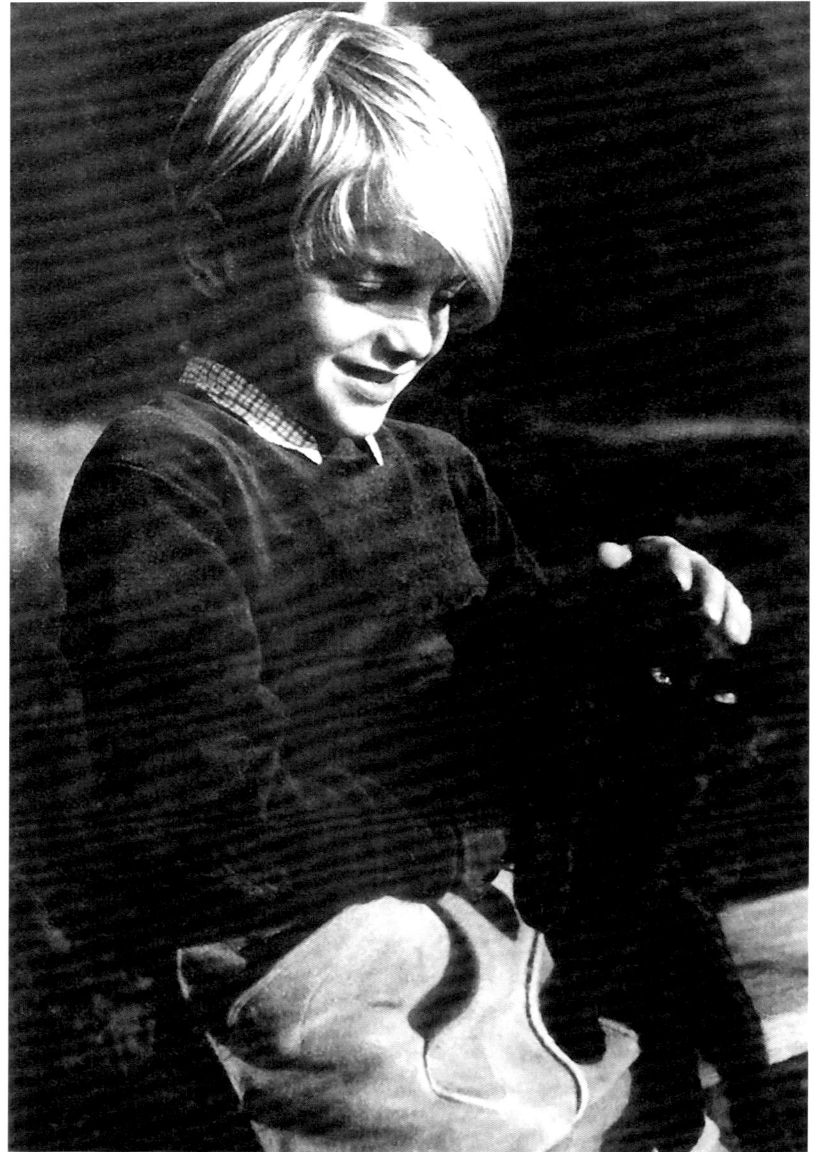

Foto: Justus Frantz privat

In Holstein wurde Justus Frantz in ländlicher Umgebung groß. Haustiere wie der Kater Mungo waren ein selbstverständlicher Teil der großen Gemeinschaft auf Gut Testorf.

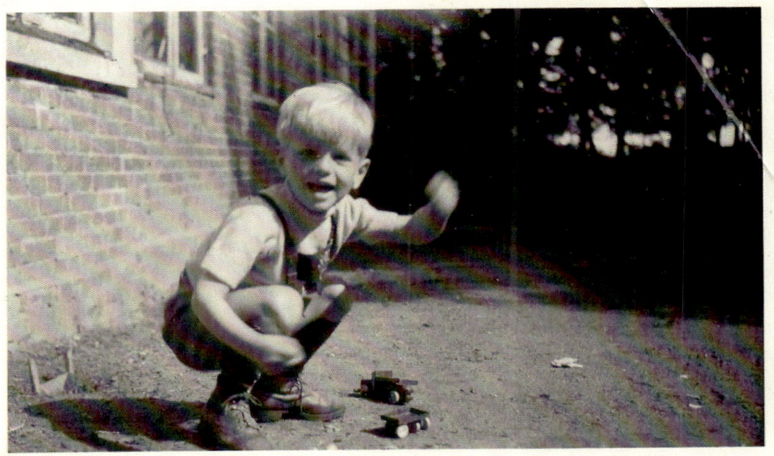

Foto: Justus Frantz privat

Zwar litt Deutschland an den Folgen des Zweiten Weltkriegs, dennoch erinnert sich Justus Frantz an eine behütete, aus seiner Sicht sorglose Kindheit.

Mischung aus Niederschriften, Tagebüchern, dem Leporello zu seinem 50. Geburtstag immer stabilere Fragmente seines eigenen Gedächtnisses liefern ein stimmiges Bild.

Zurück also zur Ankunft des Flüchtlingstrecks im Sommer 1945 auf Gut Testorf. Unter im Nachhinein unvorstellbaren Umständen gelang es dem Ehepaar Maria und Ernst von Abercron, eine erstaunliche Behaglichkeit zu schaffen. Dazu gehörten aus Steckrüben und Kartoffelschalen zubereitete Suppen. Wenn möglich, Brot. Früchte aus Garten und Landwirtschaft. Es war ein Kunststück, für etwa 70 Personen einen Hauch von Privatsphäre zu organisieren. Wohnten zuvor neben dem Ehepaar von Abercron, ihren drei Kindern und dem Personal schon mehr als 30 Menschen im Gebäude, stießen nun mehr als 40 Personen hinzu. Und immer wieder kamen weitere Flüchtlinge an.

Kurz zum Personal. Fast alle Familien stammten aus gut- bis großbürgerlichen oder aristokratischen Verhältnissen: Frantz wie von Goßler, Abercron wie von Moltke und so weiter. In der Regel besaßen sie in besseren Zeiten große Güter, landwirtschaftliche Betriebe, Förstereien und herrschaftliche Gebäude. Wer aus dem Osten Europas nach Holstein flüchtete, hatte alles verloren. Wer in der britischen oder amerikanischen Besatzungszone Grund und Boden besaß, hatte bessere Karten. Selbst wenn anfangs vorübergehende Enteignungen stattfanden, Offiziere der Siegermächte einquartiert wurden oder Entnazifizierungsprozesse in Gang gesetzt wurden. So behielt die Familie von Abercron das Gut Testorf ebenso wie den Karlshof, hatte aber strikte Auflagen: Mit ihrer Land- und Viehwirtschaft musste sie in der Umgebung stationierte, deutsche Soldaten versorgen. 12.000 Angehörige der Wehrmacht sollen sich um 1946/47 in der Region aufgehalten haben. Nach und nach durften sie zu ihren Familien in anderen Teilen des geschlagenen Landes heimkehren. Immerhin: Sie hatten überlebt. Für den Eigenbedarf blieb bei so vielen Menschen nicht viel.

Mit wachsendem Erinnerungsvermögen steuert Justus Frantz interessante Details aus seiner Kindheit bei. Auch das Essen betreffend. Er mochte lieber die Musik. Speisen waren ihm verhasst. Was in der Schulzeit Probleme ergeben sollte. Bei seiner ersten bewussten Erinnerung saß Justus als Dreijähriger, 1947 muss es gewesen sein, inmitten einer großen Runde in Karlshof am Esstisch. Dabei war auch Eberhard von Goßler, der Bruder von Mutter Dosy. Es gab Brot mit Margarine und Zuckerrübensirup. Dessen Schaum war zuckersüß. Weitere Beispiele für die Küchenkreativität der Nachkriegszeit: Suppen aus Kartoffelschalen, Brennnesseln und Rübenstücken, eine Art Artischocken aus Disteln, Kaffeeersatz aus gerösteten Löwenzahnwurzeln, immer wieder Molke. Unvergessen sind außerdem Weckgläser mit Kartoffelsalat, die Tante Maria den Kindern mit auf den Weg gab. Manchmal vermischen sich wahrscheinlich eigene Erinnerungen mit späteren Erzählungen der Älteren.

Sie erzählten von frischen Fichtenspitzen, die im Mai zu Marmelade und anderem Essen verarbeitet wurden. Das roch dann intensiv nach Harz. Auch Wegerich und weiteres Grünzeug sowie Kräuter aus Garten, Wald und von Feldern waren vielfältig nutzbar. Diese Volksweisheit passt selten besser als für die Ära: Not macht erfinderisch. »Es gab nur wenig«, sagt Justus Frantz. »Richtig Hunger habe ich aber nie gelitten.« Mit vereinten Kräften und sozialem Denken kam man gemeinsam über die Runden.

Personal war auf Gut Testorf entweder schon vorhanden, oder es war mit den Herrschaften aus den deutschen Ostgebieten vertrieben worden. Dieser Zusammenhalt war völlig selbstverständlich. Beiderseits. Ein erstklassiges Beispiel war die Köchin Ida Skupin. Diese treue Seele arbeitete und lebte rund 70 Jahre bei den Goßlers und Moltkes, von ihrem 14. Lebensjahr an. Der Nachwuchs mochte sie ebenso wie das Kindermädchen Ulla. Eine wie die andere blieb als herzlich, jedoch disziplinbetont in Erinnerung. Justus Frantz weiß noch immer ihn Beeindruckendes: Köchin Ida konnte glühende Kohlen aus dem Kamin holen – mit bloßen Händen.

Es gab mehrere dieser guten Seelen. Heutzutage unvorstellbar: Sie verdienten wenig, hatten freie Kost und Logis, wirtschaftliche Sicherheit und blieben teilweise Jahrzehnte. Sie gehörten zur Familie. Für Justus Frantz' Großeltern war es zeitweise normal, Diener und Zofen zu haben. Eine solche Zofe stand in Diensten der Großmutter. Sie hieß Emma. Justus mochte sie. Im Laufe der Zeit wurden solche Beschäftigungen weniger. Nicht nur aus finanziellen Gründen. Die Großmutter konnte gütig oder streng sein, je nachdem. Weinte ihr Enkel wegen einer Kleinigkeit, pflegte sie zu sagen: »Husch, husch, ein preußischer Junge weint nicht.«

Ein Beispiel höchst praktischen Organisationstalents: Im großen Salon des Herrenhauses wurden 1945 Wäscheleinen mit Bettlaken gespannt. Auf diese Art schuf man den einzelnen Gruppen winzige, eigene Bereiche. Bei den aus Schaetz Geflohenen handelte es sich laut früheren Aufzeichnungen neben der Familie Frantz mit fünf Kindern um die verwandten Winterfeldts (fünf Kinder), Borcherts (vier Kinder), von Hülsens (fünf Kinder), Hauenschildts (drei Kinder), Samsons (fünf Kinder) sowie von Maltzahns (drei Kinder). »Und alle bekamen ein Zuhause«, wurde notiert. Die Namen sind an dieser Stelle aufgeführt, weil es die Dimension dokumentiert. Weil es interessant für Nachfahren ist. Und weil einige der Genannten nachfolgend zu Wort kommen oder beschrieben werden.

Wohlgemerkt: Es waren anfangs kaum Männer im Haus. Nach und nach kamen Väter oder Großväter zurück. Manche Mutter und manche Großmutter warteten vergebens. Bisweilen zeitlebens. Und leider gab es auch Waisen. »Wir behandelten sie wie unsere Vizekinder«, schreibt

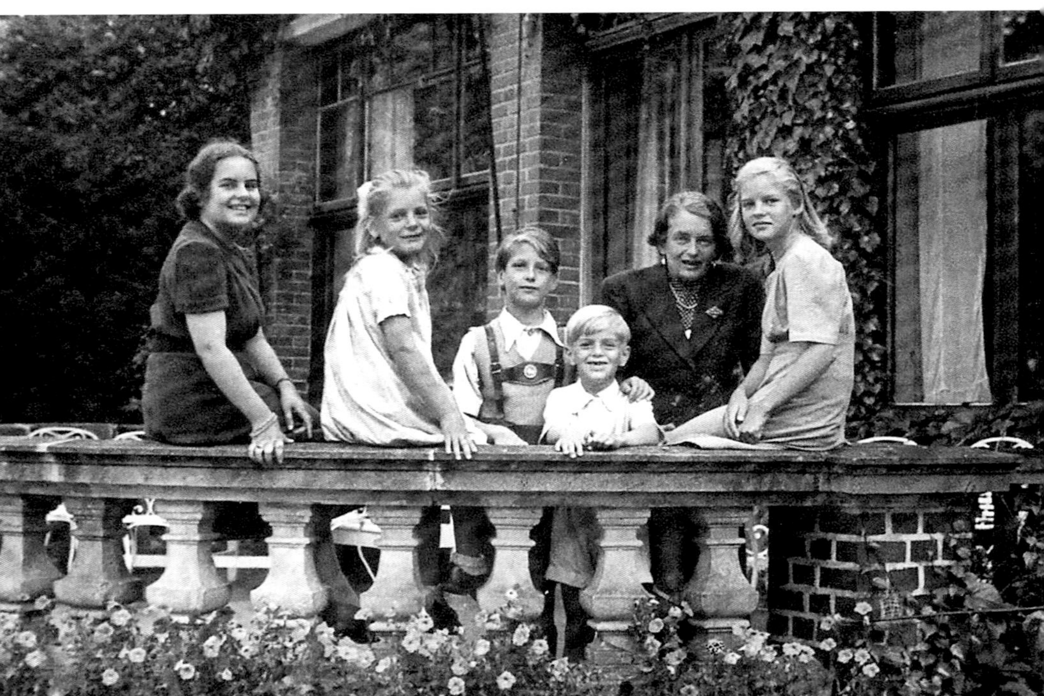

Foto: Justus Frantz privat

Justus Frantz (3. von rechts) als Kleinster mit seiner Mutter (2. von rechts) und seinen Geschwistern Dorothea, Sibylle, Malte und Monika (von links nach rechts)

Dorothy von Hülsen im bereits zuvor zitierten Buch anlässlich Justus Frantz' 50. Geburtstag 1994. Federführend organisierte sie dieses beeindruckende Projekt. Es ist ein liebevoll zusammengestellter Erinnerungsschatz der Zeit- und Familiengeschichte.

Maria und Ernst Abercron spielen auch in dem Leporello eine wichtige Rolle. Sorgten sie auf dem Gut Testorf doch vielfach für ein Fundament späterer Stabilität und Zufriedenheit. 1879 hatte die Familie von Abercron das Gut erworben. Etwa drei Jahrzehnte später kauften sie das benachbarte Gut Ehlerstorf hinzu. Die Abercrons sind ein dänisch-deutsches Adelsgeschlecht. Wurzel ist angeblich das schottische Geschlecht Abercromby of Birkenbog aus der Grafschaft Banffshire. Die Familiengeschichte der von Abercrons würde ein eigenes Buch füllen. Mindestens.

Die Historie anderer 1945 und in den Folgejahren auf Testorf ansässiger Flüchtlinge ist nicht minder umfangreich – und kompliziert. Beispiele sind die Gräfin Hochberg mit ihren Kindern, aus Schlesien Geflohene, oder die Gräfin Bassewitz, eine Jüdin. Auch sie war dem Grauen entkommen und hoffte auf eine bessere Zukunft. Schlimmer konnte es nicht werden. Doch gab es neben Hunger und Sorge um verschollene Familienangehörige Probleme zuhauf. Die Furcht vor Seuchen war enorm. Doch es ging Schritt um Schritt voran. An seinem zweiten Geburtstag am 18. Mai 1946 gab es für Justus Lieder, einen Spielenachmittag und einen Geburtstagskuchen, gezaubert aus Molke und Kartoffelschalen. Sein Glück war groß.

Während die Alliierten über die Zukunft Deutschlands verhandeln, herrschen besonders in Großstädten und Industriegebieten dramatische Zustände. Nach und nach wird das Drama sondiert. Nach dem Krieg liegt das meiste in Trümmern. Kann es einen Neubeginn geben? Viele haben Zweifel.

Zumindest die Kinder und Jugendlichen in Testorf und dem vorgelagerten Karlshof spüren die Katastrophe auf dem Lande nur indirekt. Es mischt sich ein bunter Haufen: Geschwister, Vettern, Cousinen, Einzelkinder und leider zudem Waisen. Zwar ist der Mangel an jeder Ecke spürbar, doch gehen Justus Frantz und seine Freunde mit der Situation spielerisch um. Nach wie vor geben sich die Erwachsenen jede Mühe, den Alltag erträglich zu gestalten, soweit möglich, normal. Dabei hilft die Vernetzung der Abercrons in Ostholstein. Besonders Tante Maria beeindruckt mit ihrem souveränen Naturell gepaart mit Herzenswärme. Eines Tages, wohl 1946, büxt Justus aus. Der Zweijährige verlässt auf eigene Faust Karlshof, um sich auf den Weg nach Testorf zu machen. Der Junge hat Sehnsucht nach seinen Großeltern auf dem Nachbargut. Er kommt nicht weit. Fremde bringen ihn zurück. Schläge, in damaliger Zeit nicht unüblich, gibt es glücklicherweise nicht.

Tante Marias Tugenden wie Warmherzigkeit, Einfühlungsvermögen, eine soziale Ader und Optimismus machen auch Dosy Frantz stark. An dieser Stelle schließen wir uns dem Usus der damaligen Zeit an und nennen Justus' Mutter Dosy. Dosy, geborene von Goßler, die 1946 ja erst 40 Jahre alt ist, ist rührend um ihre fünf Kinder bemüht.

Das Augenmerk der jungen Witwe liegt verständlicherweise auf ihrem Jüngsten. Er bekommt viel Milch zu trinken, selbst auf einem Gutshof bei rund 70 Bewohnern etwas Besonderes, wird intensiv umsorgt. Der bald schon Dreijährige lässt sich das gern gefallen. Doch erstens kann er so viel Milch bald nicht mehr sehen, auch später in Kindheit und Jugend nicht. Außerdem lockt in der freien Natur ein aufregendes Leben. Für die Kleinen gibt es nichts Aufregenderes, als draußen zu spielen. Kameradinnen und Freunde sind ausreichend vorhanden.

In einer Zeit ohne Handys, Computerspiele und soziale Medien ist das Freizeitangebot fraglos weit fantasievoller und vielfältiger als heute. Stattdessen existieren so wunderbare Dinge wie Pferdeschlitten, Holzkreisel mit Peitschenantrieb, von den Älteren geschnitzte Boote und Bastelereignisse mit kleinen Zweigen, Tannenzapfen, Kastanien. Eicheln werden wie Tabakpfeifen genutzt. Und, ja wirklich, Bucheckern haften wunderbar auf der Nase. Wenn man damit umzugehen versteht. Justus kann.

Mit seinen Freunden wird er in der Grundschule bald Sanella-Bilder tauschen. Diese sensationell farbigen Papierstücke liegen Margarinepackungen bei. Butter bleibt sogar auf dem Lande kostbar. Margarine ist billiger. Und mit den kleinen Gimmicks wird die Kundschaft bei Laune gehalten. Apropos Grundschule: 70 Kinder befinden sich in einer Klasse. Jahrgangsübergreifend. Klar, dass es rundgeht. Lehrkräfte sind Respektspersonen.

Nach und nach entwickelt Justus, unbewusst, eine Gabe, die ihm eines Tages von Nutzen sein wird: Der Bursche mit dem blonden Haar, dem kecken Blick und dem schon früh ausgeprägten Humor versteht es, andere Menschen für sich einzunehmen. Damals wie heute hat er eine begnadete Klaviatur an Tricks auf Lager. Und da so viele Menschen aller Altersklassen auf engem Raum in Harmonie leben müssen, ergibt sich Sozialverhalten wie von selbst. Ein Zeitzeuge stuft Gut Testorf Jahrzehnte später als »Schicksalsgemeinschaft« ein. Das gemeinsame Ziel ergab sich durch die Kriegswirren. Die schreckliche Vergangenheit schweißt zusammen. Zuerst kaum spürbar, entwickelte sich Hoffnung. Das Motto, einem später erscheinenden Bestseller entlehnt: Hurra, wir leben noch.

Ende 1946 kehrt Justus' Onkel Carl-Viggo von Goßler aus der Kriegsgefangenschaft zurück. Justus Frantz ist begeistert von dem freundlichen Verwandten, der später als angesehener Richter und Landgerichtspräsident in Kiel berufstätig sein wird. Carl-Viggo, früher Freund und Schwager des im Krieg gestorbenen Richard Frantz, erweist sich als resolut, durchsetzungsstark und autoritär, im Kern allerdings als gutmütig und kinderlieb. Ebenso wie seine Ehefrau Frede-Ilse, von Justus und den anderen Kindern »Hopla« genannt. Sie hat einen Narren an dem aufgeweckten Burschen gefressen. Rückblickend bezeichnet Justus Frantz die herzensgute Frau als Vizemutter. Und Carl-Viggo von Moltke übernimmt ein bisschen die Rolle eines Ersatzvaters. Beide bezeichnet er rückblickend als liebevolle »Ersatzeltern«. Bisweilen gab es eigenwillige und in der Neuzeit unfassbare Methoden. Gibt es wirklich mal warmes Wasser, ein kostbares Gut, möchte »Hopla« Justus damit waschen. Onkel Carl-Viggo bevorzugt härtere Bandagen. Im Winter holt er Schnee und Eis, um den Jungen damit einzureiben und quasi abzuwaschen. Ersatzmutter »Hopla« gerät dadurch in Wut, wird fast zur Furie. Den Gebräuchen im Nachkriegsdeutschland und schon davor zufolge soll diese Prozedur die Kinder abhärten.

Apropos Winter. Damals waren sie streng, hart und schneereich. Im Alter von fünf oder sechs Jahren bricht Justus in den vereisten Messin-See in der Nähe ein. Mit aller Kraft kann er sich buchstäblich loseisen. Total erschöpft, schleppt er sich zu einem Knick, nicht weit vom Testorfer Herrenhaus entfernt. Knicks heißen die für Holstein typischen, auf einem Wall wachsenden Hecken. Der Junge schläft im Schnee ein. Ein Segen, dass Großonkel Hermann von Samson-Himmelstjerna, während der Zarenzeit der letzte Gouverneur der Krim, draußen ist und hinter einem dieser Knicks austreten möchte. Dabei entdeckt Großonkel Hermann seinen Neffen. Er nimmt den völlig unterkühlten Jungen auf die Schulter und läuft schnellstmöglich zum Haus. Die Aufregung ist groß. Behutsam werden Justus' Lebensgeister wiedererweckt. »Ich verdanke ihm mein Leben«, sagt Justus Frantz heute.

Um an dieser Stelle Verwirrungen zu verhindern: Das Ehepaar trägt den Nachnamen »von Moltke«. Ehefrau »Hopla« ist eine geborene von Goßler. In den Großfamilien gibt es zahlreiche Verzweigungen und identische Nachnamen. Manchmal weiß man gar nicht präzise, wer nun ein Cousin ersten oder zweiten Grades ist. Fest steht: Das Ehepaar Frede-Ilse und Carl-Viggo von Moltke schätzt den kleinen Justus ungemein. Am liebsten würden sie ihn adoptieren. So geschieht es zwar nicht. Dennoch wird die Nähe bestehen bleiben. Denn nach dem Umzug nach Kiel wird Justus Frantz in ihrer Wohnung leben – jahrelang und mit eigenem Zimmer. Grund ist sein dortiger Besuch eines Gymnasiums.

»Hopla« und Carl-Viggo erzählen spannende Geschichten, verstehen die kleinen und größeren Sorgen von Justus, haben stets ein offenes Ohr und nehmen sich viel Zeit. In Testorf erhielt das Kind einen Roller, sein Heiligtum. Damit zischt er über die Wege des Guts, sogar ins Nachbardorf Hansühn, nachfolgend zur Schule. »Justus ist ein Wirbelwind«, pflegt »Hopla« zu sagen. Niemand widerspricht. Er ist gar nicht gern allein, vor allem nicht im Haus, schätzt damals schon Geselligkeit und lebendiges Miteinander. Tatsächlich bekommt Justus eines Tages ein Spielauto geschenkt. Für ihn ein Schatz. Die von ihm sehr geliebte Ersatzmutter »Hopla« spielt begeistert Geige. Sie trägt dazu bei, in Justus die Zuneigung zur Welt der Musik zu wecken.

Eine Beschäftigung indes steht über allem: Justus liebt die Musik. Singen und Musizieren im großen Kreis zählt in Testorf zum selbstverständlichen Ton. Schließlich sind im Herrenhaus zwei Flügel und ein Klavier vorhanden.

Sowohl anfangs in Karlshof als auch später auf Testorf kann Justus Frantz nicht genug bekommen von den Melodien, die diesen Tasteninstrumenten zu entlocken sind. Eine große Bedeutung beim Start ins Musikleben des Jungen hatte eine Persönlichkeit namens C. U. von Barner. Eigentlich hieß diese ganz besondere Persönlichkeit mit Vornamen Carl Ulrich, doch nannten ihn alle, Klein und Groß, ausschließlich »C. U.«.

Die Älteren berichteten viele Jahre später, dass von Barner von einem schweren Schicksal geschlagen war. Keine Ausnahme in dieser Zeit. Er fand Trost in der Musik. Beethoven, immer wieder Beethoven. Mal mit Begeisterung, mal mit Verzweiflung. Mal Beethovens Hammerklaviersonate, mal die Diabelli-Variationen, dann die Sonate op. 111. »Mit tiefstem musikalischen Verständnis identifizierte

C. U. sich mit dieser Musik«, wird Justus Frantz später in einem Magazin formulieren: »Immer, wenn er nach dem Aufstehen zwei oder drei Stunden Beethoven gespielt hatte, war die Welt für ihn plötzlich heiterer, leichter zu ertragen.« Offensichtlich hatte er für sich persönlich und auch für seine gelegentlichen suizidalen Momente verstanden: Beethoven ist Hoffnung.

Indem er Beethoven auf seinem Flügel spielte, entfloh er Schwermut und Depressionen. Das war schon in Karlshof so, als er Justus beim Klavierspiel auf dem Schoß hatte. Mutter Dosy wusste später zu erzählen, dass ihr Jüngster schon als Kleinkind von der Musik angezogen wurde. Wenn C. U. von Barner in seinem Zimmer am Flügel aufspielte, habe sich Justus in seinem Kinderbettchen aufgerichtet und an den hölzernen Gitterstäben gezogen. Er wollte hin zur Musik.

Grundsätzlich hat er leichtes Spiel. Weil Instrumente und Noten alltägliche, natürliche Lebensbegleiter sind. Fast jeder der Erwachsenen beherrschte etwas davon. Justus Frantz erkannte früh: Musik vereint. Und: Musik kittet die Welt zusammen. Später gewinnt er eine Erkenntnis hinzu: Musik kann heilen und helfen, Probleme anders wahrzunehmen.

Die in Karlshof begründete Zuneigung zwischen C. U. von Barner und dem kleinen Justus setzte sich auf Gut Testorf fort. Vielleicht spürten die beiden trotz des Altersunterschieds so etwas wie eine Seelenverwandtschaft, eine Nähe und intuitive Verbindung durch Musik. Dass es in der Seele des Justus Frantz heutzutage nicht nur Sonnenschein gibt, kommt gegen Ende dieses Buches zur Sprache.

C. U. von Barner hatte das Glück, über ein eigenes Zimmer verfügen zu dürfen. Matthias von Hülsen, ein guter, ein Jahr älterer Freund aus turbulenten Jugendtagen und später Kinderarzt in Hamburg, schilderte den Raum auf tatsächlich zauberhafte Weise. Eine »Magie« habe er aufgewiesen, speziell für die Kinder. Randnotiz: Nach dem Überfall Russlands auf die Ukraine 2022 gab es Schwierigkeiten in der jahrzehntelangen Freundschaft zwischen dem promovierten Mediziner von Hülsen, der auch als Gründungsintendant des Schleswig-Holstein Musik Festivals wirkte, und Justus Frantz. Beide betrachteten die Präsenz des Pianisten und Dirigenten in St. Petersburg und Moskau auch nach Kriegsbeginn und den Sanktionen des Westens aus unterschiedlichen Blickwinkeln – wie viele andere.

Begeben wir uns wieder in das Zimmer Carl Ulrich von Barners kurz nach Kriegsende. Matthias von Hülsen hat es als urgemütlich und höchst individuell in Erinnerung. Rund ein Vierteljahrhundert lebte dieser eigenwillige, schwermütige Charakter in einer Welt für sich: uraltes Mobiliar, Ölgemälde seiner Ahnen an den Wänden, dicke, flauschige Teppiche, teilweise übereinandergeschichtet. Im Zentrum: ein aus Kinderaugen gewaltig großer, brauner Flügel. Carl Ulrich von Barner hatte fast alles in seinem Leben verloren – die alte Heimat, manchmal sein frohes Herz. Zu allem Überfluss war ihm seine geliebte Frau weggelaufen. Verwandte waren im Krieg gefallen. Geblieben waren die Liebe zum Klavier, seine Flucht in die Musik, und Beethoven, immer wieder Beethoven.

Wie in seinem Inneren tat sich der Mann schwer mit einigen Passagen der Sonaten. Doch gab er nicht auf, weder hier noch dort. Oft quälte er sich musikalisch, strapazierte Gefühle wie Tasten. Und regelmäßig die Ohren der anderen. Einzige Ausnahme: Justus hörte ergriffen zu, beinahe so, als inhaliere er Beethovens Töne. Noch heute beschreibt er die Szenerie voller Zuneigung, mit Wärme im Gedächtnis.

Matthias von Hülsen schreibt in seinen Erinnerungen von unvergesslichen Klavierabenden in diesem Zimmer. Von Diskussionen über Gott und die Welt. Der Senior C. U. von Barner verfügte über Gnade und Begabung, junge Menschen ernst zu nehmen. Freigiebig reichte er seine ausgeprägte Bildung weiter, erzählte bis zur Bettruhe der Kinder, verschaffte Träumen Flügel. Später ging es dort bisweilen hochpolitisch zu. Gelegentlich wurde ein Kartenspiel hervorgeholt. Und wenn die Jugendlichen Stillschweigen gelobten, wurde eine Flasche Wein entkorkt. Ja, er hatte Kultur. Herz nicht minder. Wahrscheinlich verstand sich der urige Pianist von Barner mit den Testorfer Gastgebern von Abercron auch deswegen so exzellent.

Einer wie dem anderen war das Faible des Kindes Justus für die Musik im Allgemeinen und für das Klavier im Besonderen früh aufgefallen. Sie unterstützten Leidenschaft wie Begabung nach Kräften. Und erneut nebenbei: Als der weltberühmte Leonard Bernstein 1985 mit einem

Hubschrauber zwischen den Scheunen des Guts Testorf landete und bester Dinge auf das Herrenhaus zueilte, stand Maria von Abercron vor der Tür. So wie fast auf den Tag 40 Jahre zuvor, als der Treck aus dem Osten Holstein erreichte. Maria von Abercron war schon vorher klar: Ihr Justus würde es schaffen.

Doch war nicht nur 1945 der Weg weit. Der schon zweimal genannte Freund Friedhart wusste von einer ihn dauerhaft beeindruckenden Beobachtung zu berichten. Wann immer Freiraum war, habe sich Justus an den Flügel gesetzt. Als Kleinkind klimperte er intuitiv. Noten erlernte er wie im Fluge. Bald spielte er auch Choräle und Märsche. »Justus spielte fast ununterbrochen Klavier«, wusste Friedhart von Maltzahn. Bis zu seinem ersten Konzert an der Seite der von Justus nicht nur an den Tasten angebeteten Gretel Dürrmeier sollte allerdings noch einige Zeit ins Holsteiner Land gehen.

Auch der heranwachsende Justus bemerkt sehr wohl, dass bessere Zeiten nahen. Nicht nur wirtschaftlich. Diese fürchterliche Angst, die in den Erwachsenen wohnte, verflüchtigt sich Stück um Stück. Plötzlich gibt es Funken der Hoffnung. Und für Justus einen Riegel Schokolade. Bis zur Einführung der Deutschen Mark 1948 ist Geld nichts wert. Es ist die Zeit der Care-Pakete, mit denen die Amerikaner der notleidenden deutschen Bevölkerung helfen. Die Schokolade der Marke Cadbury (für Justus unvergessen) stammt aus einem dieser wunderbaren Pakete. Bis zu seinem ersten Teddybären muss der Junge noch warten.

Etwa in dieser Zeit erlebt Justus Frantz die erste persönliche Krise seines jungen Lebens. »Er ist viel zu dünn«, stellen Mutter, Großmutter, Tante und die anderen übereinstimmend fest. Das liegt mehr an ihm als an grundsätzlichem Nahrungsmangel. Um ihn aufzupäppeln, zweigen die Älteren Extraportionen ab. Und er soll besonders viel Milch trinken. Auch das mag er gar nicht. Justus leidet an einem Hungerödem: einer Wasseransammlung im Gewebe. Als Folge von Mangelernährung oder Unterernährung. Als Konsequenz beschließt der Familienrat: Justus soll in anderer Umgebung und an frischer Nordseeluft zu Kräften kommen. Und an Gewicht gewinnen. Also wird er in ein Kinderheim im Westen Schleswig-Holsteins »verschickt«, wie es im damaligen Sprachgebrauch heißt. In einem privat geführten Kinderheim soll es ihm gut gehen. Geht es aber nicht. Justus ist unglücklich, darbt in jeder Beziehung. Da er nicht zu-, sondern sogar weiter abnimmt, wird der Aufenthalt von vier Wochen um einen weiteren Monat verlängert.

Justus erlebt erstmals in seinem Leben Sadismus. Das Kind wird von den Betreuerinnen im Wald ausgesetzt. Ein Schock für den Jungen. Er möchte zurück in sein vertrautes Umfeld, das er so sehr liebt. Später wird ihm klar: »Entweder du zerbrichst – oder du lässt dir ein dickes Fell wachsen, wirst widerstandsfähiger.« Leichter gesagt als getan, doch er lebt Variante zwei.

Fast 20 Kinder werden in einem Schlafraum untergebracht. Es gibt Gesellschaftsspiele und Cellomusik. Die Musik gefällt ihm. Es gibt Abenteuer mit Krabbelspaß in unterirdischen Gängen. Und es gibt Krabben, die ersten seines Lebens. Schmecken vorzüglich. Im Bett, unter den Kopfkissen, liegt Heu. Nachkriegszeit eben. Vor allem besitzt Justus einen ungewöhnlichen Kumpel: ein Krokodil – ein Spielzeugtier, das mit dem Kopf wackelt. »Es war mein Freund«, erinnert er sich. Nach acht Wochen geht es zurück in den Osten Holsteins. Justus hat auf Föhr eine Menge gelernt.

1948 eröffnet die D-Mark als stabile Währung ganz neue wirtschaftliche Dimensionen. Und mit dem Grundgesetz der Bundesrepublik Deutschland ist der Weg zu Demokratie und Rechtsstaat geebnet. Diese Werte werden ihm in der Folgezeit deutlich. Eher nebenbei registriert er, dass die Erwachsenen oft vor dem Radio, immer noch als Volksempfänger bezeichnet, sitzen und Nachrichten hören. Die Rede ist von der Berliner Blockade, von Rosinenbombern, von Unterstützung der Amerikaner. Hin und wieder vernimmt er einen Mann mit starkem rheinischem Dialekt, Justus bis dahin fremd. Der Christdemokrat Konrad Adenauer, in Köln zur Welt gekommen, wird am 20. September 1949 zum ersten Bundeskanzler gewählt. Justus ist fünf Jahre alt. Ein Jahrzehnt später wird er den charismatischen Politiker schätzen. So sehr, dass er spontan vor Ort einen Verband der Jungen Union gründet.

Nicht jedem auf Gut Testorf gefällt das. Ohnehin galt in den ersten Jahren nach Ankunft in Holstein das Prinzip: bitte keine Politik. Damit soll Streit aus dem Weg gegangen werden. Im Anschluss an Nazizeit, den totalen Zusammenbruch und Kriegsende ist es nicht leicht, neue Ideale zu finden. So sind die aus dem Baltikum geflohenen und im Treck mitgereisten Samsons überzeugte russische Patrioten. Der Nationalsozialismus hatte auch ihnen ideologisch schwer zu schaffen gemacht.

Dosy Frantz ist Anthroposophin und tendenziell politisch links denkend und fühlend. Sie verfügt über einen starken Gerechtigkeitssinn. Es passte in dieses Bild, dass sie ihren Jüngsten Justus nannte, den Gerechten. Sie entschied sich wegen des erschossenen, unbeugsamen Vaters für diesen Namen, um ihrem an der Ostfront gefallenem Gatten Richard so etwas wie ein Denkmal zu setzen. Sie vermutete wahrlich nicht allein, dass ihr Ehemann bewusst in diese aussichtslose Lage manövriert wurde. Hartgesottene Nazis in Breslau hassten ihn als »Volksverräter«.

Umso ungerechter empfand die Witwe nach Gründung der Bundesrepublik mit geordneten Verhältnissen den Tatbestand, keinerlei Pension zu erhalten. Schließlich stand ihr Ehemann als Oberstaatsanwalt in Breslau im Staatsdienst. Als sich die Behörden nicht überzeugen und erweichen ließen, schrieb sie einen persönlichen Brief an das Büro des künftigen Bundeskanzlers Konrad Adenauer. Ihr Geburtsname von Goßler war dort durchaus bekannt. »Soll ich meine fünf Kinder zum Betteln erziehen«, meinte sie sinngemäß, »oder sollen sie gar stehlen und betrügen?« Und siehe da: Wenig später wurde nach Anweisung aus Bonn eine Pension für die Witwe Dosy Frantz und ihre Kinderschar bewilligt.

Ohnehin ist Justus Frantz auch posthum von Dankbarkeit und Respekt seiner Mutter Dosy, geborene von Goßler, gegenüber erfüllt. »Sie verlor in jungen Jahren Ehemann, Heimat, Besitz«, sagt er, »ihr Optimismus jedoch blieb nicht auf der Strecke.« Selbstmitleid sei ihr fremd gewesen. Dosy war ein liberaler Geist, eine von Toleranz geprägte Anthroposophin linker Prägung. Entsprechend rät sie ihrem Jüngsten nach der Grundschule zu einem Besuch der Waldorfschule in Rendsburg. Doch setzt sich Justus mit seinen Argumenten und der ihm eigenen Beharrlichkeit durch. Er lebt bei der Familie von Moltke, jener also, die ihm aus Testorf bereits vertraut und persönlich nahe ist.

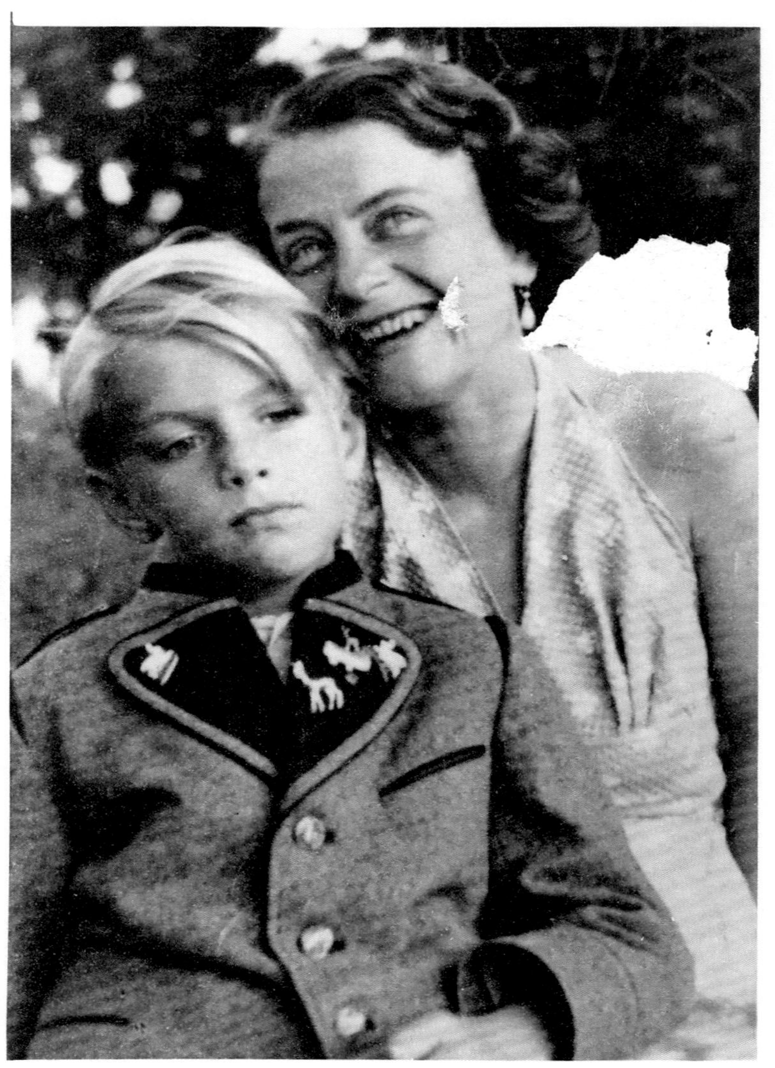

Foto: Justus Frantz privat

Justus Frantz mit seiner Mutter Dosy im September 1952 bei einem Verwandtenbesuch im bayerischen Riegsee

In der Verwandtschaft und im Freundeskreis wird Großgeist bevorzugt. Credo: jeder nach seiner Fasson. Überwiegend gibt es Christen, protestantisch wie katholisch, Atheisten – und mit den von Maltzahns Buddhisten. Sein Freund Knut Mackensen sollte später Propst werden. Justus wird durch Konfirmation in die Christengemeinschaft aufgenommen.

Auch seine Mutter Dosy glaubt als Christin an Gott. Was sie nicht im Geringsten daran hindert, politisch links zu denken. Hin und wieder wird sie im Herrenhaus als »Edelkommunistin« oder »Salonkommunistin« betitelt – nicht nur wegen der adeligen Abstammung. Vielleicht ist das einer der Gründe einer diplomatischen Mission hinter den Kulissen: Justus soll verkuppelt werden. Als Braut ist Susanne auserkoren, die des Deichgrafen von Platen aus dem nahe gelegenen Schloss Weißenhaus. Heute befindet sich hier eine luxuriöse Hotelanlage gleichen Namens. Viele Holsteiner nennen den gut betuchten von Platen »roter Graf«.

Da es sich lediglich um ein lockeres Gedankenspiel handelt, wird nie Ernst daraus. Zumal Justus während der Pubertät ganz andere Interessen hat – vom Klavierspiel abgesehen. Seine große und erste Liebe heißt Gretel. Die 14-Jährige, gleichfalls eine begeisterte und gute Pianistin, gewährt ihm allerdings nicht den Premierenkuss.

Auch wenn aus einer möglichen Liaison mit der Tochter des »roten Grafen« nichts wird, denkt Mutter Dosy eigenständig und ganz anders als Sohn Justus. Bei wem sie bei den ersten freien Wahlen nach Diktatur und Krieg auf dem Wahlzettel ihr Kreuz macht, bleibt ihr Geheimnis. Später wählt Dosy die DFU. Die Deutsche Friedens-Union, aktuell nur noch wenigen bekannt, ist eine linksgerichtete Kleinpartei, die es nie in ein deutsches Parlament schafft. Die von Dosy geschätzte Gründerin Renate Riemeck war eine Historikerin und Friedensaktivistin. Sie starb 2003 im Alter von 82 Jahren.

Bereits vor Gründung dieser Partei denkt und spricht Dosy im Protestmodus. Sie ist gegen jede Form von Militarisierung in der jungen Bundesrepublik. Zweimal Weltkrieg und einmal Vertreibung in ihrem Leben reichen ihr. Während des Dritten Reichs organisierte sie pazifistische Jugendlager – und verdammte jede Form von Krieg. Letztlich riskierte sie in dieser Zeit ihr Leben. Entsprechend negativ reagiert sie auf die Gründung der Bundeswehr im November 1955. Aus Protest, behielt Justus Frantz im Gedächtnis, habe sie einen Monat ausschließlich schwarze Kleidung getragen. Monopoly durfte in ihrem Hause nicht gespielt werden.

Was sie wohl gedacht hat, als Justus politisch einen ganz anderen Weg beschreitet? Seite an Seite mit ähnlich denkenden Mitstreitern gründet er als Schüler die Junge Union für Testorfs Nachbarort Hansühn und Umgebung. In diesem Zusammenhang sind zwei Zwischenbemerkungen interessant. Mangels anderer Fortbewegungsmittel nutzt Justus eines der im Gut reichlich vorhandenen Pferde. Mit einem Einspänner klappert er naheliegende Dörfer ab, um die Aktivitäten der CDU-Nachwuchsorganisation zu steuern und voranzutreiben. Als JU-Funktionär wird er bald auch am Tisch mit dem Sozialdemokraten Helmut Schmidt aus Hamburg-Langenhorn sitzen. Daraus soll sich eines ferneren Tages eine enge Freundschaft entwickeln.

Jetzt erneut zum Thema Schule. Von 1951 bis 1955 hat er die Grundschule im Dorf Hansühn absolviert. Ursprünglich sollte es ein Jahr früher losgehen, doch hält man den recht mageren Justus im Jahr 1950 noch für zu schwach für Schulweg, Unterricht und Strapazen des kindlichen Alltags. Kurz nach seinem siebten Geburtstag nimmt er schließlich im Klassenraum Platz: mehrere Klassen, 70 Kinder, in einem Raum. Auch die größere Schwester Sibylle und sein enger Freund Matthias von Hülsen sind dabei. Der Stoff fällt Justus leicht. Trotz der vielen Kinder herrscht Disziplin. In den Pausen und bei Schulfesten vergnügen sich die Mädchen und Jungs mit Ringreiten auf einem Steckenpferd, einem seinerzeit angesagten Spiel, bei dem Ringe abgenommen werden.

1955, im Alter von nunmehr elf Jahren, folgt ein weiterer großer Schritt: Justus wechselt für ein paar Monate auf eine Grundschule nach Kiel. Er lebt jetzt bei den Moltkes. Da auf dem Lande kein Gymnasium existiert, wird die Kieler Gelehrtenschule von 1320 ausgewählt. Diese Institution hatte bei Gründung vor sieben Jahrhunderten ein Privileg. Erteilt wurde es dem Magister Henricus von Culmine durch den Grafen Johann II. von Schaumburg. Nach der Zerstörung 1944 und dem Umzug an einen anderen Ort zieht die Gelehrtenschule in ein neues Gebäude an der Feldstraße – zwei Jahre vor Justus' Einschulung. Kiel war nach dem Krieg ein Trümmerhaufen.

Der Elfjährige ist begeistert, gewinnt er doch neben frischer Spannung ein zweites Zuhause. Denn das Ehepaar »Hopla« und Carl-Viggo von Moltke wohnt seit 1947, wie erwähnt, wieder in der Landeshauptstadt Kiel. Beide sind für Justus Frantz Vizeeltern. Und in den Ferien und bisweilen am Wochenende kehrt er auf das Gut Testorf heim. »Ich habe nun zwei Mütter und einen Vater«, meint Justus. Auch zum Glück seiner Mutter, die den Jungen bei Schwester und Schwager in den allerbesten Händen weiß. Bis zu seinem Abitur am altsprachlichen Gymnasium bleibt Justus beim Ehepaar von Moltke wohnen.

Keinesfalls auf beengtem Raum. Der gut situierte Präsident des Landgerichts in Kiel lebt in einer großzügigen, geräumigen Wohnung mit mehreren Zimmern. Eines davon hat Justus Frantz für sich. So viel Komfort gab es in Testorf im Osten des Bundeslandes nicht. In Kiel führen die Moltkes ein nahezu aristokratisches Leben – Stil und Tradition dieser Familie angemessen. Nachdem sich die Bundesrepublik Deutschland politisch stark aufgestellt hat und sich im Fahrwasser Richtung Wirtschaftswunder befindet, geht es bei Justus' Gasteltern ebenfalls bergauf. Sherry für die Erwachsenen gehört zum guten Ton, vornehmes Benehmen nicht minder. Notfalls mit Strenge reagiert das Ehepaar auf Eskapaden der Kinder und Jugendlichen. Kommt Besuch, ist Bedienungspersonal selbstverständlich. Oft übernehmen Justus und sein älterer Bruder Malte den Service. Einmal erhält Justus von Carl-Viggo sogar eine nächtliche Ohrfeige: Um zwei Uhr nachts spielte er mit seiner Märklin-Eisenbahn, auch eine Errungenschaft der immer mehr boomenden Marktwirtschaft.

Apropos: Der Wirtschaftswissenschaftler Ludwig Erhard, Christdemokrat und gebürtiger Franke, dirigierte in der Hauptstadt Bonn den Aufschwung – von 1949 bis 1963 als Wirtschaftsminister, anschließend als zweiter Bundeskanzler nach Konrad Adenauer. Es ist die Zeit, in der Justus Frantz beim CDU-Nachwuchs in der Jungen Union politisch aktiv ist. In diese Ära deutscher Nachkriegs- und Wohlstandsgeschichte fallen auch die Gründung eines JU-Verbands daheim in Ostholstein sowie das spätere Treffen mit Helmut Schmidt.

Noch ist es nicht so weit. Das Ehepaar von Moltke achtet auf Ordnung, Disziplin, Umgangston und Fleiß auf dem Gymnasium. »Hopla« und Onkel Carl-Viggo zeichnen sich durch Zuneigung und verwandtschaftliche Liebe aus. Von der gleichfalls Justus' ältere Geschwister profitieren: Auch Malte und teilweise Sibylle wohnen dort. Von den regelmäßigen Heimfahrten nach Testorf und den Besuchen bei Mutter Dosy abgesehen, wird Kiel für Justus Frantz zum Lebensmittelpunkt. Er lebt dort fast zehn Jahre, von 1955 bis zum Abschluss 1964.

Sein Zimmer gefällt ihm gut. Es hat nur einen Haken: In der Tür befindet sich eine Glasscheibe. Befolgt Justus die ab 21 Uhr verordnete Bettruhe nicht, hagelt es Ärger. Auch im Anschluss an das Mittagessen ist eine Pause angesagt. Zum Frühstück stehen Schwarzbrot und Margarine auf dem Tisch des Hauses. Für Justus streicht »Hopla« Butterstullen. Nachmittags gibt es manchmal Kuchen mit Schlagsahne. Noch immer ist Justus zu dünn. Oft wird ihm vom Essen übel. Im Laufe der Zeit verbessern sich Gewicht und Situation. Eines hat sich nicht geändert: Justus Frantz liebt das Klavierspiel. Für ihn ist es ein Glück, dass Moltkes ein Klavier besitzen. Auch das gehört zum guten Ton.

Das Instrument steht im Esszimmer. Aus den Fenstern, daran kann er sich erinnern, als sei es gestern gewesen, fällt der Blick auf eine imposante Rotbuche. Der Baum war entlaubt. Eine schreckliche Erinnerung an den Zweiten Weltkrieg, als bei 90 Luftangriffen rund 44.000 Bomben über Stadt und Hafenanlagen abgeworfen wurden. Wie überall in Deutschland wird beim Wiederaufbau kräftig angepackt. In der Großstadt, registriert Justus Frantz sehr wohl, sind die Schäden unverändert sichtbar. In Testorf, auf dem Lande, ist das anders.

Neben der Begeisterung für das Klavier ist der Heranwachsende von immenser Leselust beseelt. Mitschüler attestieren ihm eine Begabung für Sprachen, für lebendige ebenso wie für Latein und Altgriechisch. Er lernt Englisch und Französisch, macht Großes Latinum wie Graecum. Und sie wundern sich über seine Allgemeinbildung. Die Zeit mit vielen Gesprächen in Karlshof und Testorf trägt Früchte. Die Erwachsenen, ausnahmslos gebildet und kultiviert, hatten eben Muße, ihre Wissensschätze weiterzureichen. Für Justus Frantz ist es eine Gratisschule.

Justus bezeichnet sich selbst als Leseratte. Er mag die Vielfalt, verschlingt Abenteuerlektüre von Karl May, erfreut sich an Goethe. Er hat ein Faible für arabische Märchen. Und er lernt Schillers »Glocke« und andere Balladen auswendig. Zudem hört er Musik, viel Musik. Zum Beispiel Werke des russischen Komponisten, Dirigenten und Pianisten Sergej Rachmaninow. Wahrlich nicht jeder in seinem Alter hat ein Ohr dafür. Ebenso wie für Themen, die sein Onkel »CU« Barner dem Teenager Justus vermittelt. Ein Stichwort ist die Denkweise des Philosophen Karl Jaspers.

Auf der Gelehrtenschule mit dem steinernen Denkmal vor dem Portal ist Justus gern mit zwei Seelenverwandten beisammen. Das Trio gilt als beinahe unzertrennlich. Dazu zählen der bereits genannte Knut, der künftige Propst, sowie Christoph, ein aufgeweckter Junge mit einer Hasenscharte im Gesicht. Keiner der Kumpel stört sich je daran.

Im Laufe der Jahre kommt Justus zu Kräften. Die Gewichtsprobleme sind passé. Im Sport läuft er gern und springt weit. Fußball ist seine Sache nicht so sehr, trotz der beiden Besuche im Freundeskreis bei Heimspielen von Holstein Kiel. Im Ruderverein »Taifun« des Gymnasiums ist er gern dabei – als Steuermann im Vierer. Bei einer nächtlichen Ausfahrt verirrt sich die Riege auf der Förde im Nebel. Sie treiben in Richtung der dänischen Insel Seeland ab. Doch geht alles gut aus.

Probleme dagegen gibt es mit der Klavierlehrerin. Als sich Ruderer Justus mit Blasen an den Händen an die Tasten setzt, beklagt sich die Dame. Regelmäßige Übungsstunden, mit und ohne Lehrerin, sind völlig normaler Bestandteil des Alltags in der Wohnung der von Moltkes. Justus ist diese Musikalität aus Kleinkindzeiten gewohnt. Die Großeltern spielten nach dem Abendessen zu zweit am Klavier. Immer hat alles seine klare, preußische Ordnung: Kleidung wechseln, manierlich am Tisch Platz nehmen, gepflegt speisen, nach der Mittagsruhe Klavier, zum Abschluss Literatur. So wird Justus groß. Ganz normal ist das für ihn und die anderen Kinder. Mutter Dosy übrigens beherrscht am Flügel nur ein einziges Stück richtig gut: einen Walzer des Norwegers Edvard Grieg. Umso mehr versteht sie von Kunst, Kultur und Literatur.

Und nun zum bereits angedeuteten Premierenkuss. Diesen gab es von einem Mädchen eines anderen Kieler Gymnasiums. Beide sind etwa 14 Jahre alt. Sie besucht ihn tagsüber in seinem Zimmer bei der Familie von Moltke – das mit dem Milchglasfenster in der Tür. Da hat der ältere Bruder Malte mit seinem blickdichten Raum bessere Karten. Dennoch glückt Justus das Kusserlebnis. Das ist es dann aber auch schon. »Die erste richtige Liebe meines Lebens«, erinnert sich Justus Frantz, »hieß Gretel Dürrmeier.« Ihre Eltern besitzen eine Druckerei. Die beiden sind verliebt. Auch ins Klavierspiel. Sie spielen vierhändig am Flügel, kommen sich näher. So und so. Justus hat durchaus »Schmetterlinge im Bauch«. Eine dauerhafte Beziehung allerdings entsteht nicht. Denn das kleine Glück währt kurz: Einer von Justus' engen Freunden spannt ihm Gretel aus.

Verziehen wird es in beiden Fällen. Justus Frantz wird zur ersten jungen Dame seines Herzens bis weit in das neue Jahrtausend losen Kontakt halten. Ende der 1950er-Jahre hält sich seine Trauer in Grenzen. Neue Herausforderungen warten. Sein Leben gewinnt an Rasanz und Spannung.

Kapitel 3

Klavierspielen beflügelt

Hamburg, Aufbruch zu einer großen Karriere

Mit schwarzen Fingernägeln am Flügel sitzen, vor den Augen von Frau Elisabeth Strecker-Wittkugel, und einen schlechten Eindruck machen? Die innere Stimme des Schülers Justus Frantz spricht deutliche Worte: »Das ist unmöglich!« Zumal die entzückende Dame zuletzt gemahnt hatte: »Justus, du musst dir die Fingernägel schneiden.« Diese freundliche Ermahnung der engagierten Privatlehrerin hatte er ebenso vergessen wie die Absicht, vor der Übungsstunde die Hände sauber zu lassen. Ein Blick auf das Desaster an seinen Händen kurz vor Unterrichtsbeginn signalisiert Justus: Es muss etwas passieren. Schnell. Frau Strecker-Wittkugel, deren Ehemann als Chef der Lottogesellschaft in Schleswig-Holstein arbeitet, ist eine Respektsperson mit großem Herzen. Sie ist gewillt, dem Fünftklässler bei dessen musikalischem Werdegang Flügel zu verleihen.

Und nun steht er nach dem Fußweg durch Kiel mit zu langen Fingernägeln peinlich betroffen da. Wie immer in seinem Leben fällt Justus etwas ein. Vor der Pauluskirche im Kieler Stadtteil Düsternbrook, einem imposanten Backsteingebäude im neugotischen Stil, nutzt der Junge eine raue Mauer als Nagelfeile. In hohem Tempo wetzt er die Fingernägel an den Steinen. Es gibt angenehmere Arten der Körperpflege, aber in diesem Fall heiligt der Zweck die Mittel. Ergebnis akzeptabel. Ohne Ermahnung übersteht Justus die Übungsstunde. Zwar hat er durchaus Flausen im Kopf, doch ist er darauf bedacht, alles richtig zu machen. So wie er es früher bei seiner Mutter auf Gut Testorf und nun bei den von Moltkes in Kiel gelernt hat.

Hier wie dort ist die Musik hervorragender Bestandteil des Lebens. Selbst in bitteren Nachkriegsjahren schufen gemeinsame Stunden der Familie mit Harmonie am Flügel Zusammenhalt und Lebensfreude. Darüber hatte Justus nicht nachgedacht. Es war eben so, absolut normal. Als Elfjähriger sitzt er fast täglich am Klavier. Im Esszimmer befindet sich ein Flügel. In der Dorfschule pflegten die Kinder auf der Blockflöte zu spielen. Justus findet es schauerlich:

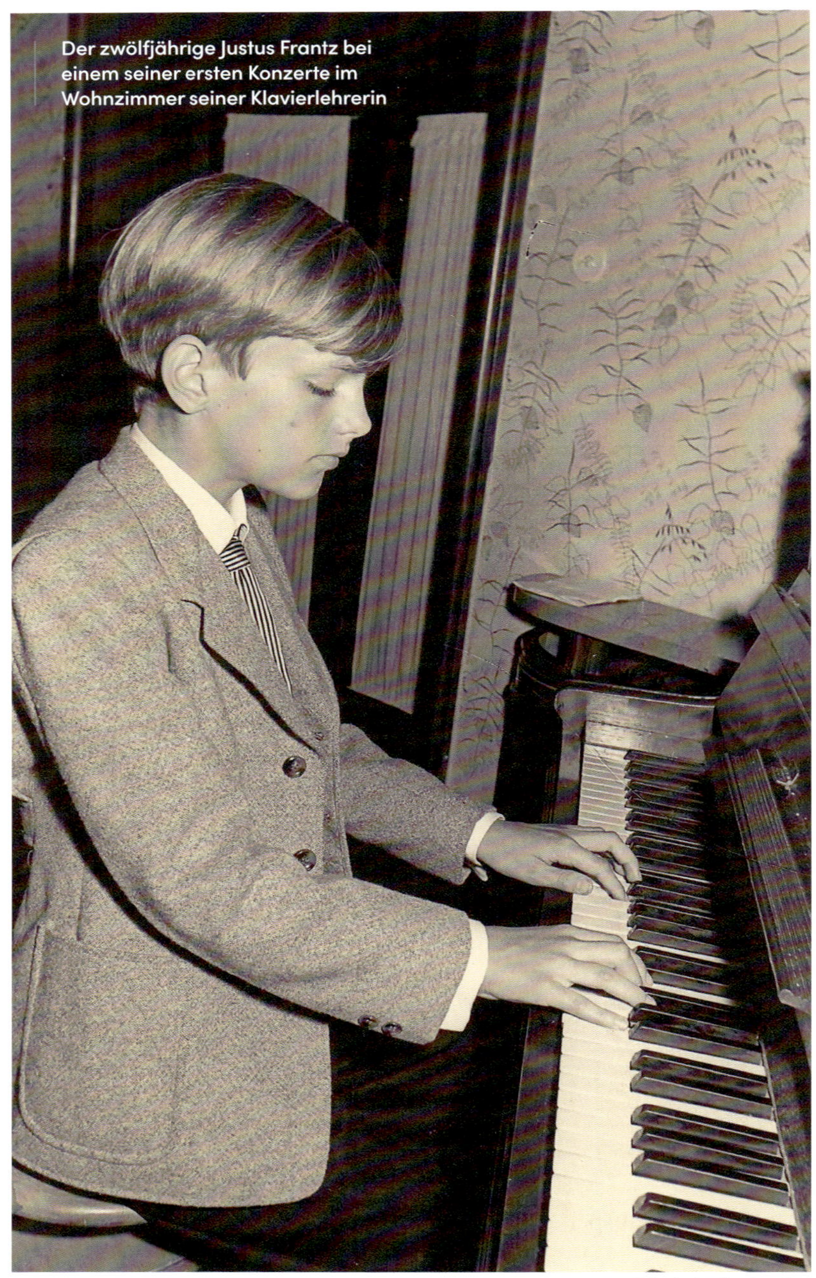

Der zwölfjährige Justus Frantz bei einem seiner ersten Konzerte im Wohnzimmer seiner Klavierlehrerin

Foto: Justus Frantz privat

Quasi auf Knien fleht er seine Mutter an, ihn vom Flötenunterricht zu befreien. Keineswegs aus Faulheit. Vielmehr schmerzen ihn die teilweise ungewohnten Töne. Justus hat empfindliche, sensible Ohren. Später werden sie von Vorteil sein.

Zeitweise gibt ihm der Organist, ein Herr Jess, in der Dorfkirche Orgelunterricht. Was umso erstaunlicher ist, da der gute Mann einarmig ist. Wie so viele Kriegsversehrte nach den Feldzügen vor dem Zusammenbruch des Deutschen Reiches. Es passt ins Bild, dass die sozial eingestellte Familie von Abercron auf Gut Testorf einem kriegsversehrten Kantor Broterwerb verschafft. Also allerorten Bezug zur Musik.

Als Teenager in Kiel erhält Justus Frantz ein kleines Orgelbuch. Professor Hans Gebhard leitet einen Chor in der Landeshauptstadt. Dieser verfügt über zu wenige Tenöre. Folge: Justus kommt in dieser Stimmlage zum Einsatz. Er macht es anständig, doch mit dem eindeutigen Gefühl: Das Klavierspiel liegt ihm erheblich mehr am Herzen. Von seiner persönlichen Begabung ganz zu schweigen.

Zur Erinnerung: Als das Kleinkind Justus in seinem Bettchen lag, hörte er im Nachbarzimmer den zuvor beschriebenen C. U. von Barner am Flügel loslegen. Dann wollte er sich, so beschrieb es Mutter Dosy, an den Gittern hochziehen, um den Tönen näher zu sein. Die Leidenschaft Klavier wurde also früh geweckt. »Die Tiefe des Ausdrucks schlug uns in den Bann«, formuliert Justus Frantz im Nachhinein. Wurde nach Noten Brahms oder Beethoven gespielt, schossen Justus Frantz und den anderen Tränen in die Augen. Daran sollte sich später nichts ändern. Diese Töne gingen und gehen ihm nahe. Sie berühren ihn – im besten Sinne. Die Kraft der Musik, die in dieser Biografie immer wieder Thema ist, sorgte in der Nachkriegszeit für schöne Gefühle in schlimmen Zeiten. »Eine elementare Tragik hatte die Menschen nach Testorf verschlagen«, fasst Frantz zusammen, »aber wenn Brahms gespielt wurde, geriet vorübergehend eine Menge in Vergessenheit.« Die Empfindungen der frühen 1950er-Jahre hat er so in Erinnerung: »In der Tragik der Musik ergab sich eine enorme Verbindung.«

Dieses Gefühl speicherte er wie einen kleinen Schatz. Rückblickend fügt sich ein Kettenglied in das andere. Aus vielen Mosaiksteinchen ergibt sich eine klare Konsequenz: Der Weg in die musikalische Berufswelt ist vorgezeigt. Er ist kein Wunderkind, dem alles in den Schoß fällt, doch sind sich die Erwachsenen einig: Dieser Junge hat Talent. Daraus kann man etwas machen. Überwindungskraft gehört dazu. Und ohne Fleiß, das bedauert er durchaus, geht gar nichts. Die Praxis am Flügel geht ihm gut von der Hand. Die Theorie empfindet er als Anstrengung, teilweise quälend. Dagegen machen die Übungsstunden bei verschiedenen Privatlehrern wie Elisabeth Strecker-Wittkugel Freude.

Ebenso wie das Vorspiel im Familienkreis. Mutter, Geschwister und die Verwandten finden Gefallen, wenn Justus den Tasten auf seine Art Töne entlockt, die irgendwie Seele haben. Eines Tages kommt ein weiteres dieser scheinbar zufälligen Mosaiksteinchen hinzu. Einhellige Meinung: »Justus, du musst einen noch besseren, noch qualifizierteren Klavierunterricht nehmen.« Schwester Dorothea von Schubert hat einen Freund in Hannover, der als Kapellmeister im Einsatz ist. Über diesen hilfsbereiten Menschen führt der weitere Weg hin zur Professorin Eliza Hansen. Diese Klavierpädagogin, eine Koryphäe auf ihrem Gebiet, soll eine richtungsweisende Rolle in der Karriere des Justus Frantz einnehmen. Die beiden bleiben bis zum Tod der Pianistin kurz vor dem 90. Geburtstag im Jahr 2001 eng verbunden – auch mit Wohnungen unter einem Dach.

Doch zurück in die Zeit an der Gelehrtenschule in Kiel. Justus Frantz ist 18 Jahre alt und damit nach damals geltendem Recht noch nicht volljährig. In ihm keimt die Idee, hauptberuflich Musik zu machen. Sein Denkansatz: »Ich habe eine Chance, das Klavierspiel zum Beruf zu machen. Ich will mir später niemals vorwerfen, sie nicht genutzt zu haben.« Die Entscheidung jedoch ist noch längst nicht gefallen. Historiker oder Diplomat, der Familientradition entsprechend, wären weitere Optionen mit Aussicht auf Erfüllung, Spannung und Spaß. Mehrere Berufsmöglichkeiten verschaffen dem jungen Mann Sicherheit. Nach außen wirkt er selbstbewusst und lebensfroh. Im Prinzip ist er das auch.

Er besucht die zwölfte Klasse, die Unterprima, steht also kurz vor dem Abitur. Im Freundeskreis der Familie gibt er Klavierunterricht. Dennoch wird der Lebensunterhalt, natürlich, von anderen bestritten. Wie das finanzielle Engagement der Mutter Dosy Frantz und der Zieheltern von Moltke präzise aufgeteilt ist, soll ihn nicht kümmern. Justus hat die Gewissheit, dass alles geregelt ist. Stimmt ja auch.

1963, kurz vor seinem 19. Geburtstag im Mai, tagt der Familienrat. Tenor: »Justus, dein Talent ist derart ausgeprägt, dass du Klavierspiel als Beruf versuchen solltest.« Der Nochteenager teilt diese Auffassung. Und stellt klar: »Die Lehrerin oder den Lehrer aber suche ich mir selber aus.« Der Rat ist einverstanden. Getreu der Empfehlung des Kapellmeisters aus Hannover bemüht Justus Frantz sich um einen Platz bei der deutsch-rumänischen Professorin Eliza Hansen in Hamburg. Die 1909 in Bukarest geborene Pianistin und Cembalistin lehrt zwischen 1959 bis 1984 an der Hochschule für Musik und Theater in Pöseldorf, nur wenige Schritte von der Außenalster in einem stilvollen Gebäude zu Hause.

Professorin Hansen ist nicht nur eine Kapazität mit internationalem Renommee, eine Institution, sondern eine Frau mit Charme und Herz. Von ihr als Schüler akzeptiert zu werden käme einem Ritterschlag gleich. Einer von Justus' Kameraden hat es bereits geschafft: Christoph Eschenbach. Eines Tages wird dieser viel mehr sein als nur ein Freund. Er ist gut vier Jahre älter als Justus, weist allerdings ein ähnliches Schicksal und einen vergleichbaren Lebensweg auf. Die beiden lebten lange in einem Haus, beiden sollte anfangs die Finca auf Gran Canaria gehören, beide erwarben sich als Pianist und Dirigent einen internationalen Ruf. Während Justus Frantz in Hamburg wohnhaft ist, lebt Christoph Eschenbach heutzutage in Washington und Paris.

Seine Kindheit sei »grausam« gewesen. Sein Vater, Heribert Ringmann, war vor dem Zweiten Weltkrieg Musikwissenschaftler und Professor an der Universität in Breslau. Als Gegner des Nationalsozialismus wurde er kurz vor dem Zusammenbruch des Dritten Reichs in ein sogenanntes Bewährungsbataillon versetzt. Er fiel an der Front. Mutter Margarethe, eine Klavierpädagogin und Sängerin, starb bei Christophs Geburt. Seine Großmutter nahm ihn unter ihre Fittiche – und mit auf die Flucht von Schlesien nach Norddeutschland. Durch seine Ziehmutter Walidore Eschenbach lernte er die Musik lieben. Derweil die

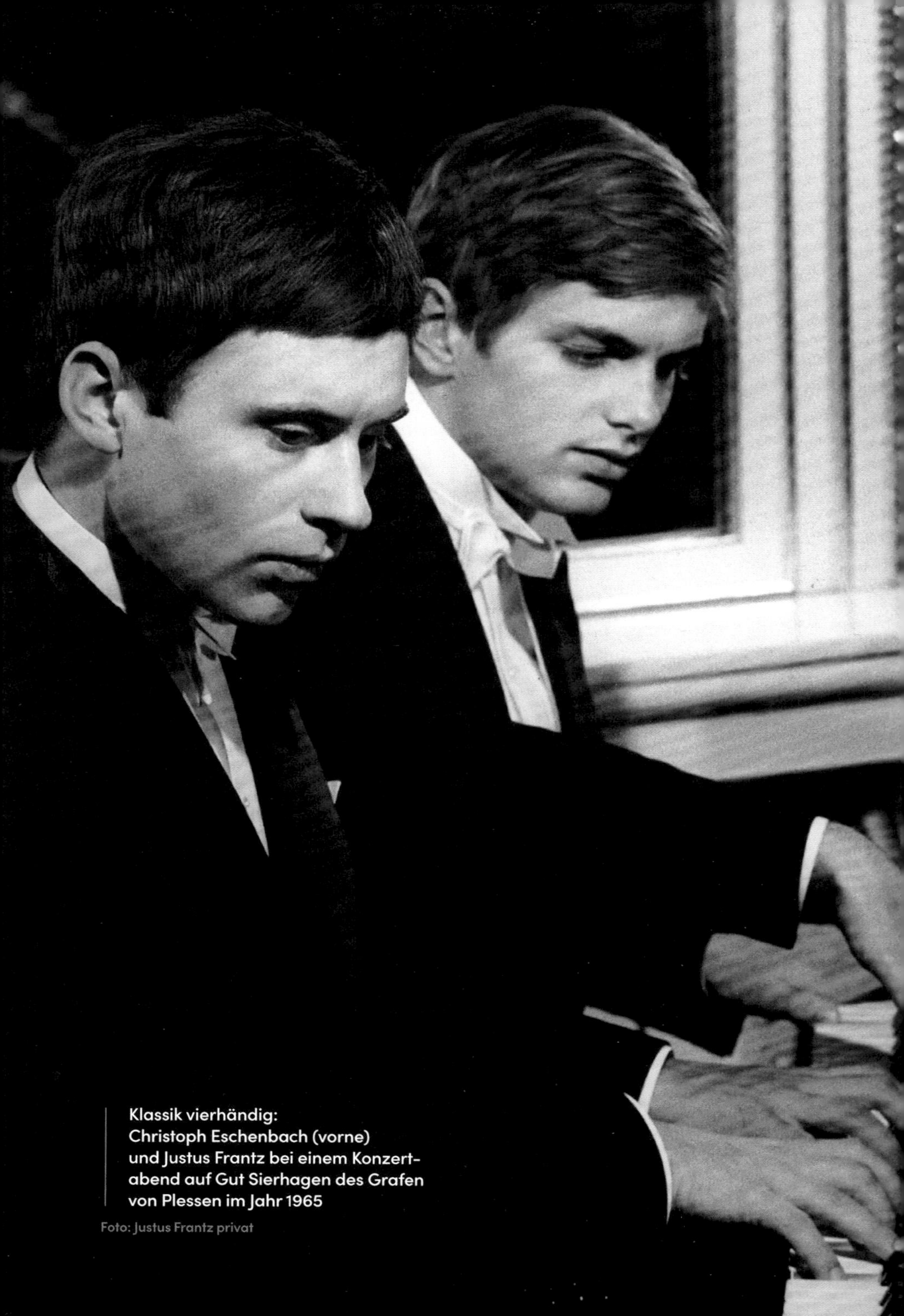

Klassik vierhändig:
Christoph Eschenbach (vorne) und Justus Frantz bei einem Konzertabend auf Gut Sierhagen des Grafen von Plessen im Jahr 1965

Foto: Justus Frantz privat

Mitschüler draußen tobten, las Christoph Erwachsenenliteratur und saß am Klavier. Er wohnte in Neustadt in Holstein.

Dort kreuzen sich die Wege mit denen von Justus Frantz. Der Altersunterschied macht sich für die beiden immer weniger bemerkbar. Sie sind seelenverwandt. Ein intensiver Berührungspunkt ergibt sich über den Grafen Georg von Waldersee in Waterneverstorf. Das klassizistische Herrenhaus auf dem Gut Waldersee ist nach mühevoller Renovierung bestens erhalten. Der etwa 80 Jahre alte Graf besitzt einen noch viel älteren Flügel. Dieser muss nach längerem Abseits eingespielt werden. Eine Woche lang. Ein Job für Christoph Eschenbach und Justus Frantz. Während dieses Einsatzes lebt er auf dem Schloss des Adeligen. Dieses »Warmspielen« an den Tasten bereitet beiden Freude. Christophs Musiktalent und die »Tiefe seines Spiels« beeindrucken Justus. Und nebenbei: Christoph verstand es, am Klavier gleichzeitig zu singen. »Diese Woche war der Anfang einer lebenslangen Freundschaft«, weiß Frantz heute. Und es sollte sich noch so viel ereignen – überwiegend Turbulentes und Erfreuliches.

Zurück zur Bewerbung bei Professorin Eliza Hansen. Dort ist auch Christoph Eschenbach Schüler. Dieser Entschluss stand ja nun fest. Auch wenn ein Teil des Familienrates meinte, Justus solle zuerst den Beruf eines Privatmusiklehrers erlernen. »Dann müsste ich ja auf dem Dorfe bei Witwe Bolte lehren«, befand der immer selbstbewusstere junge Mann. Außerdem lockte mit Hamburg eine Großstadt mit neuen Reizen. Auf also zu neuen Ufern. Im wahrsten Sinn des Wortes; denn Eliza Hansen wohnte privat im Stadtteil Blankenese, direkt an der Elbe gelegen. Justus fährt mit dem Zug von Kiel nach Hamburg-Altona.

Dass der Premierenbesuch bei der charismatischen Klavierkoryphäe mit Tücken verbunden ist, liegt an dem Probanden selbst. Ausgerechnet am wichtigen Tag des Vorspiels verschläft er. Diese Panne steigert seine Anspannung. Vom Bahnhof Altona verkehrt die S-Bahn Richtung Blankenese. Auf dem zwei Kilometer langen Fußweg zur Professorin muss sich Justus Frantz mächtig sputen. Doch als er am Flügel Platz nimmt, stehen Konzentration und Spiellust im Mittelpunkt: Frantz zeigt, was er kann. Der Test an den Tasten erntet ein wohlwollendes Echo. »Sie reagierte geradezu euphorisch«, berichtet er seiner Mutter anschließend. Außerdem schildert er ihre angenehme, überzeugend kraftvolle, zutiefst menschliche Art. Es ist ein Meilenstein in Justus Frantz' Karriere. Vor allem soll das Band der Sympathie jahrzehntelang halten.

Fortan fährt er einmal wöchentlich mit der Bahn von Kiel in die große Hansestadt. Er verschläft nie wieder. Und erstaunlich, indes wahr: Die Züge sind in den 1960er-Jahren durchweg pünktlich. Mehr und mehr findet er Gefallen: an der professionellen Ausbildung sowie am Wissen der Professorin. Dabei geht es nicht nur um das Instrument, sondern vielmehr um Zwischentöne. »Musik sind nicht nur Töne«, lehrt sie ihn, »sondern besonders das, was sich dazwischen abspielt.« Justus Frantz lernt fürs Leben.

Außerdem registriert er: Wer dieses gute Spiel beherrschen will, muss hart arbeiten. Innerlich willigt er in dieses Geschäft ein. Er übt stundenlang. Erfolge sind unüberhörbar. Sie beflügeln, zu außerordentlichem Einsatz – auf mehreren Gebieten. Er schafft das Abitur spielend. Da Justus wegen seiner körperlichen Probleme später in den Unterricht einstieg, ist er erst mit 19 Jahren am Ziel. Bedeutender für ihn und seine Lebensplanung: Er schafft die Aufnahmeprüfung an der Hochschule für Musik und Theater. Leicht und locker. Nun nimmt er in doppeltem Sinne Kurs auf Hamburg: an der Hochschule sowie bei Professorin Eliza Hansen. Wunderbar, dass er beides kombinieren kann. Anfangs besucht er nebenbei Philosophievorlesungen bei Professor von Weizsäcker. Hinzu kommen die Meisterklasse Klavier eben bei Eliza Hansen, Dirigieren bei Wilhelm Brückner-Rüggeberg sowie Komponieren bei dem Musikwissenschaftler Christoph Hohlfeld. »Ich war mit Inbrunst und Herzblut dabei«, erinnert sich Justus Frantz.

Er lernt und lernt und lernt. Begeistert, wissbegierig. »Jeder Finger produziert seine eigene Klangfarbe«, erfährt er, »wie das Glied einer Perlenkette.« Um diese Erkenntnis in die Tat umzusetzen, bedarf es Geduld und Mühe. Der dritte Finger fällt bei Frantz zu laut aus, der vierte ist im Anschlag zu schwach. Die Umstellung, intensiv geübt, bringt zeitweiligen Verdruss und verkrampfte Handgelenke mit sich. Eliza Hansens Motivation, portionsweise geschickt vermittelt, hilft über Frust hinweg. Ihr

Schüler beißt sich durch. Er beweist Nehmerqualitäten. Früh erkennt er, dass einige Volksweisheiten so falsch gar nicht sind. Ohne Fleiß kein Preis. Und Üben macht den Meister. In den Schoß fällt ihm das nicht, trotz seines allseits attestierten Talents. Er nennt das »asketische Arbeitskonsequenz«.

Für Dolce Vita im Studium bleibt kaum Freiraum. Zumal das Thema Wohnen in Hamburg Aufregung mit sich bringt. Zwischen dem 17. und 20. Lebensjahr sorgen eigenen Angaben zufolge »diverse kleinere Affären« für Würze im Alltag, doch ergibt sich nichts Festes. Später wiederum habe er es zu toll getrieben. Gemeint sind die Schwestern Sissy und Nina, altersmäßig ein Jahr auseinander. In der Wohnung am Pöseldorfer Weg, zu der wir gleich kommen, trifft er sich mit beiden. Das Prinzip: morgens die eine, abends die andere. Oder umgekehrt. Nach einem Jahr endet das Dreierverhältnis, von dem nur Justus Frantz weiß, abrupt. Oder wie er es selbst formuliert: »Die Bombe platzte.« Wenig verwunderlich, reagieren die Geschwister wütend. Sie schreiben ihm einen geharnischten Brief. Inhalt: Die jungen Frauen fühlten sich im Nachhinein wie Motten, die um eine Nachttischlampe kreisten. Diese Lampe allerdings, so die Konsequenz, sei jetzt für alle Zeiten ausgegangen. Und tschüs. Nicht auf Wiedersehen. »Ich war traurig«, sagt er heute.

Diese Betrübnis ist nicht von langer Dauer. Weil es turbulent vorangeht. Der Lebensrhythmus wird einen Gang höhergelegt. Mit Luft nach oben.

Parallel hat Justus Frantz mit Mutter Dosy und den Ersatzeltern von Moltke ein offenes Wort gewechselt. »Ich möchte euch nicht einen Tag länger auf der Tasche liegen«, tut der Student kund. Leichter gesagt als getan. Er gibt nun selbst privat Klavierunterricht, für umgerechnet 20 Euro die Stunde.

Und er heuert im vornehmen Hotel Vier Jahreszeiten an der Binnenalster im Herzen Hamburgs an. Es handelt sich um einen ehrenvollen Einsatz am Klavier in der ersten Adresse der Hansestadt. Allerdings ist es nur ein außerordentlich kurzer Einsatz: sieben Minuten. Wir schreiben das Jahr 1965, und der Hoteldirektor heißt den Künstler herzlich willkommen. Sein Job: Im Jahreszeiten-Grill, links vom Hauptportal, speisen Hotelgäste und Besucher des Restaurants. Gute Atmosphäre beim Lunch, dezenter Geräuschpegel. Auf der Empore steht ein uralter

Flügel. Darunter befindet sich ein Teppich. Um die Klaviertöne zu dämpfen. Justus Frantz schwört, dass beim Ruckeln am Teppich eine Staubwolke nach oben waberte.

Vom Ambiente des Fünfsternehauses inspiriert, greift Justus Frantz elanvoll in die Tasten. Beherzt legt er mit Beethovens Hammerklaviersonate los. Dieses Werk war einst dem Erzherzog Rudolph von Österreich gewidmet. Lange Zeit galt Beethovens 29. Sonate als schlicht unspielbar. Laut war sie sicher. Nomen est omen. Wollte Justus Frantz die Gäste mit seinem Können besonders beeindrucken? Wie auch immer: Das laute Stück kommt nicht so gut an. »Das stört«, lässt der Direktor dem Nachwuchspianisten übermitteln. Mit dem Zusatz: »Herr Frantz, Sie brauchen bitte nicht wiederzukommen.« Der junge Künstler fühlte sich zwar nicht in den Grundfesten erschüttert, war aber durchaus gekränkt. Heute lacht er natürlich darüber.

Zwar registriert er sehr wohl, dass seine Musik auf begeisterte Ohren stößt, doch erntet er hin und wieder auch Protest. So wie von Frau Lütjohann. »Herr Frantz, können Sie bitte aufhören«, rief sie aus der oberen Etage, »sonst verliere ich.« Leicht pikiert klappte er den Deckel über die Tasten. Mit Anfang 20 Jahren muss man wirklich noch nicht alles verstehen. Dabei war der Grund des Intermezzos völlig simpel: Frau Lütjohann saß mit ihren Freundinnen am Bridgetisch und wollte in ihrer Konzentration nicht gestört werden.

Ansonsten war sie eine herzliche, aufgeschlossene Dame mit Manieren und Lebensstil. Ebenso wie ihr Ehemann, ein Arzt. Aus sozialen wie finanziellen Gründen hatte das Ehepaar drei Räume ihres Einfamilienhauses in Hamburg an drei Studenten vermietet. Der Kontakt lief über Dorothea von Schubert, die ältere Schwester von Justus Frantz. Zwei junge Männer und eine Frau teilten sich die Wohnung. Bad und Küche wurden gemeinsam benutzt. Der zweite männliche Mitbewohner war Haug Gilg Georg von Kuenheim, 1934 in Königsberg geboren und später Stellvertretender Chefredakteur und Leiter des Magazins der Wochenzeitung »Zeit«. Die Dritte im Bunde heiratete Jahre danach Theo Sommer, als Chefredakteur der »Zeit« eine Medienlegende. Oben im Haus lebten die Lütjohanns, unten die Studiosi. Die Adresse war ein

Volltreffer: Alsterchaussee, in direkter Nachbarschaft zur Hochschule für Musik und Theater. Justus Frantz wohnte dort ein Jahr, in der Zeitspanne 1964/65.

Von wegen hoch die Tassen, heftige Affären, süßes Studentenleben. »Ich habe gearbeitet wie ein Weltmeister«, erinnert sich der Maestro an arbeitsame Monate. Askese wäre übertrieben, aber nicht weit entfernt. Justus Frantz, in dessen Familie Einsatz, Disziplin und Zuverlässigkeit selbstverständliche Werte waren, war vom Ehrgeiz gepackt. Er wollte es schaffen. Denn die von ihm verehrte Professorin Eliza Hansen hatte unmissverständlich klargemacht: »Justus, wenn Sie den Beruf des Pianisten tatsächlich ergreifen wollen, müssen Sie acht bis zehn Stunden arbeiten. Und zwar täglich.« Einsatz war Trumpf. Sobald der Hausmeister die Hochschule um sechs Uhr aufschloss, war Justus Frantz zur Stelle. So war die Chance erstklassig, einen Raum mit Flügel in der Meisterklasse für sich zu haben. In der Regel spielte er dort bis zehn Uhr. Anschließend ging's zum Duschen zurück in die WG.

Emsig besuchte er Vorlesungen mit Schwerpunkten wie Musikgeschichte oder Gehörausbildung. »Zwei Jahre habe ich kaum etwas anderes gemacht als zu lernen«, sagt Frantz. »Halligalli gab es nicht.« Ein ausschweifendes Studentenleben ließ er andere führen. Ihm blieb der Trost, Verlockungen dieser Art später nachholen zu können. Das schon vorweg: Er sollte es doppelt und dreifach tun.

Vom Haus des Ehepaars Lütjohann an der Alsterchaussee führte der Weg 1965 zur Adresse Pöseldorfer Weg 1, nur wenige Schritte entfernt. Das Gebäude dort war ein bisschen in die Jahre gekommen, allerdings traumhaft gelegen. Und wie so oft in Justus Frantz' Leben basierte der Kontakt auf seinem persönlichen und familiären Netzwerk. Das Haus gehörte einer weiteren Legende: Eduard Brinkama, dem »König von Pöseldorf«. Pöseldorf ist ein vornehmer Stadtteil zwischen Alsterufer und Rothenbaumchaussee in bevorzugter Lage der Hansestadt. Angeblich übte das im Weltkrieg nicht zerstörte Quartier am Rothenbaum mit wenigen kleinen Gassen, darunter die Milchstraße, von jeher einen großen Reiz aus für die Hautevolee, von anderen Schickimicki genannt. Damals wie heute ist Wohnraum in Pöseldorf ebenso rar wie kostspielig. Einstmals lebten in Pöseldorf überwiegend Bedienstete der reichen Villenbesitzer am Alsterufer.

Justus Frantz ahnt Mitte der 1960er-Jahre nicht, dass er das vornehme Viertel niemals dauerhaft verlassen wird – von Reisen, Tourneen und längeren Aufenthalten auf Gran Canaria abgesehen. Anders ausgedrückt: Bei seinem 80. Geburtstag im Mai 2024 hat Justus Frantz etwa sechs Jahrzehnte Hamburg-Pöseldorf hinter – und hoffentlich noch viele weitere Jahre vor sich.

»König« Brinkamas Lebensweg würde ein eigenes Buch füllen. So spannend und ereignisreich und auch schrecklich verlief er zwischen 1927 und 1978. Skizzieren wir es nur kurz. Seine Mutter war eine jüdische Russin. Die Familie lebte in Winterhude, nicht weit entfernt von Pöseldorf. Als Kind bekam Eduard mit, dass seine russischen Großeltern deportiert wurden. In einem Viehwaggon wurden sie in ein Konzentrationslager in Osteuropa gebracht. Erschütternd und unauslöschlich für den Jungen.

Nach einer Autoschlosserlehre kaufte er schrottreife Motorräder, reparierte sie und bot sie »wie neu« an. Seeleute aus Südamerika waren seine besten Kunden. Den Gewinn investierte Brinkama in Strickmaschinen. Die Produkte bot er lokalen Fachgeschäften an. Er gründete seinen ersten Antiquitätenladen. Nach und nach erwarb er kleine Immobilien in Pöseldorf: Ställe, Remisen, Hinterhäuser. Er baute um, verkaufte, vermietete, investierte erneut. Vor allem legte er lebenslang Wert darauf, historische Bausubstanz im Kern zu erhalten. Vor Ort bezeichnete man den »King of Pöseldorf« als Pfiffikus erster Klasse. Wichtig für Justus Frantz: Eduard Brinkama war mit seiner Cousine Marion von Moltke verheiratet.

Über diesen Draht ergab sich also 1965 die günstige Gelegenheit, sich in dem kleinen, schnuckeligen Haus Pöseldorfer Weg 1 einzumieten. Und zwar mit einer illustren Wohngemeinschaft. Dazu zählten neben Justus Frantz und seinem alten Freund, dem späteren Festivalmitbegründer und angehenden Kinderarzt Matthias von Hülsen, und seinem vertrauten Mitstreiter Christoph Eschenbach auch die Musikhochschulprofessorin Eliza Hansen. Diese Verbindungen sollten unter dem

Strich Jahrzehnte halten. Alles ging wunderbar seinen Gang, bis eines Tages Eigentümer Brinkama an der Tür klingelte. »Schweißgebadet und aufgeregt«, hat Frantz im Gedächtnis. Er hatte das Gebäude verkauft. Für gutes Geld. Er gelobte den konsternierten Mietern eine »richtig starke, viel bessere Lösung«. Einzige Bedingung: Sie müssten innerhalb einer Woche ausziehen. Bitte.

Frantz & Co. bauten auf das Versprechen und schenkten Brinkama Vertrauen. Außerdem hatten sie kaum eine andere Wahl. Zwischenfazit: Ende 1965 zog Justus Frantz zu Verwandten auf das Gut Sierhagen bei Neustadt in der holsteinischen Schweiz. Gräfin und Graf von Plessen besaßen an der Ostsee ein historisches Schloss. Weitgehend prima und komfortabel der Wohnungswechsel, allerdings Hals über Kopf und erneut mit viel Fahrerei verbunden.

Sodann folgte ein weiterer Meilenstein im Leben des Pianisten. »Justus, ich habe ein Haus für euch«, sagte Eduard Brinkama, offensichtlich vom schlechten Gewissen geplagt. Adresse: erste Sahne. Zustand: gewöhnungsbedürftig, total verwohnt. Zudem sehr düster. Aber mit zwei Gärten: einer vorn, einer hinten. Und: wieder wenige Schritte von der Musikhochschule entfernt. Baujahr: etwa 1850. Bei der Besichtigung traute Justus Frantz seinen Augen kaum. »In der Tat eine Schrottbude«, dachte er im ersten Moment. Andererseits: von der Lage her ein Glücksgriff. Dennoch saß der Schreck tief. Der Fuchs Brinkama hatte es drauf. Er malte die Zukunft der maroden Villa in blühender Fantasie aus: »Leute, das wird wunderschön. Ein Traum.« Praktisch unvorstellbar, dass der Antiquitäten- und Immobilienkönig rückblickend recht behalten sollte.

Viele Worte, kurzer Sinn: 1966 zog das bewährte Quartett ein, nach lediglich drei Wochen, nach notdürftiger Renovierung: Eliza Hansen, Matthias von Hülsen, Christoph Eschenbach, Justus Frantz. Man kannte sich, man verstand sich. Brinkama war reell aus der Nummer herausgekommen. Vor allem hatte er sein Wort gehalten. Und Justus Frantz hatte natürlich keine Ahnung: Er sollte dauerhaft dort wohnen bleiben. Bis zu seinem 80. Geburtstag und darüber hinaus. Das betraf übrigens auch die Professorin Eliza Hansen.

Noch waren die Decken im Haus schwarz, die Fenster klein, die Wohnverhältnisse im wahrsten Sinn des Wortes finster. Die Mieter allerdings gestalteten das Leben bunt. Einer wie der andere verfügte über einen interessanten, facettenreichen Freundeskreis. Nach und nach entwickelte sich die etwas andere Wohngemeinschaft zu einem Treffpunkt für Typen, die etwas zu sagen hatten. Der Alltag von Justus Frantz war unverändert von viel Arbeit geprägt, zu der auch private Klavierstunden zählten, doch ergaben sich immer mehr faszinierende Kontakte.

So lernte er über Eliza Hansen den Kunstmaler, Grafiker und Hochschullehrer Alfred Mahlau kennen. Der in Berlin geborene Tausendsassa schuf mehrere Briefmarken und entwarf das Verpackungsdesign für das Marzipan des Lübecker Unternehmens Niederegger. Als Professor an der Hochschule für bildende Künste Hamburg gehörten Koryphäen wie die Künstler Horst Janssen und Paul Wunderlich sowie der Humorist Bernhard-Viktor »Vicco« von Bülow alias Loriot dazu. Zusehends gewann das Leben für Justus Frantz an Reiz. Er gibt es nicht zu, registrierte jedoch, dass er mit seiner gewitzten, schlagfertigen und gewinnenden Art ankam. Er legte es nicht drauf an, doch es funktionierte. Wobei seine Professorin Eliza Hansen längst den Schlawiner in ihm erkannt hatte.

Selbst wenn das Gebäude verwohnt und dunkel war, handelte es sich doch um eine von der Grundsubstanz her luxuriöse Villa in exquisiter Lage und großzügigen Platzverhältnissen. Im Hochparterre zog Justus Frantz ein. An dieser Situation mit direktem Zugang zum hinteren, großen Garten hat sich bis in die Neuzeit nichts geändert. Ausnahme: Die Haustür für das gemeinsame Treppenhaus ist aktuell mit einem speziellen Schließmechanismus gesichert. Der Grund: Eines späteren Tages wohnte in dem Haus auch »Bild«- und »Welt am Sonntag«-Chefredakteur Kai Diekmann. Nicht jeder schätzte den Stil seines Boulevardblatts. Heute ist dieses Schloss so etwas wie ein Erinnerungsstück. Für Justus Frantz und die anderen Mitbewohner der mittlerweile wunderbar renovierten, lichtdurchfluteten Altbauvilla. Einer dieser befreundeten Mitstreiter, die jeweils auf einer eigenen Etage zu Hause sind, ist Peter Bankowski. Auf diesen Mann, der eine Menge über seinen

Freund und Weggefährten Justus zu erzählen weiß, wird in einem späteren Kapitel noch näher eingegangen.

Bankowski wie Frantz haben die 2001 verstorbene Klavierpädagogin und Professorin Eliza Hansen in bester Erinnerung. Bis kurz vor ihrem Tod lebte die gebürtige Rumänin in jener Villa, die sie Mitte der 1960er-Jahre bezogen hatte. Als sie einen Tag nach Justus Frantz' 57. Geburtstag in andere Sphären wechselte, war klar: Eine solche Persönlichkeit bleibt ewig lebendig. Nur anders, im Geiste. »Ich bin ihr unendlich dankbar«, sagt der Maestro. Ohne die vielfältig künstlerisch veranlagte, charakterstarke Persönlichkeit wäre seine Karriere gewiss nicht so erfolgreich verlaufen. Deswegen war die Höhe ihrer Miete auch nie ein Thema von Bedeutung. »Es gibt Wichtigeres im Leben als Geld«, betont Frantz. Diese Aussage passt zu seiner Lebensart – im Guten wie im Schlechteren.

Am Anfang seiner Studien wurde er von Mutter und Ersatzeltern mit 30 D-Mark im Monat unterstützt. Zusätzlich verdiente er durch Klavierunterricht. Und da sein Alltag überwiegend aus Arbeit bestand, gab es kaum Anlass, Geld springen und Puppen tanzen zu lassen. Die höchste Ausschweifung, erinnert er sich an die Ära vor mehr als einem halben Jahrhundert: eine Zweiliterflasche Amselfelder Wein, in Fachkreisen »Bombe« genannt. Justus Frantz hatte ganz andere Ziele im Visier. Denn in den Jahren 1967/68 und anschließend sollten sich die Ereignisse tatsächlich überschlagen.

Um ein Haar wäre der Auftakt in die Welt der großen Musik an den banalen Tücken der Anreise gescheitert. Denn in Berlin wartete kein anderer als Herbert von Karajan auf den hoffnungsvollen Nachwuchspianisten aus Hamburg-Pöseldorf. Bei dessen Soloauftritten, die sich häuften, waren Menschen mit geschultem Ohr und Gefühl für Talente hellhörig geworden. Tenor: Daraus könnte etwas werden. Dem jungen Pianisten sollte eine Chance gegeben werden. Justus Frantz erhielt sie. Dazu jedoch musste er zunächst auf den Tresen eines Abfertigungsschalters des Hamburger Flughafens springen. Es passte ins Bild: Dieser Typ wollte hoch hinaus. Sein Klavierspiel verlieh ihm Flügel.

Kapitel 4

Weltkarriere: Auf dem Zenit

Aber anfangs zittern die Finger

Herbert von Karajan wartet also im Westteil des seinerzeit noch durch die Mauer geteilten Berlin auf das Nachwuchstalent aus der Hansestadt Hamburg. Doch so einfach wie heutzutage ist ein Transfer nicht. Eine Fahrt über die Transitstrecke auf DDR-Gebiet ist mit allen möglichen Risiken und Tücken verbunden. An den Grenzen des selbst ernannten Arbeiter- und Bauernstaates unter Moskaus Aufsicht ist man nicht sicher vor langwierigen Kontrollen und Überraschungen. Auch mit den Zügen können sich Zeitverzögerungen ergeben. Von einem im Sauseschritt verkehrenden, barrierefreien ICE kann man Ende der 1960er-Jahre noch nicht einmal träumen. Die Passage von Hamburg nach Berlin dauert stundenlang. Das Schienensystem der DDR ist antiquiert. Und wegen des mangelhaften Anschlusses investiert auch die Bahn der Bundesrepublik nur das Nötigste in dieses Netz. Ausweiskontrollen in den Abteilen sind ein selbstverständliches Prozedere. Die Grenzübergänge sind mit Mauern, Zäunen, Selbstschussanlagen und schwer bewaffneten Soldaten gesichert.

Nur mit diesem Wissen kann man verstehen, warum der Student Justus Frantz an diesem Tag morgens aufgeregt am Airport in Hamburg-Fuhlsbüttel steht und in ein Flugzeug der amerikanischen Linie Pan Am steigen wollte. Weltstar Herbert von Karajan wartet in Berlin zur Frühprobe. Eine enorme Chance für Frantz. Sein Problem: Der kleine Flieger nach Berlin-Tempelhof ist komplett ausgebucht. Guter Rat ist teuer – im wahrsten Sinn des Wortes. Frantz muss sich etwas einfallen lassen, sonst ist die Gelegenheit des Jahrzehnts wie eine Seifenblase zerplatzt, bevor sie überhaupt abhob. Kurz entschlossen springt er auf den Schaltertresen, von einer Bodenmitarbeiterin der amerikanischen Fluggesellschaft Pan Am entsetzt beobachtet. »Wenn jemand zwei gültige Tickets übergibt, zahle ich 800 D-Mark bar«, brüllt der Pianist in den Pulk wartender Passagiere. Gesagt, getan. Es finden sich zwei Geschäftspartner.

Zwei Anmerkungen: Sicherheitsvorkehrungen und organisatorische Hürden sind in dieser Zeit noch nicht so ausgeprägt wie heute üblich. Zweitens: 800 Mark sind verdammt viel Geld, besonders für einen Studenten. Dennoch geht Justus Frantz wenig später frohgelaunt an Bord. Seine Einstellung schon damals: Es gibt Bedeutenderes als Geld. Rechtzeitig landet er in Tempelhof. Pünktlich sitzt er am Flügel. Herbert von Karajan ist ganz Ohr. Der Österreicher ist als Dirigent ein Jahrhunderttalent. Musikalisch zählt er zu den Größten des 20. Jahrhunderts, wirkt mit den anerkanntesten Symphonieorchestern der Erde, dirigiert in renommierten Opernhäusern. Sein Name hat international einen exzellenten Klang. Ist der Nachwuchspianist aus Hamburg angespannt, nervös? »Eher konzentriert und begeistert«, antwortet Justus Frantz. Ihn beflügelt eine Unbekümmertheit, die Freiraum für wahres Können schafft. Dennoch wundert er sich, dass seine Finger zittern. Also doch Nervenflattern. »Natürlich«, bekennt er auf Nachfrage.

Doch darauf kommt es einer Koryphäe wie Herbert von Karajan nicht an. Der Kontakt war über Wolfgang Stresemann eingefädelt worden. Der Sohn des von den Nazis bekämpften früheren Reichskanzlers Gustav Stresemann ist einer jener Menschen mit aufregendem Lebenslauf, die den Weg des Justus Frantz ebneten. Der vielseitig begabte Jurist, Buchautor und Komponist war mehr als 20 Jahre, in zwei Etappen, Intendant des Berliner Philharmonischen Orchesters. Gewissermaßen als »Mann hinter Karajan« genießt er einen vorzüglichen Ruf. Stresemann hatte Frantz bei einem seiner ersten Soloauftritte kennengelernt – und Gefallen an seinem Spiel gefunden. »Herr Frantz, ich möchte Sie Herrn Karajan vorstellen«, hatte er eines Tages gesagt. Justus Frantz fielen fast die Notenblätter aus der Hand. Dennoch tat er cool.

Und nun ist es so weit: Auf der Bühne des Konzertsaals in Berlin steht ein Flügel. Davor nimmt Justus Frantz Platz. Unten im Zuschauerraum sitzen von Karajan und Stresemann. »Bitte spielen Sie mal .. «, sagt Herbert von Karajan in die gespannte Stille hinein. Dass die Probanden zitternde Hände haben, kennt er. Doch darauf kommt es ihm nicht an. Dieser Mann hat ein Gespür für das, was in einem Talent schlummert und womöglich zum musikalischen Leben erweckt werden kann. Ihm geht es um die Tongebung und um die Phrasierung. Alles andere kann man lernen und weiter ausbilden. Justus Frantz legt los, spielt sich ein, vergisst vor Leidenschaft zum Spiel die Anspannung. Er präsentiert Ludwig van Beethovens »Chorfantasien«, ein Zusammenspiel von Klavier, Chor und Orchester in c-Moll op. 80.

»Bewegend musikalisch«, befindet von Karajan abschließend. »Ein paar technische Klopse, aber das ist nicht so wichtig.« Erheblich größere Bedeutung hat der folgende Satz: »Herr Frantz, ich werde mit Ihnen etwas machen.« Ob der Gast aus Hamburg die Dimension dieser Worte auf Anhieb korrekt einschätzt, ist nicht klar. Fest steht: Es handelt sich um die Einladung zum Start einer Karriere. Wohlgemerkt: eine Chance, kein Freibrief.

Beflügelt geht Justus Frantz in Tempelhof an Bord der Pan-Am-Maschine zurück nach Fuhlsbüttel. Er hat verstanden: Die Tür ist geöffnet. Die Welt ist frei. Diese Erkenntnis spornt zusätzlich an. Lustvoll greift er in die Tasten. Zumal Herbert von Karajan seine Ankündigung in die Tat umsetzt: Es folgen Einladungen zu Solokonzerten. Die erste Tournee steht auf dem Programm. Oft dirigiert von Karajan; Frantz setzt als Solist ein. Der Weltstar aus Österreich öffnet dem Norddeutschen die Tore für große Orchester.

Zwar nicht zeitgleich, doch im Einklang mit diesem Durchbruch in Berlin schreitet die Entwicklung voran. Entscheidende Wegmarke gleichfalls Ende der 1960er-Jahre ist ein Wettbewerb der ARD in München für verschiedene Instrumente. Justus Frantz ist 23 Jahre alt. »Ohne Illusion nehmen wir an der Veranstaltung teil«, berichtet er. Wir, das sind sein Mitstreiter Claus Kanngießer und er selbst. Kanngießer ist ein begabter Cellist. Beide werden beim Spiel mit ihren Instrumenten entdeckt. Im Auftrag des öffentlich-rechtlichen Senders werden an den Hochschulen talentierte Nachwuchsmusiker gesucht. Über diverse Qualifikationen führt die Reise zum Finale nach München. Zur eigenen Verblüffung belegt Justus Frantz dort den zweiten Platz unter den Pianisten. Kollege Kanngießer, mit Wurzeln in Oldenburg westlich von Bremen, schneidet ebenso ausgezeichnet ab. Nach dem Coup am Klavier gönnt sich Justus Frantz ein Glas Wein, für ihn eine Seltenheit in damaliger Zeit. Während des München-Aufenthalts wohnt er bei seiner Schwester Dorothea vor Ort. Wiederholt erweisen sich die Familie und der große Freundeskreis als hilfreich. Diese Gunst zieht sich wie ein roter Faden durch sein Leben. Trotz aller möglichen Unterschiede hält man unter dem Strich zusammen. Das war bei der Flucht gegen Ende des Zweiten Weltkriegs sowie beim Neustart in Testorf so, das schafft auch gut 20 Jahre später eine stabile Basis.

Was zweifache Bedeutung hat. Erstens verfügt Justus Frantz nun über ein doppeltes Sprungbrett: die Überraschungsplatzierung im renommierten ARD-Wettstreit sowie das auf Grün gestellte Signal des Herbert von Karajan. »Bitte anschnallen, Justus«, sagt er sich, »es kann losgehen.« Seite an Seite mit Claus Kanngießer geht er auf Tournee. Erneut ist Improvisationskunst Trumpf. Weil in dieser Phase noch kein Management im Einsatz ist, muss das tatendurstige Duo die Organisation in Eigenregie übernehmen. Ohne Frantz zu nahe treten zu wollen: Er verfügt über markantere Pluspunkte als die Fähigkeit zur detaillierten Planung, bei der ein Rädchen ins andere greift. Folglich übernimmt Kanngießer diesen Sektor federführend. Ohne Internet und Handy ist dieses Unterfangen komplizierter als heutzutage. Nichts ist mit mobilen Organisationshelfern, digitalen Fahrplänen, blitzschnellen Onlinebuchungen in Hotels oder Pensionen. Zwar kassieren die Künstler anfangs meist 200 bis 250 Euro pro Auftritt, dennoch ist ein sparsamer Haushalt Pflicht. Was Fallstricke mit sich bringen kann.

Das Kursbuch der Bundesbahn ist dick wie ein Telefonbuch, falls das heutzutage noch jemandem etwas sagt. Wer die Verbindungen in dem Wälzer versteht, kann sich zu den Erleuchteten zählen. So wie Claus Kanngießer. Die »Nordwest-Zeitung« in seiner Heimatregion Oldenburg in Niedersachsen bezeichnet den Sohn eines Gymnasialmusiklehrers später als »Wunderkind« und »Cellolegende«. Jedenfalls kann er nunmehr im kongenialen Duett mit dem Pianisten Justus Frantz die Bandbreite seines Könnens umsetzen. Dazu zählen eben auch eine präzise Planung sowie Improvisationsgeschick. In Punkt zwei versteht es Frantz damals wie heute, seine Spontaneität, wenn nicht gar Sprunghaftigkeit ins Spiel zu bringen – meist zielführend.

Die Tourneen des Teams Justus Frantz & Claus Kanngießer klappen trotz aller Widrigkeiten wie am Schnürchen. Nebenbei haben die beiden noch eine Menge Spaß. Bei jeder Darbietung lernen sie neu fürs Leben.

Fassen wir das bisherige Tempo kurz zusammen: 1965, mit 21 Jahren, ist Justus Frantz jüngster Stipendiat der Studienstiftung des deutschen Volkes. Ende der 1960er-Jahre wird er (mit 23 Jahren!) Preisträger beim Internationalen Musikwettbewerb der ARD in München. Sodann folgt das Engagement von Herbert von Karajan als Solist. Parallel hat er sich in der maroden, indes ausbaufähigen Villa in Hamburg-Pöseldorf ein Zuhause mit stabilem Fundament gesichert. Nur im Privaten ist Justus Frantz noch nicht sicher, wohin die Reise geht. Muss er ja auch nicht.

Im Frühling 1970 erlebt er seinen 26. Geburtstag in Hochform. Das Leben ist sein Freund. Und das Tor zu weiterer Entfaltung ist weit geöffnet. Ein himmlisches Gefühl. Zumal Justus Frantz mit Herbert von Karajan einen Förderer hat, der seinem Typus nicht unähnlich ist. Der Dirigent ist eine weltbekannte Größe – aber auch eine Persönlichkeit mit der Attitüde eines genießenden Lebemanns: Der Österreicher ist meilenweit entfernt vom biederen Muss eines verschrobenen Künstlers, der seinen Noten verfallen ist, sonst allerdings nicht mehr. Von Karajan pflegt seine umjubelten Konzerte in Salzburg, Wien, Berlin und anderswo in der großen Welt der Musik meist mit geschlossen Augen zu dirigieren. Er ist ein musikalischer Genius auf zwei Beinen.

Justus Frantz schätzt ihn ungemein – als Koryphäe wie als außergewöhnlichen Menschen. Der 36 Jahre ältere von Karajan sagt Mitstreitern gegenüber, dass er in Justus Frantz einen hochkarätigen Edelstein sehe, der zu Glanz und Wert geschliffen werden könne. Könne. Ohne Disziplin, reichlich Arbeit und ein glückliches Händchen würde daraus kein Maestro werden. Sehr wohl hatte von Karajan zur Kenntnis genommen: Der Pianist aus dem hohen Norden ist alles andere als auf den Mund gefallen. Er offeriert Eloquenz, einen schlagfertigen Wortwitz, Missionsgeist und die Tugend, diese Eigenschaften zwar selbstbewusst, aber frei von Arroganz und Überheblichkeit rüberzubringen.

Von Karajan selbst ist ein Mensch mit Seltenheitswert. In jeder Beziehung. Er heiratet dreimal. Ehefrau drei, Eliette Mouret, bringt 1960

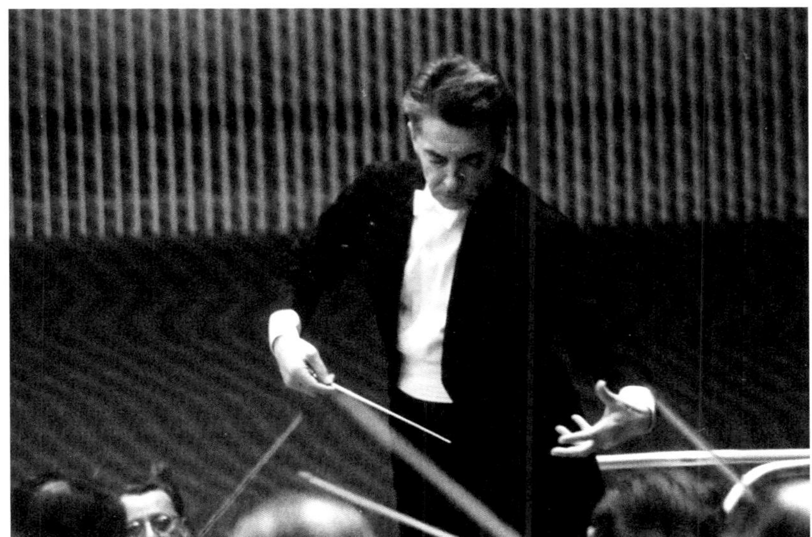

Foto: picture-alliance / akg-images | akg-images / Gert Schuetz

Ein enger Karrierebegleiter von Justus Frantz in seinem Element: Der österreichische Dirigent Herbert von Karajan war für ihn »vorbildlich prägend«.

in Wien Isabel und vier Jahre darauf Arabel zur Welt. Die Patenschaft für Isabel übernehmen die Wiener Philharmoniker, Arabels die Berliner Philharmonie. Seit dem Premierenauftritt in Berlin 1938 liegt ihm das Publikum in der Hauptstadt zu Füßen. 1956, Justus Frantz ist zwölf Jahre alt, übernimmt von Karajan die Rolle des Chefdirigenten – übrigens als Nachfolger des darüber mehr oder weniger dezent schmollenden Wilhelm Furtwängler.

Auf der Homepage der Berliner Philharmoniker wird der Genius des Österreichers posthum so zusammengefasst: »Unter Herbert von Karajan entwickelten die Berliner Philharmoniker eine ganz eigene Spielkultur, die sich durch Klangschönheit, betörende Legati, Virtuosität und Perfektion auszeichnete.« Unter seiner Regie habe sich die Institution zudem zu einem »Global Player« entwickelt. Dank »spektakulärer Tourneen nach Amerika, Japan und China« sowie durch zahllose Ton- und Bildaufzeichnungen. Denn auch als Medienmensch sei von Karajan seiner Zeit vorausgewesen. Sendungsbewusstsein dirigiert mithin das

Musikgeschäft. Gut möglich, dass Justus Frantz die Strategie des cleveren Salzburgers in Teilen zum Vorbild nahm.

Zumindest existieren Parallelen. Herbert von Karajan hat ein Faible für rasante Autos. Als Porsche-Fan »darf« er den auf weniger als 300 Fabrikexemplare limitierten Porsche 959 fahren. Ausnahmsweise sogar zweimal. Pressefrage: »Warum das denn?« Antwort: »Keine Sorge, es gab keine Probleme mit dem ersten, da er abbrannte.« Warum auch immer. Karajan segelte leidenschaftlich gern auf formidablen Yachten und liebte es, seine Cessna oder eine Dassault Falcon 10 persönlich zu steuern. Privatpilotenlizenz und Musterberechtigung für den Maschinentypus trug er am Mann.

Justus Frantz setzt eigene Akzente. Mit einem Helikopter sollte es eines Tages noch Zoff geben (Kapitel sieben), doch war der Porsche, möglichst als Cabrio, viele Jahre sein mobiles Markenzeichen. Und jeder, der neben dem Steuermann Frantz Platz nahm, weiß aus Erfahrung: Der Pianist wusste und weiß einen dynamischen Fahrstil zu schätzen. Um es milde zu formulieren. Ein ehemaliger Mitarbeiter bringt die Sachlage schnörkelfrei auf den Punkt: »Justus fuhr wie ein Henker.«

In der Anfangszeit geht es eine Spur gemächlicher zu: mit der Deutschen Bundesbahn. Wer musikalisch hoch hinaus möchte, muss kleiner beginnen. Die Auftritte, oft im Rahmen der Reihe »Konzerte junger Musiker« präsentiert, führen Frantz & Kanngießer in kleinere Theater, Kulturhäuser, hin und wieder Kirchen. Es macht Spaß, bringt Erfahrung wie Geld, schult fürs unstete Musikerdasein auf allen möglichen Bühnen, vor einem wohlwollenden, keinesfalls anspruchslosen Publikum. Es geht quer durch die Bundesrepublik, nach Landshut, zum NDR nach Hannover, nach Nordhorn und Hildesheim, nach Kampen, Krefeld und so weiter. Einer der ersten Tourneeorte ist Westerstede im Landkreis Ammerland. Die »Nordwest-Zeitung« erinnert ein Vierteljahrhundert nach diesem Ereignis an ein unvergessliches Festkonzert in der Aula eines Gymnasiums. »Wer hätte das gedacht: Justus Frantz' Karriere hat in Westerstede begonnen«, zitierte das Blatt den Leiter der Vortragsvereinigung. Der wusste: Im Alter von 25 Jahren hatte Justus Frantz 1969 in Westerstede schwer begeistert – ein Jahr, bevor mit Herbert von Karajan der fulminante Durchbruch begann.

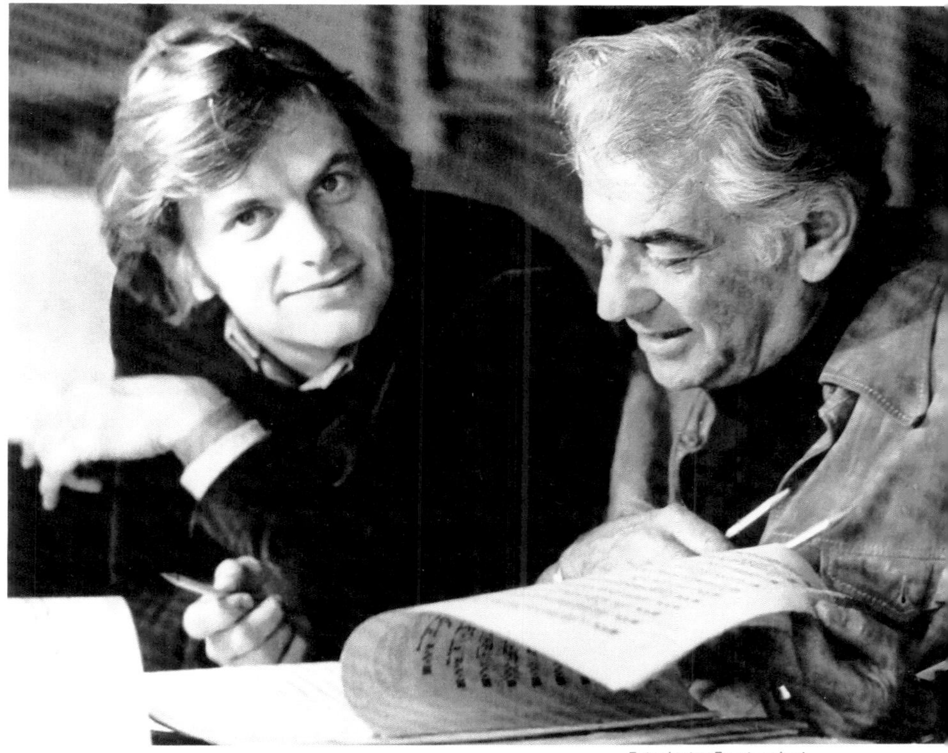

Foto: Justus Frantz privat

Justus Frantz und Leonard Bernstein (rechts) in dessen Landhaus in Fairfield/Connecticut

Der Cellist Claus Kanngießer und der Pianist Justus Frantz haben aus ihrer beruflichen Startphase jede Menge Anekdoten auf Lager. Fangen wir mit einer gar nicht lustigen an. Diese dokumentiert die nicht unproblematische Lebensführung in Zeiten, in denen hierzulande noch nicht jeder Bereich organisiert und abgesichert war. Im Haus Pöseldorfer Weg 1 nahe der Außenalster in Hamburg erfreute sich Frantz-Freund Matthias von Hülsen im Obergeschoss einer kuscheligen Ofenheizung. Die Asche füllt er zwecks Lagerung und Abtransport in stabile Pappkartons. Irgendwo muss sich noch ein Glutnest befunden haben. Feueralarm. Es brennt. Aufregung hoch drei. Welche gesteigert wird durch Mutter Dosy Frantz: Justus' Mutter liegt in der Badewanne. Noch vor

Ankunft der alarmierten Feuerwehr schafft es von Hülsen, die Flammen zu ersticken. Dennoch stürmen die Retter das Haus. Unter ihren schweren Stiefeln brechen einige Treppenstufen ab. Diese Erinnerung dient als Mahnung zur künftigen Vorsicht. Das hilft glücklicherweise.

Umsichtig steuert Matthias von Hülsen die hoffnungsvollen Musiker zu Konzerten in Ortschaften, die mit Zügen nur schwer erreichbar sind. Er sitzt am Lenkrad eines aus damaliger Sicht absolut gebräuchlichen, mit heutigem Blick legendären Fahrzeugs: Citroën 2CV. Französisch: »Deux Chevaux«, übersetzt »Zwei Pferde«. Eingedeutscht: »Döschwo« oder so. Fast alle jedoch nennen das urige Gefährt mit der unkonventionellen Form schlicht »Ente«. Mit einer solchen Kiste kutschiert das Trio also durch die Lande. »Einen Durchbruch kann man nicht mit der Pistole erzielen«, sagt Justus Frantz zu diesem Thema später. Bei allem Ehrgeiz, stets unter Zeitdruck, bleibt Humor nicht auf der Strecke.

So wie bei einem Abendtermin auf der Bühne eines voll besetzten Saals in der Kleinstadt Goch, nicht weit von Düsseldorf im Kreis Kleve hübsch gelegen. Was die Jungprofis nicht bemerkt haben: Der Bühnenuntergrund ist leicht schräg. Konsequenz: Das zuvor an die korrekte Position geschobene und nicht ausreichend gesicherte Klavier macht sich auf die Reise, Millimeter um Millimeter, schließlich Zentimeter um Zentimeter, derweil Justus Frantz den Tasten Brahms entlockt. Kollege Kanngießer mit seinem Cello kann nicht eingreifen. Der nun zusehends auf seinem Hocker mitrutschende Justus Frantz ist um Contenance bemüht, kriegt jedoch einen lauten Lachanfall. Schließlich lacht das gesamte Haus. Mit seiner Rhetorik macht der Pianist noch mehr daraus. Die lokale Presse berichtet anschließend über eine Vorstellung, die weiter hallen werde. Was an dieser Stelle der Biografie ja auch geschieht.

»Das Honorar war uns eigentlich gar nicht so wichtig«, berichten beide rückblickend. Noch waren die Ansprüche bescheiden. Und leben ließ sich davon kommod. Zumal die Gagen nach Zugaben und finalem Ton hinter den Kulissen in der Regel bar auf die Hand gezahlt werden. Dennoch ist Sparsamkeit Prinzip. Zumindest im Falle Frantz wird sich das zukünftig erheblich ändern. Auch wenn er das selbst gar nicht gern liest. Dieser Sinn für bewusste Haushaltsführung stand in der Nachkriegszeit im Einklang zu Hunger und Bescheidenheit. Wenn machbar, wohnen die beiden bei Familienmitgliedern und Freunden. In München ist Justus' ältere Schwester fester Anlaufpunkt. Gastfreundschaft ist Ehrensache.

Jetzt, Ende der 1960er-Jahre, wird die Bundesrepublik vom Wirtschaftswunder beflügelt. Am 21. Oktober 1969 wird der Sozialdemokrat Willy Brandt in Bonn zum vierten Bundeskanzler der noch jungen Republik gewählt. Außenminister wird der Freidemokrat Walter Scheel. Diese sozialliberale Koalition hatte den christdemokratischen Bundeskanzler Kurt Georg Kiesinger abgelöst. Justus Frantz, seit seiner Jugend in Schleswig-Holstein Mitglied der CDU-Nachwuchsorganisation Junge Union, ist nicht begeistert, hat jedoch andere Sorgen. Der stramme Tourneeplan verlangt volle Konzentration und Einsatzfreude. Beides umfänglich vorhanden.

Dennoch verläuft nicht alles nach Programm. So wie eines Abends im Harz. Es gab schon stimmigere Veranstaltungen während der ansonsten gelungenen Deutschlandtournee. Doch diesmal haben kaum mehr als 20 Zuhörer Eintritt bezahlt. Da muss man eisern durch. Sagen sich auch Frantz & Kanngießer. Bis Justus Frantz bemerkt, dass eine Taste der Klaviatur vollkommen aus dem Leim ist. So ist Brahms sinnlos. »Ist zufällig ein Klavierstimmer im Publikum«, ruft der Pianist verzweifelt. Und, kaum zu glauben: Unter den knapp zwei Dutzend Gästen befindet sich tatsächlich einer. Bald ist das Problem gelöst.

Mit dem wirtschaftlichen Aufschwung auch beim Duo Kanngießer & Frantz können vereinzelt Flüge sinnvoller und gelegentlich günstiger sein als eine Tour mit der Bahn. Veranstaltungsort ist Wittlich, eine Kreisstadt in Rheinland-Pfalz. Justus Frantz ist rechtzeitig vor Ort, doch wo steckt der sonst ausnahmslos pünktlich Partner? Er will mit dem Flugzeug von Hamburg nach Frankfurt und dann im Auto eines Freundes weiter nach Wittlich. Sonnabendabend; die Halle ist ausverkauft. Gute Stimmung. Vorfreude. Frantz ist nervös: Wo bloß bleibt Claus? Zarte Erinnerung: Es gibt ja weder Handy noch Internet. Justus Frantz, der damals wie heute selten Bargeld in der Tasche hat, organisiert irgendwo zwei Groschen, Münzen à zehn Pfennige also. Er eilt in ein gelbes Telefonhäuschen. Am Airport Fuhlsbüttel erfährt er über Umwege: Für das Cello benötigt

Claus Kanngießer ein zweites Ticket – um es auf den Nebenplatz zu stellen. Eigentlich logisch. Letztlich klappt doch alles. Fast. Frantz legt auf der Bühne schon mal los. Kanngießer erscheint eine Stunde zu spät. Beide erzählen eine ehrliche, gute Geschichte, geloben Zugaben satt. Und wieder wird die Wende vollbracht: Mit einer kleinen Panne gewürzt, entwickelt sich zwischen den beiden Musikern und dem Publikum eine Harmonie, die Weggefährten in der Zukunft als »Frantz-typisch« zu bezeichnen pflegen. Er verfügt über das Fingerspitzengefühl, nicht nur am Flügel den richtigen, in diesem Fall passenden Ton zu finden. Es ist eine Melange aus Offenheit auf Augenhöhe, einer Brise Dreistigkeit, entwaffnender Ehrlichkeit und eine jugendlich anmutende Nonchalance.

Und sonst? Dann hatte Kollege Kanngießer alles im Griff. Und sei es nur das Kursbuch mit dem wunderbaren Verbindungswirrwarr. Was nicht nur einmal zu Irritationen führt. Der rot gekleidete Schaffner, der dazugehört, pustet auf dem Bahnsteig entschlossen in seine Trillerpfeife. Frantz & Kanngießer schaffen es im letzten Schritt, lehnen sich entspannt zurück. Bevor sie bemerken: Der Schnellzug macht sich in falscher Richtung auf die Reise. Hauptsache, der Zug ist nicht abgefahren, stimmt in dieser Situation nicht so ganz.

Okay, hin und wieder geht's drunter und drüber – doch im Großen und Ganzen ist die Richtung klar: Es geht voran. Durch den Status 1965 als jüngster Stipendiat der Studienstiftung des deutschen Volkes mit anschließendem Erfolg beim ARD-Musikwettbewerb in München 1967 und besonders durch die Starthilfe durch Herbert von Karajan rückt Justus Frantz verstärkt in den Fokus der Musikkenner, der Medienwelt und der großen Öffentlichkeit. Er kommt immer weniger zur Ruhe. Alles geht immer schneller. Und was früher unmöglich erschien, funktioniert nun praktisch als Selbstläufer. Auf dem Programm stehen Tourneen mit den Wiener Philharmonikern, mit den Berliner Philharmonikern, mit dem Orchestre de Paris, bei den Salzburger Festspielen. Der nationalen Karriere folgt der internationale Aufbruch. Frantz läuft auf Hochtouren, doch bleibt er als Mensch am Boden, der familiären Tradition gemäß. Dazu äußern sich nachfolgend frühere Mitarbeiter des Maestros. Durch die Bank sehen sie ihren früheren Chef keinesfalls kritiklos, haben indes seine Pluspunkte sehr wohl in Erinnerung. Zwar schwebte Justus Frantz manchmal musikalisch über den Wolken und dachte in anderen Sphären, einen Standesdünkel dagegen soll er nie gehabt haben.

Zumal der Norddeutsche mit dem gewinnenden Wesen über dieses bereits erwähnte Entertainer-Gen verfügt: Er ist rhetorisch brillant, vermag bei Reden zu Konzertbeginn intuitiv die Seelen der Menschen zu berühren, kann Zuhörer bezaubern, ohne ihnen zu nahe zu treten. In Kombination mit jugendlicher Unbekümmertheit und einer Prise Frechheit, die mehr elanvoll als arrogant oder gar dreist gewertet wird, kommt Frantz charmant rüber. Er weiß am Klavier mitzureißen, ist aber meilenweit weg vom Muff und verknöcherter Steifheit vergangener Pianoepochen. Justus Frantz schlägt gekonnt Töne der Neuzeit an. In deutschen und europäischen Medien ist die Rede vom »Shootingstar«.

1975 folgt ein zusätzlicher Meilenstein auf dem Weg nach oben. Justus Frantz' Auftritt mit Leonard Bernstein und den New Yorker Philharmonikern eröffnet seinem Ehrgeiz und seiner Mission neue Dimensionen. Der weltberühmte Komponist und Dirigent fühlt sich von Beginn an zu dem talentierten Norddeutschen hingezogen – fachlich wie menschlich. Der beherzte Optimismus des zu diesem Zeitpunkt 31-Jährigen, sein unerschütterliches Selbstwertgefühl und die Lebenslust, musikalisch und klassisch Neuland betreten zu wollen, sollen Bernstein immer mehr in den Bann ziehen. »Kreative Freundschaft« nennen beide ein besonderes Verhältnis. Seelenverwandtschaft schlägt im Dreivierteltakt.

Nach dem überaus gelungenen Debütkonzert in den USA kommt es zum Zusammenspiel mit renommierten Dirigenten wie Carlo Maria Giulini, Rudolf Kempe und Bernard Haitink. Alle Namen würden Seiten füllen. Justus Frantz will mehr. Er liebt virtuose Darbietungen auf den großen Bühnen der Welt, ebenso treibt ihn eine Vision voran. Die Mutter seiner Fragen: Kann man es schaffen, klassische Musik auf Topniveau zu jenen Menschen zu transferieren, die damit noch keine markanten Berührungspunkte haben? Und kann man solche Höhepunkte klassischer Musik vielleicht sogar an Orten zelebrieren, an denen sie sonst nicht beheimatet sind? Also gewissermaßen hinausgehen, dem Publikum entgegen. Und, für manchen eine ketzerische Fragestellung: Muss man zu klassischer Musik eigentlich unbedingt immer vornehme Kleidung tragen? Werden Musik und Hörgenuss schlechter, wenn Zuhörer alltägliche Kleidung wie Jeans tragen?

Gedanken wie diese keimen in Justus Frantz, führen aber nicht zu Ergebnissen. Noch nicht. Später sollte Justus Frantz oft gefragt werden, wie er eigentlich auf die Idee gekommen sei, das Schleswig-Holstein Musik Festival ins Leben zu rufen. »Es gab nicht diesen einen Kick als Startschuss«, entgegnete er dann. »Die Idee eines solchen Ereignisses mit Weltstars auf dem Lande ist Produkt eines jahrelangen Denk- und Erfahrungsprozesses.« Wahrscheinlich trug ein Sommer Ende der 1970er-Jahre entscheidend dazu bei. Leonard Bernstein, zu dem sich seit der Premiere 1975 in New York eine ungewöhnliche Freundschaft angebahnt hatte, war der Einladung nach Norddeutschland gefolgt. Justus Frantz zeigte ihm seine Heimat. Hamburg, Kiel, Holstein mit dem Gut Testorf natürlich.

»Lenny wollte zwischendurch gern etwas Kulturelles unternehmen«, erinnert sich Justus Frantz, »aber in dieser Sommerzeit gab es dort eben nichts.« Bernstein reagiert erstaunt. »In Sachen Kultur nicht viel los auf dem Lande in der Ferienzeit«, erläutert Frantz, »höchstens ein Frühschoppen mit dem Bürgermeister in Malente.« Es war nicht so ganz das, was sich der Weltbürger und Kunstästhet Leonard Bernstein vorgestellt hatte. Beide fahren für ein paar Tage nach Sylt. Pech gehabt: norddeutsches Schmuddelwetter, tagsüber Grau in Grau, Höchsttemperatur 15 Grad. Frustriert blicken beide aus den Fenstern ihrer angemieteten Lotsenhütte in die natürliche Tristesse. Das friesische Bauernhaus hatten sie sich von dem Architekten gemietet, der ein paar Jahre zuvor beim Bau der Finca Justus Frantz auf dem Monte Leon auf Gran Canaria so Famoses schuf. Wahrscheinlich wies ein Gespräch über ihn den weiteren Weg.

Da Geld zu dieser Zeit weder für Justus Frantz und erst recht nicht für Leonard Bernstein ein größeres Thema ist, handeln beide kurz entschlossen. Sie buchen einen Privatflieger und nehmen Kurs Las Palmas auf den Kanaren. Es erweist sich in dieser Situation als richtige Entscheidung. Von seiner Vorliebe zu Natur, Menschen und Mentalität in Deutschlands nördlichstem Bundesland hat Justus seinem Freund Lenny schon vorher oft erzählt. »Ich möchte mich für meine wunderbare Kindheit und Jugend an der Küste bedanken«, wiederholt der Pianist. Nur wie?

Die beiden genießen Sonnenschein, Wärme, Ruhe und die Idylle der Casa de los Musicos. Jeder geht seinen musikalischen Interessen nach. Beinahe 26 Jahre Altersunterschied machen sich nicht bemerkbar. »Wir sind seelenverwandt«, schreibt Frantz einer Freundin. Später sagt er ihr: »Ich bin sicher, dass er mich liebt.« Sicher ist, dass auch Bernstein mehrere Stunden am Tag an einem der dort untergebrachten Flügel verbringt. Hin und wieder bittet der Amerikaner den Deutschen um vertiefenden Unterricht, zum Beispiel ein Stück von Mozart in C-Dur, Köchelverzeichnis 503. Man kommt sich näher. Aber nur menschlich. Manche meinen später mehr zu wissen. »Stimmt aber nicht«, entgegnet Justus Frantz. Details über das ganz besondere Verhältnis dieser beiden Musiker wird er später erzählen.

Auf der kanarischen Finca hilft Bernstein die Muße beim Komponieren. Mit Vorliebe nutzt er den kleinen Holzpavillon am Pool im hinteren Teil des exotischen Gartens. Abends lassen sie sich vom Haushälterehepaar bekochen. Nach dem Dessert, sehr gern frisches, püriertes Obst, labt sich das Duo an einem Glas Wein, gekeltert aus Trauben vor Ort. »Man müsste im Sommer in Schleswig-Holstein etwas Kulturelles anbieten«, sinniert Frantz. »Dann mach es doch einfach«, meint Bernstein. »Man müsste nicht die großen Hallen in den Städten als Veranstaltungsorte wählen«, fantasiert Frantz weiter, »sondern Schlösser, Gutshäuser, Scheunen und Stallungen.« Bernstein springt auf: »Justus, eine grandiose Idee ist geboren. Es ist jetzt an dir, sie umzusetzen.« Es handelt sich um die Geburtsstunde des Schleswig-Holstein Musik Festivals. Und somit um den Grundgedanken, den Masterplan ähnlicher Musikereignisse in ländlichen Regionen. Dort also, wo Klassik bis dato nicht zu Hause ist. Justus Frantz, der nicht immer nur für Bescheidenheit berühmt ist, wird nach erfolgreicher Umsetzung sein Licht dennoch unter den Scheffel stellen. Weil er sagt: »Jede Idee hat immer viele Väter.« Doch Hand aufs Herz: Diese hat im Prinzip tatsächlich nur einen.

Die Folgefrage war nicht leichter zu beantworten: Wie kann man den Stein ins Rollen bringen? Wer kann helfen, den politischen und organisatorischen Weg freizumachen? Wie kann die Finanzierung gestemmt werden? Und wer stellt den Kontakt zu potenziellen Veranstaltungsorten her, mithin zu Schlössern, Gütern und Besitzerfamilien? Vor allem: Wer schmiedet die Allianz mit der Landesregierung und deren Dienststellen. Ganz abgesehen davon: Wer kann die Größen klassischer Musik aufs platte Land nach Schleswig-Holstein locken? Zwei prinzipielle Bündnisgenossen stehen in den Startlöchern: Herbert von Karajan und Leonard Bernstein. Einer wie der andere ist vom Bazillus des Festivals ergriffen.

Justus Frantz versteht sich als Motor der Initiative. Sein in den letzten Jahren geschickt gewobenes Netzwerk nutzt er, um Gespräche anzubahnen. Nicht jedes sorgt auf Anhieb für Ermutigung. Der Dirigent Gerd Albrecht, später Generalmusikdirektor der Staatsoper in Hamburg, rät ab: »Bei aller Sympathie, aber das wird nie was.« Allein der Kontakt zu den Gutsherren und -frauen sei ein Kraftakt. Ihre Höfe öffnen für jedermann? Niemals. Ähnliche Meinungsäußerungen häuften sich. Tenor: im Kern entzückend, aber leider nicht umsetzbar.

In dieser Lage leichten Anfangsfrusts wird die Frantz-Idee von der norddeutschen Muse geküsst. Um es mit Justus Frantz auszudrücken: »Kairos war uns hold.« Kairos ist in der griechischen Mythologie der Gott der günstigen Gelegenheit und des richtigen Augenblicks. Sehr passend, dass Justus dessen göttliches Wirken als Schüler an der Gelehrtenschule in Kiel kennenlernte. Jahre später war er just in Kiel Festivalpate. Anlass ist ein Klavierabend im Kieler Schloss im Jahr 1984. Das grandiose Gebäude an der Dänischen Straße, früher Nebenresidenz der Gottorfer Herzöge, ist an diesem Abend ausverkauft – und Justus Frantz Zeitungsberichten zufolge in Spitzenform. Entsprechend motivierend fällt das Medienecho aus. Einige Zeit später steht ein weiteres Konzert im Kieler Schloss auf dem Programm. Es handelt sich um eine Wohltätigkeitsveranstaltung zugunsten eines Erweiterungsbaus der Kunsthalle in der Landeshauptstadt. Namhafte Würdenträger sitzen in der ersten Reihe, unter ihnen CDU-Grande Gerhard Stoltenberg. Der »große Klare aus dem Norden«, so der Spitzname des Christdemokraten, war von 1971 bis 1982 Ministerpräsident von Schleswig-Holstein sowie anschließend zehn Jahre Finanz- und Verteidigungsminister. Er begrüßt die Gründung eines solchen Festivals ausdrücklich.

Die allgemeine Begeisterung schafft Schwierigkeiten aus dem Weg, die zuvor unlösbar erschienen. Letztlich hilft der Erfolg des Konzerts, die Zustimmung der Landesregierung zu erhalten. Justus Frantz und die zunehmende Zahl seiner Mitstreiter freuen sich. Nachdem mit der Partnerschaft der Landesregierung der Finanzierungssockel zu stehen scheint, ist die Initialzündung erfolgt: »Ja, wir gründen das Schleswig-Holstein Musik Festival.« Die vier großen Buchstaben SHMF stehen für eine bis dato unbekannte Darbietungsform klassischer Musik: Diese soll an außergewöhnlichen Orten und in besonders festlicher Atmosphäre für ein breites Publikum direkt erlebbar sein. So wie es sich Justus Frantz in seinen kühnen Plänen ausgemalt hatte.

Noch jedoch ist kein Ton gespielt, kein Veranstaltungsort gesichert, kein Künstler engagiert und – ebenfalls nicht unwichtig – keine Eintrittskarte gedruckt. Eilen wir kurz voraus in die Zukunft: Das SHMF besteht bei Erscheinen dieses Buches beinahe vier Jahrzehnte. Es hat sich zu einer Marke mit Vorbildcharakter für vergleichbare Ereignisse in ländlichen Regionen gemausert. Aktuell zählt das SHMF mit 100 Veranstaltungsstätten an 60 Orten zu den größten Flächenfestivals der Welt. Auf der eigenen Homepage heißt es dazu: »Es bespielt Schleswig-Holstein und Hamburg sowie Teile von Dänemark und Niedersachsen.« War einstmals ausschließlich Klassik zu hören, wurde das Programm mittlerweile um andere Musikrichtungen, um Theater, Comedy und Lesungen erweitert. Zitieren wir weiter aus dem berufenen Munde des Organisationsteams: »Die Konzerte finden in Schlössern und Herrenhäusern, Scheunen und Ställen sowie in den schönsten Kirchen Schleswig-Holsteins statt. Aber auch besondere Konzertorte wie Werften und alte Industriehallen bilden eine stimmungsvolle Kulisse für Darbietungen, die sonst den Besucherinnen und Besuchern renommierter Konzerthallen und Opernhäuser vorbehalten bleiben.«

Genau dieser Ansatz beseelte Justus Franz Anfang und Mitte der 1980er-Jahre zu dem Mut, diese unkonventionelle, innovative Idee in die Tat umzusetzen. Anders auf den Punkt gebracht: Was heutzutage so normal und selbstverständlich klingt, war es damals eben überhaupt nicht. Massive Hürden mussten übersprungen werden, um dem Ziel nahezukommen. Wie bei allen Problemen existieren unterschiedliche Betrachtungsweisen: Aber dass Ideenstifter und Gründer Justus Frantz bei der aktuellen Festivalleitung nicht wohlgelitten ist, dezent geschrieben, betrachtet nicht nur die Fachwelt mit Unbehagen. Die alleinige Verantwortung trägt gewiss niemand; misslich ist die Situation dennoch. Neben Streit um Macht und Einfluss geht es auch um die Position zu Russland und Putin. In einem eigenen Kapitel wird darüber zu lesen sein.

Die Führungsrolle von Justus Frantz bei Ideenentwicklung und Umsetzung des Festivals ist musikhistorisch unumstritten. In den Fernseh- und Zeitungsberichten ist oft von einem »Dreigestirn« die Rede, das das Gerüst des Ereignisses erdachte: Uwe Barschel, von 1982 bis zu seinem unerklärlichen und ungeklärten Tod 1987 als Nachfolger Stoltenbergs Chef der Landesregierung, der von 1974 bis 1982 amtierende Bundeskanzler Helmut Schmidt sowie eben Justus Frantz als Spiritus Rector. Diese Namen standen für einen hohen Anspruch wie für politische Bodenhaftung. Das hochkarätige Trio wollte Klassik im Volk verankern und nicht nur an hochsubventionierten Opernhäusern der Metropolen erklingen lassen. Außerdem geht es um den Anspruch, mehr kulturelles Leben in Deutschlands nördlichstes Bundesland zu bringen. Da mit dem Sozialdemokraten Helmut Schmidt und dem CDU-Mann Uwe Barschel quasi eine Große Koalition für die sinnvolle Sache steht, springen auch andere auf den Zug auf. Die SHMF-Lokomotive rollt also.

Wobei die Nummer heute lockerer und leichter klingt, als sie in der Realität war. Erst mal galt es, den Sozialdemokraten Helmut Schmidt und den Konservativen Uwe Barschel als ideelle Unterstützer zu gewinnen. Denn über den CDU-Kultusminister Peter Bendixen würde die Reise kaum führen können. Justus Frantz hat einen offiziellen Termin in dessen Amtszimmer in Erinnerung. Die beiden kannten sich aus vergangenen Tagen aus der Jungen Union. »Bendixen mangelte es an Fantasie und Begeisterungsfähigkeit«, sagt Frantz. Der CDU-Politiker habe einfach nicht an die Idee geglaubt. »Bernstein in Neumünster? Karajan in Niebüll. Guter Gag«, habe Bendixen gehöhnt. Frantz hat das Gefühl: »Für ihn war die Klavierlehrerin

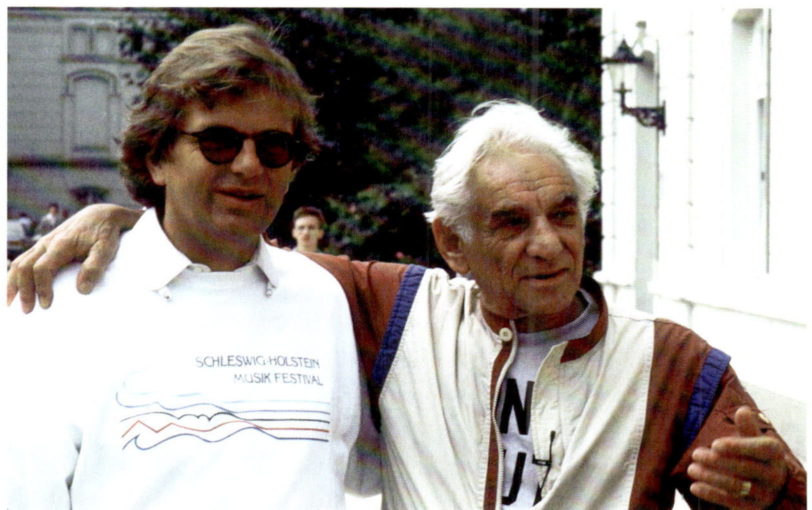

Foto: picture-alliance / dpa | Horst Pfeiffer

Justus Frantz und Leonard Bernstein (rechts) beim Schleswig-Holstein Musik Festival. Beide waren begeistert von der Idee des Festivals, ohne den »Motor« Justus Frantz wäre es nicht derart fulminant an den Start gegangen.

in Brunsbüttel als Wählerin wichtiger als Leonard Bernstein.« Unter der Rubrik »ernüchternd« wird der Termin ad acta gelegt.

Umso günstiger gelegen scheint ein anderer Ansatzpunkt. Ministerpräsident Uwe Barschel möchte Helmut Schmidt gern kennenlernen. Persönlich, näher, nicht mit Floskeln auf einem großen Empfang. Barschel weiß: Justus Frantz und Helmut Schmidt sind Freunde. Einen wie den anderen eint die Begeisterung für Musik. Die Finca Justus Frantz auf Gran Canaria ist wie geschaffen für einen solchen Kontakt. So geschieht es dann auch.

Umgekehrt braucht Justus Frantz zwecks Gründung des Schleswig-Holstein Musik Festivals zügig einen Termin bei Barschel. Ein Jawort des Ministerpräsidenten könnte mächtig helfen, der Idee zusätzliche Fahrt zu geben. Die Sekretärin im Büro Barschel ist außerordentlich freundlich – aber wenig flexibel: »Ja, gern, Herr Frantz, ein Termin beim Ministerpräsidenten. Wie wäre es in fünf Monaten, da wäre noch ein Terminfenster?« Solche Ansagen sind nun wirklich gar nichts für das

Temperament des Maestros. Wenn er von etwas beseelt ist, plagt ihn die Ungeduld. »Geht leider nicht, werte Dame«, entgegnet Justus Frantz. »Es muss bitte heute oder morgen sein.« Die Sekretärin reagiert sprachlos. Nach einigem Hin und Her und Rücksprache mit ihrem Chef geht alles plötzlich blitzschnell: morgen in Hamburg, Hotel Vier Jahreszeiten, Neuer Jungfernstieg. Eine gewisse Dreistigkeit und ein dringender Vorschlag können bisweilen Wunder bewirken.

Ministerpräsident Barschel und Justus Frantz treffen sich am Tag darauf in einer Suite des Fünfsternehotels an der Binnenalster. Barschel ist grundsätzlich aufgeschlossen für Neues. Noch relativ neu im Spitzenamt, kommt ihm eine neue, öffentlichkeitswirksame Initiative alles andere als ungelegen. Was Justus Frantz ihm aber während dieses Termins in schillernden Worten anpreist, ist dann doch absolutes Neuland für sein Bundesland. »Er war schlicht baff«, erinnert sich Frantz. Sodann habe Barschel einen unvergesslichen Satz von sich gegeben: »Herr Frantz, ich nehme an, Sie sind ein Ehrenmann.« Was sollte der Ideengeber dazu schon sagen? Und so entgegnete er: »Herr Ministerpräsident, ich brauche Ihre Zustimmung.«

Uwe Barschel habe die Dimension und die Chancen eines solchen neuen Festivals auf Anhieb erfasst. Und reagierte kurz entschlossen: »Okay. Machen wir. Zustimmung erteilt. Kann losgehen.« Justus Frantz hätte vor Glück in die Luft gehen können, doch hatte er sich in der Hand, tat gelassen, verabschiedete sich formvollendet. Kaum war Barschel jedoch außer Sichtweite, verständigte Justus Frantz seine Mitstreiter, unter ihnen auch Helmut Schmidt, einen der Paten der Idee.

Immerhin gibt es schon einen Verein. Dieser Verein Schleswig-Holstein Musik Festival e. V. besteht seit dem Start 1985. In der Anfangsphase ist dieses neu geschaffene Gremium hauptverantwortlich für Aufbau, Organisation und Durchführung des Events. Später wird eine Stiftung diese Aufgaben übernehmen. Aktuell hat der Verein mehr als 8.000 Mitglieder. Bei Gründung sind federführend zwei Macher an Bord: Ulrich Urban, BMW-Händler in Kiel, und selbstverständlich Justus Frantz. Der umtriebige Autohändler, den die »Kieler Nachrichten« anlässlich seines Todes im Sommer 2019 als einen »Motor des Festivals« bezeichnen, liebt die Kunst und lebt für die Musik. Als freier Unternehmer hat er keinen allzu großen Respekt vor behördlichen Bedenkenträgern und bürokratischen Hindernissen. Der Mann packt an und gibt Gas.

Die »Kieler Nachrichten« haben Dimension und Charakter des neuen Festivals begriffen. Die Tageszeitung schildert das SHMF als »große musikalische Bürgerinitiative«. Genau das hat Justus Frantz vor Augen: Klassik für das Volk. Von dieser Vision beflügelt, legen Frantz & Urban los – voller Elan und Begeisterung. Denn auch der Automann hat es drauf, Menschen zu gewinnen und Leidenschaften zu wecken. Die Planung geht besser voran als gehofft. Zumal die Namen der musikalischen Unterstützer wie Leonard Bernstein, Herbert von Karajan und Christoph Eschenbach für hohe Ansprüche stehen. Weltstar Bernstein in einer Scheune in Holstein – unvorstellbar eigentlich. Doch immer mehr glauben nun daran, dass scheinbar Unmögliches tatsächlich vollbracht werden kann.

Mehrere Weggefährten aus der damaligen Sturm-und-Drang-Periode kommen in dieser Biografie noch zu Wort. Jeder sieht die Dinge aus seinem Blickwinkel, absolut normal, alle attestieren Justus Frantz übereinstimmend ein verblüffendes Macher-Gen und eine Chuzpe, offensichtlich Unvorstellbares schaffen zu wollen. Frantz fürchtet sich vor nichts. Und er scheut auch vor Taschenspielertricks nicht zurück – im Interesse der Sache. Immer deutlicher zeigt es sich, dass Justus Frantz nicht nur ein Maestro, sondern auch ein gewitzter Impresario ist. So wurden in früheren Jahrhunderten Besitzer von Opernhäusern oder Theatern bezeichnet. Heutzutage passt Intendant besser. Frantz selbst hört dieses Wort nicht immer gern, doch traf und trifft es sein Talent auch auf dem Organisationsgebiet ganz gut: Theatermacher.

»Eigentlich war ich ein Hochstapler«, bekennt Justus Frantz in einem sehr ruhigen Moment Anfang 2024 – unmittelbar vor Drucklegung dieses Buches. »Weil wir außer der Idee gar nichts hatten – keine Künstler, kein Geld, keine Spielstätten.« Mit einer wundersamen Melange aus Unverfrorenheit, Wagemut und Missionsgeist ist Justus Frantz auf gutem Weg, ein Kunststück zu vollbringen. Er erklärt den Werdegang ausführlich, doch kann man diesen auch einfacher, klarer übersetzen: Der Mann hatte anfangs fast nichts in der Hand.

Den Musikern erzählt er von besonderen Konzerten in einem einmaligen Umfeld, von Sponsoren getragen. Möglichen Sponsoren berichtet er von großartigen Künstlern, die Schleswig-Holsteins Kultur beleben würden wie nie zuvor. Doch ganz ehrlich: Weder das eine noch das andere stimmt. Zunächst. Anders auf den Punkt gebracht: Justus Frantz pokert wie ein Weltmeister. Am Ende hält er tatsächlich so etwas wie einen Royal Flush in der Hand. Weil die Rechnung aufgeht, seine Rechnung. Letztlich passen die Räder prima ineinander. Namhafte Künstler, bis dato unbekannte Veranstaltungsorte voller Charme, starke Sponsoren, staatliche Unterstützung. Was zuerst fragil erscheint, steht auf immer stärkerem Fundament. Bis Justus Frantz, inspiriert vom Glauben an die Idee und an sich selbst, Großes auf die Beine stellt.

Das Festival nimmt mächtig Fahrt auf. Da Koryphäen wie Karajan und Bernstein hinter der faszinierenden Idee stehen, können renommierte Klassikstars gewonnen werden. Keiner von ihnen hätte es zuvor für möglich gehalten, in einer ausgebauten Stallung, in einem Schuppen am Rande eines historischen Herrenhauses oder im Treppenhaus eines Holsteiner Schlosses zu musizieren. Für Außenstehende wirkt es wie ein Wunder, dass nach der Gründung 1985 bei der Festivalpremiere 1986 lebende Legenden wie Yehudi Menuhin, Svjatoslav Richter, Anne-Sophie Mutter oder Mstislaw Rostropowitsch auf dem Lande in Norddeutschland musizieren. Zuvor meckernde Kritiker verstummen – und spitzen lieber ihre Ohren.

Dass dahinter organisatorische Schwerstarbeit steckte, wussten nur Insider. Äußerlich wirkte alles leicht, locker, verspielt. So wie geplant. Der erste Auftrag des neu gegründeten Festivalvereins an Justus Frantz klang harmlos: zwölf Konzerte, bitte. In der Praxis leichter gesagt als getan – ohne Büro, professionellen Mitarbeiterstamm, ohne Erfahrung, ohne akkurat spezifizierte Budgets. Diese lässige Einstellung zum Umgang mit Geld und der Mangel einer ausbaldowerten Organisationsstruktur sollten Justus Franz ein knappes Jahrzehnt später noch großen Verdruss bereiten. Doch an aus seinem Blickwinkel lästige Formalitäten denkt Frantz in der Aufbruchsära nicht. Das kreative Chaos setzt Energien frei. Wie nicht nur die erste Sekretärin feststellt. Als sie morgens um acht Uhr – ganz seriös selbstverständlich – auf dem Ehebett in der Frantz-Wohnung sitzt, Aufträge entgegennimmt, Telefonate erledigt. Es gibt ja auch kein Büro. Und: Es stört die Dame keineswegs.

Auch weitere Mitarbeiter entsprechen diesem unkomplizierten Typus. Um im Team Frantz zu arbeiten, muss man sich von spießigem Kleinkram wie geordneten Arbeitsabläufen und Zeiten verabschieden. Improvisation ist Trumpf. So wie es Maestro Justus schätzt. Umgekehrt erleben die Festangestellten und Teilzeitkräfte eine Menge. Unisono beschreiben sie die Einsätze für Justus Frantz und das SHMF rückblickend als »eine abenteuerliche, besonders aufregende Zeit« im Berufsleben. Denn so spontan und sprunghaft der Festivalgründer bisweilen auch sein mag, so liebenswert und sozial tritt er im nächsten Moment auf. Vor der Tür stundenlang wartende Chauffeure, auf dem Flur sitzengelassene Assistenten oder schnöselig behandelte Terminreferentinnen gibt es im »System Frantz« nicht. Kurz: Wer dabei ist, gehört auch dazu. Getrennte Tische, guten Wein für die da oben und billigen Fusel für die da unten, im übertragenen Sinne, entsprechen seiner Lebenseinstellung nicht. Am liebsten Champagner für alle. Die Bezahlung wird später geklärt.

Doch ist an Champagner erst in der Folgezeit zu denken. Anfangs verfügt Justus Frantz weder über Künstler noch über Geld. Und lediglich mit einer Mitarbeiterin erfolgreich ein Festival zu stemmen, fällt selbst großen Virtuosen schwer. Justus Frantz glückt dieses Vabanquespiel. »Wir sind tatsächlich aus dem Nichts gestartet«, wiederholt er auf Nachfrage. »Ich kam mir vor wie der Hochstapler Felix Krull.« Die Hauptperson in Thomas Manns Roman bekennt sich als Schelm, dem mit Charme und Chuzpe fast alles gelingt und der alle in die Tasche steckt. Heute würde man ihn vielleicht als »Hütchenspieler« bezeichnen.

Mit wenigen, indes vereinten Kräften, mit Mumm und Idealismus im Herzen werden Chefgespräche mit Sponsoren geführt: Jacobs/Suchard, BMW, Audi, Albingia Versicherungen, Lotto zum Beispiel. Oft gelingt es Justus Frantz, Urban & Co., ihre Begeisterung auf die Wirtschaftspartner zu übertragen. Nur in Hamburg, seit Mitte der 1960er-Jahre Justus Frantz' Wohnort, tun sich die Pfeffersäcke schwer. Schleswig-Holstein ist ihnen einen Hauch zu provinziell und kleinbürgerlich. Man sagt es nicht so, denkt aber wohl ähnlich. »In der großen Hansestadt rümpfte man die Nase«, hat Frantz in Erinnerung. »Dort war man borniert und dachte, man sei ein blühendes Kulturzentrum.« Heute ist Hamburg ein Teil des Schleswig-Holstein Musik Festivals.

Doch während die Strategen in Hamburg selbstzufrieden ihr Nickerchen halten, werden in Schleswig-Holstein neuartige Weichen gestellt. Ausgerechnet der Herzblut-Hamburger Helmut Schmidt hilft nach Kräften bei dieser Weichenstellung. »Musik ist Frieden«, pflegt der Sozialdemokrat zu sagen. Und Justus Frantz spürt intensiv: Wer den ehemaligen Bundeskanzler an seiner Seite hat, darf sogar Türen passieren, die sonst versperrt wären. Das stand in Harmonie zur Zielsetzung des Festivals. »An jedem Veranstaltungsort in Schleswig-Holstein brauchen wir Gastgeber mit Idealismus, die ihre Gäste inspiriert und fröhlich willkommen heißen«, philosophiert Justus Frantz immer wieder und allerorten. Ganz gleich, ob im Schloss, Gutshaus oder in der Scheune. Und tatsächlich: Fast alle potenziellen Gastgeber verstehen das sehr wohl.

Darüber hinaus zeigt die clevere Besetzung der Gremien Wirkung. Beiratsvorsitzender des Festivals wird der Bischof von Schleswig. Diese Personalie zieht, verwehrt anderen allerdings den Zugang. So möchte Beate Uhse, umtriebige Sexkauffrau aus dem Norden, liebend gern als Patin in die Crew kommen. Ist aber nicht kompatibel mit dem Wirken des Bischofs. Also muss der Unternehmerin abgesagt werden. Sie versteht. Dennoch war die Installation mehrerer Beiräte ein Schachzug mit Weitblick – und Menschenkenntnis. Das SHMF-Prinzip: jede Teilnehmerstadt ein Beirat – Flensburg, Schleswig, Husum, Heide, Haseldorf und so weiter. Hintergedanke: Viele haben etwas zu sagen. Und jedes Ratsmitglied ist als Unterstützer automatisch Multiplikator. Und höre da: Nach und nach erwirbt sich ein Bundesland, das zuvor mehr für Küste, Kanäle und Kühe bekannt war, das Image Flächenland mit kulturellen Ambitionen. Da machen die Kollegen im Süden und Westen große Ohren. Bis einige auf den Frantz'schen Zug aufspringen.

Im Nachhinein ist man nicht nur schlauer – sondern weiß alles immer besser. Deswegen verschieben wir das Thema Frantz & Finanzen gezielt auf Kapitel sieben. Daher an dieser Stelle nur so viel: »In der Anfangszeit gab es für mich überhaupt kein Honorar«, sagt der Festivalgründer. Erst ab 1988 habe er zwischen 2.000 und 3.000 D-Mark im Monat erhalten. Weiß er die Summe denn nicht genau? »Wirklich nicht«, antwortet er glaubhaft. »Ich bin doch kein Pfennigfuchser.« Dies gelte im Guten wie im Schlechten. Außerdem habe er über einen Dienstwagen, meist vom Festivalsponsor Audi, sowie über einen Repräsentationsfonds verfügt. Letzteren habe er schlicht vergessen und deshalb nicht angerührt.

Und als Anfang der 1990er-Jahre der Zoff um Finanzen und den angeblich laxen Umgang damit ausbricht, habe es einen Anruf einer schleswig-holsteinischen Abrechnungsstelle gegeben. Die Botschaft demnach: »Herr Frantz, warum haben Sie Ihren Spesentopf denn gar nicht genutzt?« Zu seinem Rücktritt als Festivalintendant sollten letztlich ganz andere Größenordnungen Probleme bereiten.

Bevor diese Kalamitäten skizziert werden, soll der ehemalige Ministerpräsident Schleswig-Holsteins zu Wort kommen: Björn Engholm. Der Sozialdemokrat war von 1988 bis 1993, also während der Festivalära Justus Frantz', Ministerpräsident des Bundeslandes, zudem zu unterschiedlichen Zeiten Bundesminister sowie Bundesvorsitzender der SPD. Auf die Anfrage, sich in dieser Biografie zu äußern, sagt der Politiker im Ruhestand sofort zu.

»Justus Frantz war für unsere bescheidenen, norddeutschen Verhältnisse ein begnadeter Musikmensch: Musiker, Dirigent, Akquisiteur, innovativer Macher, Impresario«, sagt Björn Engholm. »Er verfügte über eine absonderliche Mischung aus Kompetenz, Charme und Chuzpe.« Eigeninteressen habe er sehr wohl auch im Visier gehabt, »allerdings mit großem Charme eine Menge überspielt«. Unter dem Strich sei er dem Festivalgründer mit Sympathie und Wohlwollen begegnet. Engholms Fazit: »Justus Frantz hat Schleswig-Holstein für die internationale Musik aufgeschlossen.« Und: »Unser Bundesland hat diesem Mann viel zu verdanken.«

Kapitel 5

Turbulente Erfolgsjahre

Zeitzeugen erinnern sich

Im Kosmos Justus Frantz geht's rund Mitte und Ende der 1980er-Jahre. Die Mitarbeiter haben sich daran gewöhnt, den Flur der mittlerweile schnieken Altbauwohnung nahe dem Alsterufer zum Arbeitsplatz umzuwidmen. Um Zeit zu sparen und möglichst jede Minute für den Job zu nutzen, sind ungewöhnliche Einsätze an der Tagesordnung. Absolut normal in dieser Ära musikalischer Höhenflüge weltweit, dass der Maestro, in der Badewanne liegend, durch die offene Tür Briefe diktiert, Termine koordiniert, an Tourneen feilt. Justus Frantz ist Anfang 40, strotzt vor Kraft, ist beruflich ganz weit oben. »Der musikalische Überflieger«, titelt eine Tageszeitung mit großen Buchstaben. Tatsächlich gewinnt das Geschäft mit der Musik an Dynamik.

»Justus liebte es, auf mehreren Hochzeiten gleichzeitig zu tanzen«, weiß der frühere Mitstreiter, Wegbegleiter und Büroleiter Matthias Schau aus langjähriger Erfahrung. »Wenn der Terminkalender kollabierte, lief unser Chef zur Höchstform auf.« Trubel fast rund um die Uhr war nach Justus' Gusto. Wie liebte er diese Morgenrituale. Kleine Einschränkung: wenn er halbwegs ausgeschlafen an den Start gehen konnte. Nur Eingeweihte wissen, dass der Pianist und Dirigent seit vielen Jahren Schlafmittel nimmt. Und dass er trotz mehrerer Versuche davon nicht loskommt. Verlief die Nacht erträglich, stand erst die dienstliche Badestunde auf dem Programm. Anschließend setzte er sich an einen der Flügel im Schlaf- oder Wohnzimmer, um auf diese Art Kraft zu tanken und Erfüllung zu finden. »Jede Minute war verplant«, erinnert er sich an turbulente Zeiten zwischen Konzerten, Sponsorenpflege, Presseterminen. »Während einer Autofahrt haben wir manchmal 20 Briefe erledigt.« Drunter und drüber geht's in seinem Leben, für Justus Frantz ein wunderbares, belebendes Gefühl.

Im Rückblick fällt es nicht leichter als in der damaligen Sturm-und-Drang-Periode mit Erfolg auf vielen Ebenen, den Überblick zu wahren. Zudem wäre eine chronologische Reihenfolge langatmiger und zäher zu lesen als gebündelte Ereignisse mit Unterhaltungsfaktor und beispielhaftem Charakter für ein Leben auf der Woge grandioser Erfolgserlebnisse. Dass Justus Frantz in den 1980er- und 1990er-Jahren ein umjubelter und begehrter Weltstar war, steht außer Frage. Politiker, Wirtschaftskapitäne und Veranstaltungsmanager buhlten um seine Gunst. Frantz konnte sein Talent eines begnadeten Klavierspiels ideal kombinieren mit der Gabe, andere Menschen mit Charme, Esprit und Eloquenz zu beeindrucken. Die Fotowelt auf dem Kaminsims im heimischen Wohnzimmer bietet einen kleinen Überblick, in welcher Liga dieser Virtuose zu verkehren pflegte. König Charles, der Papst, internationale Staatsoberhäupter, Bundespräsidenten und Kanzler sind Beispiele dieser Jahrzehnte auf dem Gipfel.

Ehemalige Mitarbeiter bestätigen, dass Justus Frantz nicht nur ein Faible für die Prominenz hatte, sondern von jeher Herz bewies für Menschen, die mit klassischer Musik sonst nicht so viel am Hut hatten. Das Format Schleswig-Holstein Musik Festival mit großen Künstlern auf dem Lande und eben nicht nur auf exklusiven Bühnen und in renommierten Opernhäusern dokumentiert seinen Missionsgeist an der Basis. Wer ihn jemals beim Zusammenspiel mit Kindern beobachtete, erlebt eine weitere Facette einer vielschichtigen Persönlichkeit. Ein bisschen wirkt es dann so, als werde dieser Mann wieder zum Kind seiner Musik – in Erinnerung an seine Familientradition und seine Kindheitsfreude am Klavier.

Seine Präsenz in allen möglichen Fernsehsendungen förderte die Popularität zusätzlich. So schuf die ZDF-Serie »Achtung! Klassik« zwischen 1990 und 2000 Aufmerksamkeit für eine Musikgattung, die sonst nicht immer markant im Blickpunkt steht. Dafür erhielt Justus Frantz die Goldene Kamera. Die Liste aller Preise, Auszeichnungen und anderer Ehrungen würde den Rahmen an dieser Stelle sprengen. Justus Frantz war Sonderbotschafter des Flüchtlingskommissars der Vereinten Nationen, erhielt das Große Bundesverdienstkreuz, dirigierte im Saal der UN-Vollversammlung, trat bei »Michael Jackson & Friends« im Münchner Olympiastadion auf. Er spielte exklusiv bei Papst Johannes Paul II., erhielt den Bambi und einen Grammy.

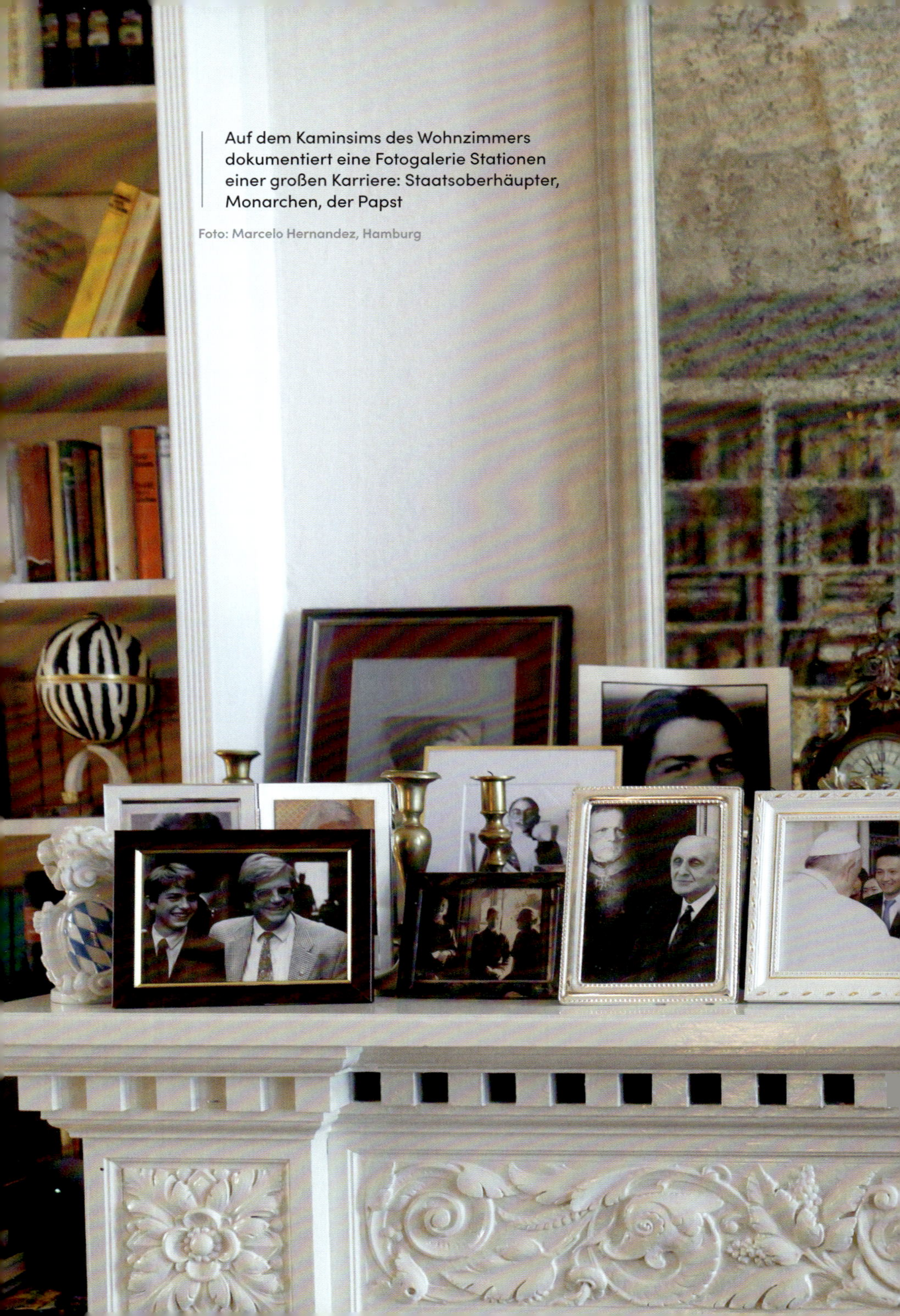

Auf dem Kaminsims des Wohnzimmers dokumentiert eine Fotogalerie Stationen einer großen Karriere: Staatsoberhäupter, Monarchen, der Papst

Foto: Marcelo Hernandez, Hamburg

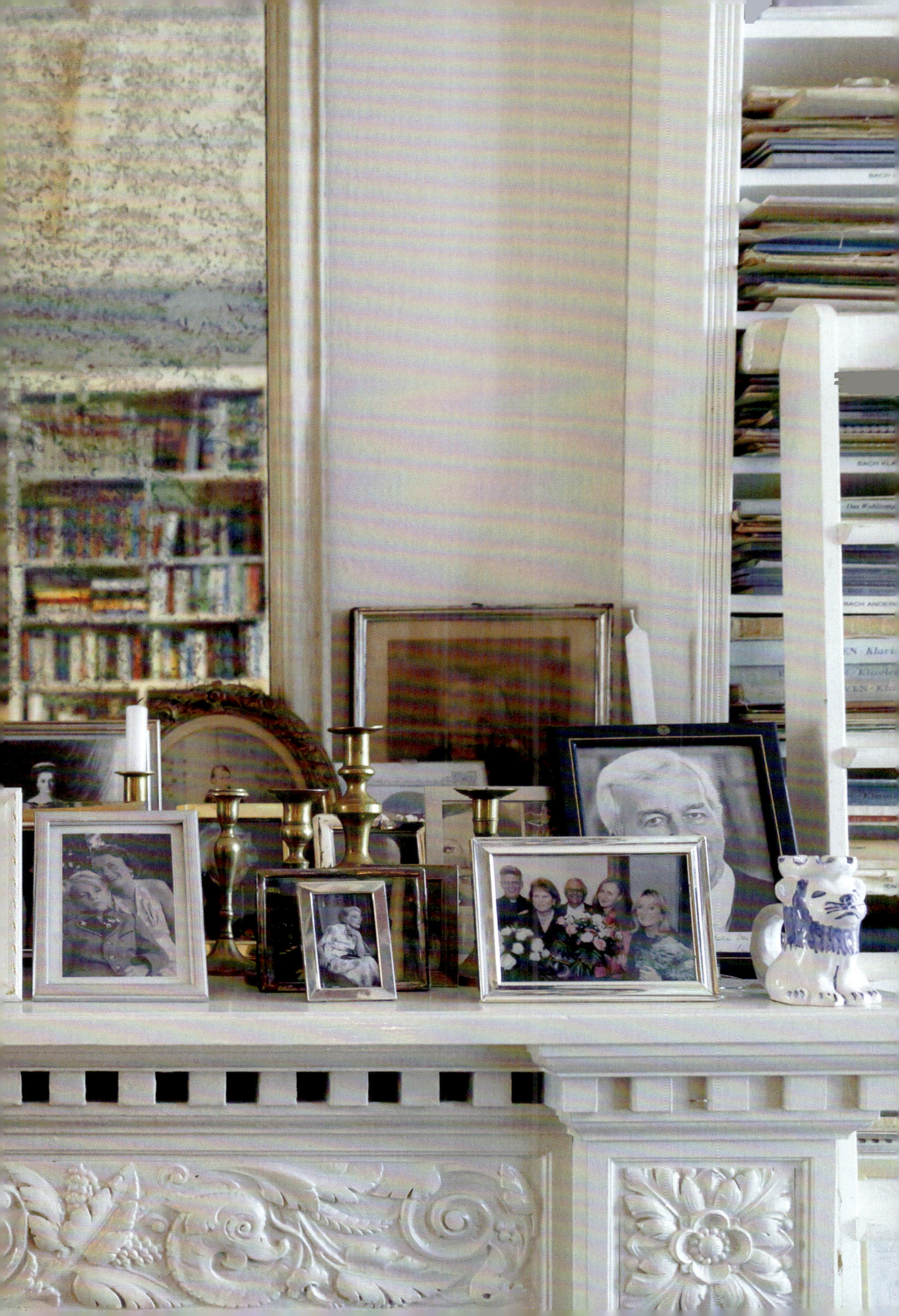

Und, bei Erscheinen dieser Biografie Anfang 2024 weltpolitisch besonders interessant: Justus Frantz war erster christlicher deutscher Chefdirigent der Israel Sinfonietta. Außerdem leitete er das Brahms-Festival in Israel. Frantz gründete gemeinsam mit Weltstar Valery Gergiev die Deutsch-Sowjetische Philharmonie – als eine Geste der Entspannung und Freundschaft zwischen Ost und West. Wohlgemerkt nicht in der Neuzeit, sondern vor Ende des Kalten Krieges und dem Zerfall der Sowjetunion 1991. Zuvor war Justus Frantz von der Musikhochschule an seinem Wohnort Hamburg zum Professor ernannt worden.

Eine Auflistung der Orchester, mit denen er zusammenarbeitete, würde gleichfalls den Rahmen sprengen. Genannt seien hier nur die New York Philharmonic, London Symphony, die Wiener Philharmoniker, das Peking Symphonieorchester, die Chinesische National Philharmonie, die Japan Philharmonie, die Moskauer Philharmoniker, das Mariinsky Sinfonieorchester Sankt Petersburg, die Südafrika Philharmonie oder das Cleveland Orchestra. Neben bereits erwähnten Größen wie Leonard Bernstein, Herbert von Karajan sowie Valery Gergiev arbeitete Frantz beispielsweise mit Georg Solti, Yehudi Menuhin, Rudolf Kempe, Seiji Ozawa und Bernard Haitink. Umgekehrt gilt: Der Name Justus Frantz hat weltweit einen guten Klang. Internationale Harmonie, das war sein hehres Prinzip. Getreu dem Credo: Musik ist nie Waffe, immer Brücke.

»Ich sah und sehe mich als Botschafter der Musik«, sagt Frantz selbst. Dass er im Eifer des Gefechts und von persönlicher Begeisterung euphorisiert hin und wieder verbal über die Stränge schlägt, ist unbestritten. Wer ihn nicht kennt, kann derartige Eskapaden verübeln. Wer jedoch Pluspunkte wie Schwachstellen abzuschätzen vermag, kann oft nicht lange ungehalten sein. »Selbstverständlich waren wir manchmal stinkend sauer über das Organisationschaos und kurzfristig über den Haufen geschmissene Termine«, berichtet sein früherer Büroleiter Matthias Schau. »Pläne in Windeseile umzustoßen war an der Tagesordnung«, erinnert sich Schau. Im November 1988 kam der Bankfachwirt mit norddeutschen Wurzeln erstmals in die Privatwohnung des Maestros. Kurz darauf war er Büroleiter der Intendanz des Schleswig-Holstein Musik Festivals. Von dem Moment an gewann sein Berufsleben an

Spannung, Reiz – und Unberechenbarkeit. Frantz und Schau haben damals wie heute ein hervorragendes Verhältnis. Auch wenn Matthias Schau längst in Berlin wohnt und dort für eine namhafte Agentur arbeitet. Die WMP, gesteuert vom Medienmanager, ehemaligen »Bild«-Chefredakteur und Kanzlerberater Hans-Hermann Tiedje, ist eine renommierte Kommunikations-Beratungsagentur für Wirtschaft, Medien und Politik. Schaus Job ist spannend geblieben. Das Chaos fehlt.

Wie bei etlichen anderen Weggefährten von Justus Frantz überwiegen auch bei Matthias Schau rückblickend Anerkennung und Sympathie. Kritiklos ist er keinesfalls. Oft genug war er dabei, wenn von einer auf die andere Minute plötzlich alles ganz anders war, Geschäftspartner verprellt wurden, Zusagen nicht eingehalten werden konnten. Die einen halten Justus Frantz für einen von musikalischem Missionseifer besessenen Paradiesvogel, die anderen für einen Individualisten erster Klasse. Wahrscheinlich liegt die Wahrheit irgendwo in der Mitte.

Schau hat Episoden mit hohem Unterhaltungswert auf Lager. Eine betrifft den damaligen Bundespräsidenten Richard von Weizsäcker. Anlass war ein Benefizkonzert für die Kliniken auf den Nachbarinseln Amrum und Föhr an der Nordseeküste. Der 1998 verstorbene Opernsänger Hermann Prey hatte ein Haus auf Amrum. Dort probte er gemeinsam mit Justus Frantz. Der Clou der Aktion unter Mitwirkung des Bundespräsidenten: Die Fähre SCHLESWIG-HOLSTEIN der Wyker Dampfschiffs-Reederei Föhr-Amrum war ein schwimmender Konzertsaal. Alles lief wunderbar. Spenden flossen reichlich. Dem Musikereignis folgte ein Empfang auf See. Ausklang kurz vor Mitternacht. Und typisch Justus Frantz, der seinen Chauffeur Alexander Brenne mit an Bord hatte: Da die Fähre zu fortgeschrittener Stunde Föhr anläuft, kommt ihm spontan die Idee, ebendort zu übernachten. Ursprünglich war Hamburg geplant. Auch wenn der Pianist mal wieder weder Bargeld noch Kreditkarte in der Tasche hat, geht alles gut. Mit einem kleinen Flugzeug geht's tags darauf von Wyk auf Föhr nach Hamburg.

Kurzfristige Terminänderungen sind für das Frantz-Team an der Tagesordnung. Legendär ist eine Pflaumenkuchen-Aktion in Bayern. Auf der Autofahrt über Land zum Flughafen München mit Ticket nach

Hamburg entdeckt der Maestro am Straßenrand die Werbetafel eines Gasthofs. Angebot des Tages: Pflaumenkuchen mit Schlagsahne. Kurz entschlossen wird der Chauffeur um einen Halt gebeten. Der Hinweis einer Mitarbeiterin auf die Abflugzeit wird ignoriert. So ein herrlicher Tag. So ein schönes Gartenrestaurant. So guter Kuchen. So gute Stimmung gerade. Viele Worte, kurzer Sinn: Das Flugzeug fliegt ohne Frantz. Dieser genießt das Leben mit Pflaumenkuchen – und hat wieder mal Fortune. Für den nächsten Abflug drei Stunden später waren noch Plätze frei. Viel teurer zwar, doch was kostet die Welt.

Apropos München. In der Gründungsphase des SHMF klingelt bei Justus Frantz das Telefon. Es sind unkomplizierte Zeiten; denn in der Neuzeit pflegt der Maestro mindestens zwei Handys bei sich zu tragen, manchmal drei. Es brummt auf mehreren Leitungen. Siri funktioniert gut, aber nicht immer. Einer, der mit Vorliebe auf diversen Hochzeiten tanzt, mag es auch mobil vielseitig. Was zu erstaunlichen Beobachtungen führt: Vertraute pflegen seine Geräte vor einem ruhigen Gespräch einfach einzukassieren oder im Nebenzimmer zu deponieren. Damit der Multitasking-Mann Konzentration wahren kann. In der Regel fügt sich Frantz – nach anfänglichem Schmollen. Ja, er kann wie ein Kind sein.

Jedenfalls klingelt in diesem Sommer Mitte der 1980er-Jahre das Telefon in der Casa de los Musicos auf Gran Canaria. Mit Professor Udo Reiter meldet sich der Hörfunkstratege des Bayerischen Rundfunks und spätere Intendant des Mitteldeutschen Rundfunks. »Darf ich Sie besuchen?«, fragt er. Na klar. Wenig später bringt er seinen Vorschlag unverblümt auf den Punkt: Justus Frantz soll »Kulturintendant« der Sendeanstalt in München werden. Was dieses Amt präzise umfasst und erfordert, wird nicht deutlich. Der Finca-Gastgeber ahnt wahrscheinlich richtig: klingt besser, als es ist. Auch aus Respekt Reiter gegenüber, der im Rollstuhl den beschwerlichen Weg nach oben nahm, sagt Frantz zu. »Eine hilflose Stelle«, erkennt er bald. Nach gut vier erfolgreichen Jahren zieht er sich vornehm zurück.

Um erneut im Bild zu bleiben: Dass sich Justus Frantz überhaupt bewegen kann, ist ein medizinisches Wunder. Lange Zeit sah es gar nicht danach aus. Dann hätte dieses Buch in dieser Form nicht erscheinen können. Einen dramatischen Autounfall mit mehrfach überschlagenem Fahrzeug nachts auf der Autobahn nördlich von Hamburg beschreibt Peter Bankowski, der am Steuer saß, bei einem Besuch im Hause Frantz in Kapitel neun persönlich. Nicht minder verheerend ist ein Unfall aus dem Jahr 1982 in Peking. Beinahe hätte er das Ende bedeutet.

Es handelt sich um die Zeit, in der sich China allmählich öffnet. Nach dem Tod des Revolutionsführers und Staatspräsidenten Mao Tse-tung im September 1976 und dem faktischen Ende der Kulturrevolution richtet die Volksrepublik ihren Blick auch nach Europa und Amerika. Justus Frantz zählt zu den ersten namhaften Musikern, die im »neuen« China auftreten. Nicht nur er betritt Neuland. Die Chinesen reagieren begeistert auf den Gast aus Norddeutschland, der ihnen klassische Musik näherbringt. Parallel werden wirtschaftliche Beziehungen geknüpft.

In Peking aktiv ist besonders die Dresdner Bank. Das damals noch selbstständige Geldinstitut, das 2009 mit der Commerzbank fusionieren und damit seine Eigenständigkeit aufgeben wird, verfügt weltweit über einen exzellenten Ruf. Als Vorstandsvorsitzender der Dresdner Bank ist der promovierte Jurist und frühere Wirtschaftsminister der Bundesrepublik Deutschland, Hans Friderichs, als Weichensteller aktiv. Er und Justus Frantz kennen sich gut. Im Rahmen der politischen und wirtschaftlichen Annäherung bietet eine Filiale der Dresdner Bank in Peking ihre Dienste an. Die Geschäfte laufen gut.

Vor einem Konzert eilt Justus Frantz, der in Begleitung seiner Ehefrau Alexandra von Rehlingen in Chinas Metropole gereist ist, eine steile Marmortreppe hinunter. Er kommt ins Stolpern und stürzt schlimm. Ein Segen, dass ein Krankenwagen mit Notarzt rasch zur Stelle ist. Frantz wird in das amerikanische Krankenhaus in Peking eingeliefert. Die erste Diagnose nach dem Röntgen: Rückgrat gebrochen. Zwei Lendenwirbel sind zertrümmert. Der Chefarzt warnt: »Jede Bewegung kann eine Querschnittslähmung mit sich bringen.« Die Konsequenz ist ein liegender Transport heim nach Deutschland. An Bord einer Air-France-Maschine wird Justus Frantz nach Europa geflogen.

Zurück in der Heimat wird der Verletzte, natürlich weiterhin unbeweglich liegend, mit einem besonders ausgerüsteten Krankenwagen ins

Hospital nach Oldenburg transportiert – mit äußerster Vorsicht. Jede Bewegung könnte die Querschnittslähmung bedeuten. In dem Krankenhaus der niedersächsischen Stadt wirkt mit der Neurologin Dr. Renate Weber eine Chefärztin mit speziellen Kenntnissen für Härtefälle dieser Art. Nach ausführlichen Untersuchungen steht der gemeinsame Beschluss: keine Operation, sondern nach Möglichkeit natürliche Heilung. In der Praxis bedeutet das für Justus Frantz, ein Vierteljahr im Gipsbett verbringen zu müssen. Regungslos. Eine Tortur. »Die Justus in bewundernswerter Manier erduldete«, berichtet Alexandra von Rehlingen. Ihr damaliger Ehemann habe weder gejammert noch geklagt. »Er war taff und kämpferisch«, fügt sie hinzu. So hatte es seine Familie von jeher gehandhabt: Man spricht nicht über Krankheiten, stellt sich dem Problem und unternimmt alles, um wieder auf die Beine zu kommen. Wehklagen hilft nichts, so die Lebenseinstellung. Herausforderungen muss mutig begegnet werden. Leichter gesagt als getan.

Mit einer Spezialbrille kann Justus Frantz im Liegen lesen, ohne den Kopf zu heben. In dieser nicht einfachen Zeit fasst der Patient die Entscheidung, aus der misslichen Situation das Beste zu machen. Schon immer wollte er Russisch lernen. Jetzt war der Zeitpunkt gekommen, diesen Wunsch in die Tat umzusetzen. Ursache war der feste Wille, Brücken zwischen Ost und West zu bauen. Auch das muss man wissen, wenn man in der Neuzeit über das Verhältnis des Pianisten zur russischen Musik und den Menschen in dem weitläufigen Land nachdenkt.

Während der Zeit im Gipsbett im Krankenhaus in Oldenburg wird eine Lehrerin engagiert. Zusätzlich lernt der gehandicapte Musiker aus Büchern. Und er hört Kassetten. Tag für Tag. Monatelang. Das Resultat bringt sein langjähriger Mitarbeiter und Freund Peter Bankowski so auf den Punkt: »Wir konnten es kaum glauben: Nach einem halben Jahr konnte Justus russische Zeitungen lesen.« Beeindruckt nimmt der Freundeskreis zur Kenntnis, wie Frantz die drei Monate bewegungslos in Gips erträgt. Die ersten bedächtigen Bewegungen, erst recht die kleinen Schritte sind eine Erlösung. Es geht, im wahrsten Sinn des Wortes. Die Chefärztin gibt schließlich grünes Licht für eine Verlegung: auf zur Reha nach Bad Wildbad.

Die baden-württembergische Kurstadt, im Enztal im nördlichen Schwarzwald traumhaft gelegen, ist eine ideale Basis zur Regeneration. Ehrensache, dass auch Alexandra von Rehlingen regelmäßig zur Stelle ist. Nicht nur sie registriert beglückt, dass ihr Ehemann endlich wieder Klavier spielen kann. Im Stehen. Ans Sitzen ist noch nicht zu denken. Justus Frantz schafft es dennoch, Konzerte für die anderen Patienten zu geben. Verblüffend jedoch war: Nach monatelanger Strapaze fühlt sich Frantz wie ein Sieger. Wie neugeboren – und mit neuen Fremdsprachenkenntnissen ausgestattet. Dass er jetzt endlich, mit 38 Jahren, den Führerschein nachgemacht hat, ist ein weiterer Pluspunkt. Der nicht jeden fröhlich stimmt. Denn auch Wohlmeinende bestätigen hinter vorgehaltener Hand: »Justus kann eine Menge, aber Autofahren ist nicht seine größte Stärke.« Und das ist noch äußerst höflich formuliert. Wobei der Maestro die Sachlage aus einem ganz anderen, erheblich besseren Blickwinkel betrachtet. Er schätzt sich selbst als vortrefflichen Autofahrer ein. Mit der Neigung, das Gaspedal möglichst tief zu drücken. Tempo ist ihm ein Grundbedürfnis. In allen Lagen.

Derart betrachtet, hat das Engagement eines Chauffeurs andere gute Gründe. Im Fonds des Dienstwagens, den er nach Gründung des Schleswig-Holstein Musik Festivals 1985/1986 vom Sponsor Audi gestellt bekommt, kann Justus Frantz während der vielen Fahrten arbeiten. Außerdem dauern die Konzerte oft bis in den späten Abend. Zumal der Pianist in jeder Beziehung über ein freigiebiges Naturell verfügt. Eben auch bei Zugaben und Autogrammstunden. Wenn der Vorhang längst gefallen und kein Journalist mehr anwesend ist. Diese Darbietungen stehen im In- und Ausland auf dem Programm, manchmal bis zu 200 im Jahr. Reisen ist Teil des Geschäfts und der Leidenschaft. Außerdem bedeutet ein großes, mitreißendes Festival auf dem Lande vor allem auch sehr viel Kilometerfressen.

Dass Justus Frantz nach dem katastrophalen Sturz von Peking mehr Gas als je zuvor gibt, wertet er als ein Geschenk. Seine Karriere prescht derart rasant voran, dass seine Teamkollegen eines Tages bei einem Abendessen unisono feststellen: »Herr Professor Frantz, Sie sind jetzt ein Weltstar.« Er selbst kommentiert das nicht weiter, hält sich lieber vornehm zurück, weiß aber ganz genau: Er fährt mit Höchstgeschwindigkeit auf der Überholspur. Das macht Spaß. Und es passt irgendwie, dass ein junger Popstar namens Markus Anfang der 1980er-Jahre einen Tophit präsentiert, der zum Ohrwurm mutiert. »Mein Maserati fährt 210«, heißt es darin. »Schwupp, die Polizei hat's nicht gesehen.« Und weiter: »Das macht Spaß. Ich geb Gas, ich geb Gas.«

Vielleicht hat Alex Brenne dieses Lied im Ohr, als er ähnlich verfährt. Als Chauffeur ist der Mann zwischen 1988 und etwa 1990 ein Profi: sicher am Steuer, pünktlich, zuverlässig, menschlich sympathisch. Justus Frantz mag ihn, nicht nur wegen seines couragierten Fahrstils. Erst später wird ihm klar, dass Herr Brenne nicht nur am Steuer Gas gibt. Offensichtlich animiert ihn seine Freundin zu Höchstleistungen. Denn nach dem Dienst, in der Regel abends, rast Herr Brenne für ein schnelles Rendezvous nach Bonn, in die frühere Hauptstadt. Dabei vollbringt er das Kunststück, am nächsten Vormittag wieder in Hamburg zur Stelle zu sein. Ein Konditionswunder. Das eines Tages eine verwunderliche Frage stellt: »Herr Professor Frantz, können Sie bitte das Steuer übernehmen?«

Das Finale dieser speziellen Geschichte: Frühmorgens trifft Justus Frantz, von einer Konzertreise in den USA kommend, am Flughafen Frankfurt/Main ein. Es ist kurz nach sieben Uhr, und sein Chauffeur ist pünktlich wie immer zur Stelle. Zur Stelle sind wenig später auch etliche Polizisten. Der desaströse Tatbestand: Kollege Brenne hatte es zu eilig gehabt, ist mit gut 200 Stundenkilometern über die Standspur der Autobahn gebrettert. Die Polizei war ihm auf der Spur, sogar mit einem Hubschrauber. Damit war der Führerschein weg. Und Frantz brauchte einen neuen Chauffeur. Ebenfalls schnell, vielleicht einen Tick weniger rasant, vertrauenswürdig, zuverlässig, angenehm im Umgang. Wobei zeitweise zwei Fahrer oder eben Fahrerinnen engagiert sind. Sie wechseln sich ab, sind für Festivalauftritte oder bei weiteren Reisen engagiert. Vor allem, so ist es Usus bei Justus Frantz, sitzen die Fahrer nicht nur am Steuer, sondern sind vielfältig aktiv.

Jedenfalls übernimmt Stefani Voß das Fahrkommando im Oktober 1988. Sie ist 25 Jahre alt und die jüngste Friseurmeisterin Deutschlands. In den Grindelhochhäusern, in Hamburg bekannte Baugrößen, betreibt sie einen eigenen Salon. Kunden von damals beschreiben Steffi als selbstbewusst, äußerst agil, fröhlich, dem Leben zugewandt. Allerdings ahnt sie im Herbst 1988 nicht, dass ihr Berufsleben eine spontane Wendung nehmen wird. Genau genommen nicht nur das Berufsleben.

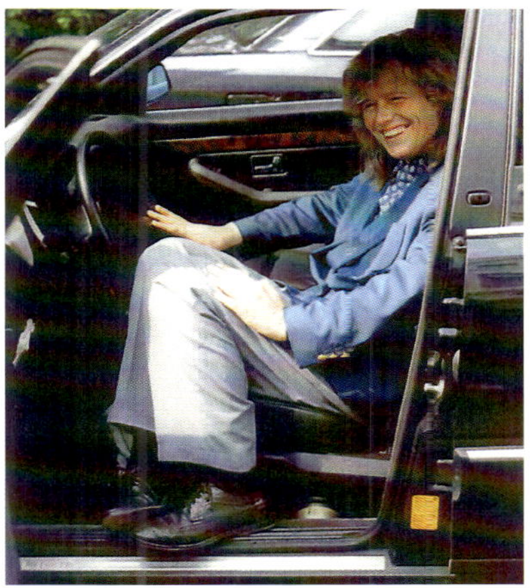

Foto: Stefani Voss privat

Die gelernte Friseurmeisterin Stefani Voß wurde zwar als Chauffeurin angeheuert, entwickelte sich aber zu einer persönlichen Assistentin für alle möglichen Lebenslagen – auf kameradschaftlicher Basis.

Von Musik hat die Friseurmeisterin keine große Ahnung, erst recht nicht von klassischer. Von ihrem Stammkunden Hans-Rüdiger Schlesinger hört sie beim Haareschneiden hin und wieder vom Musikfestival in Schleswig-Holstein. Der geschäftsführende Gesellschafter eines hanseatischen Exporthauses wechselte 1986 ins Kulturmanagement. Als Cheforganisator trägt Schlesinger dazu bei, das Ereignis in Schleswig-Holstein zu einer renommierten Marke zu formen.

Also weiß er, dass Justus Frantz einen neuen Chauffeur sucht. Oder eine Chauffeurin. »Steffi, ich habe einen tollen Job für dich«, lockt Hans-Rüdiger Schlesinger eines Tages. »Er ist nicht allzu anstrengend, aber enorm abwechslungsreich.« Und: »Du kannst was erleben.«

Was maßlos untertrieben ist. »Weil mit diesem Gespräch ein faszinierendes, turbulentes, nicht selten chaotisches Jahrzehnt begann«, sagt Stefani Voß Ende 2023. Ihr damaliger Chef, Justus Frantz, meint dazu: »Steffi war eine Kanone. Grundsätzlich fröhlich, temperamentvoll, unorthodox – und mit einer ordentlichen Prise Pfeffer ausgestattet.« Ihr Kommentar wiederum: »Ich war wirklich alles für Justus. Nur nicht seine Geliebte.« Damit das an dieser Stelle schon mal klargestellt ist.

Sonst aber geht fast alles in diesen wilden Jahren. Friseurkunde Hans-Rüdiger Schlesinger stellt Justus Frantz seine Idee mit der jungen

Meisterin vor. Wieder einmal beweist sich als Pluspunkt, was sich wie ein roter Faden durch das Leben des Maestros zieht: Vorurteile und Probleme mit Neuem hat er nie. Dass jetzt eine Frau am Steuer säße, findet Frantz gerade gut. Das Alter von 25 Jahren macht ihm gleichfalls nichts aus. Auch nicht, dass die junge Selbstständige mit einem Suzuki Jeep durch die Hansestadt braust. Dass sie gern Westernmusik lauscht, überhört er wohlweislich. »Interessant«, bekundet er knapp. Und lädt Stefani Voß zum Vorstellungsgespräch zu sich nach Hause ein. Die Wohnung in Hamburg-Harvestehude fungiert ja gleichzeitig als Büro. Auch heutzutage übrigens: Während Justus Frantz in den stilvollen Räumen des Hochparterres lebt, sind im Souterrain großzügige, zweckmäßige Büroräume eingerichtet.

Jedenfalls verstehen sich die 25 Jahre alte Stefani Voß und der erheblich ältere Justus Frantz auf Anhieb exzellent. Sie findet sein fröhliches, zugewandtes Auftreten sympathisch. Und er mag ihr kesses Naturell, ihre Unbefangenheit und die aufgeschlossene Art, etwas Neues wagen zu wollen. Was letztlich die Aufgabe ihres eigenen Friseursalons an der Hallerstraße 5F beinhaltet. Was beim folgenden Handschlag keiner vorausahnen kann: Insgesamt wird Steffi rund zehn Jahre für den Pianisten arbeiten – in allen möglichen Funktionen. Nur eben nicht als Geliebte, wie geschrieben. Sie ist von Oktober 1988 bis 1996 an Bord des Dienstwagens, meist ein 7er BMW oder ein hochklassiger Audi, und dann noch mal von 1998 bis 2000. Grund des Aussetzers ist auch ein vorübergehender Führerscheinentzug. Hin und wieder fuhr sie ihren Chef, da ist Frau Voß entwaffnend ehrlich, ohne die dafür benötigte Lizenz. Gut, dass Justus Frantz davon erst erheblich später erfuhr. Und weil wir gerade bei »später« sind: Im Anschluss an ein höchst unterhaltsames, abwechslungsreiches und aufregendes Jahrzehnt im Dienst des Festivalgründers kehrt Stefani Voß in ihren erlernten Beruf zurück. 2001 eröffnet sie im Hamburger Vorort Ahrensburg wieder einen eigenen Salon. 2014 startet sie ihren noch heute angesagten Barbershop in der Lesserstraße in Wandsbek-Gartenstadt im Osten der Hansestadt. Der Name des Salons ist Programm: »Söhne und Väter«. Der urig eingerichtete Herrenfriseur, den Steffi Voß im Team mit fünf Mitarbeitern betreibt, zieht Kundschaft aus allen möglichen Stadtteilen an. Einer dieser regelmäßigen Besucher heißt Justus Frantz.

Selbstverständlich geht es dann auch um frühere Erlebnisse. Diese sind Vergangenheit, allerdings keinesfalls in Vergessenheit geraten. Das Beste daran: Beide sind seit dem Jobbeginn der neuen Chauffeurin 1988 zwar älter geworden; ihre jeweils eigenwillige, kernige Art hat eine wie der andere bewahrt. »Ich bin mir immer treu geblieben«, sagt Steffi Voß vor Erscheinen dieser Biografie. In der Tat spürt man auf Anhieb: Diese Frau hat das Herz auf dem rechten Fleck. Sie ist alles andere als auf den Mund gefallen. Und dennoch beweist sie Verschwiegenheit. Kurz formuliert: Auf ihren früheren Chef lässt sie nichts kommen. Sie hat ihn facettenreich kennengelernt, keine Frage, jedoch durchschaute sie ihn flugs. Steffis Erkenntnis: »Im Kern ist er schwer in Ordnung.« Zwar sei er »aufgewachsen wie ein Prinz« und führe sich gelegentlich entsprechend auf, andererseits sei er Mitmenschen gegenüber anständig aufgetreten.

Zügig merkt sie, dass viel mehr auf sie zukommt als nur der Einsatz am Steuer. Mit ihrer patenten, unkompliziert anpackenden Art macht sie sich alsbald unersetzlich. Justus Frantz, der unendlich viele Bekannte, aber nur wenige wahrhaftige Freunde hat, fühlt sich abseits des großen Trubels als Weltstar bisweilen einsam. In Momenten wie diesen, nicht die einzigen grauen in seinem Leben, weiß er es zu schätzen, eine grundehrliche, taffe Frau an und auf seiner Seite zu haben. Frantz, der vor allem in jüngeren Jahren amourösen Verhältnissen mannigfaltiger Art durchaus aufgeschlossen gegenüberstand, ließ Steffi grundsätzlich in Ruhe. Umgekehrt ebenfalls. Aus dem Grund macht sie überhaupt kein Hehl: Ihre Liebe gehört ausschließlich Frauen. Heutzutage ist Stefani mit ihrer Frau Carmen zusammen – seit 20 Jahren, davon seit sieben verheiratet. Auch wenn Stefani Voß für Justus Frantz die Kleidung auswählte, mit ihm auf kleine und große Tourneen ging, sogar in die USA und nach Osteuropa.

Zusätzlicher Grund seiner Zuneigung wahrscheinlich: Steffi ist eine Persönlichkeit frei von Allüren, die über Anstand und Bodenhaftung verfügt. Mehr und mehr entwickelt sie sich zudem als Lebensberaterin.

Der Pianist und Dirigent legt Wert auf ihre Meinung und auf ihre Ratschläge. Sie beweist einen verblüffend sicheren Instinkt für Menschen und Situationen, ist so ganz anders als mancher Politiker, Kunststar oder Wirtschaftsbaron, der dem Maestro huldigte. Aufgesetzt? Berechnend? Ehrlich? Wer weiß das schon immer so genau. Justus Frantz als Mann mit Faible für Applaus ist sich nicht zu jeder Zeit sicher. Steffi hat ein gutes Näschen bei solchen Einschätzungen.

»Manchmal war Justus ein einsamer Mensch«, bestätigt sie rückblickend. Und sie betont: »Er ist ein guter Kerl. Und auch wenn es viele Leute nicht wahrhaben wollen, weil Justus oft so anders wirkt: Er denkt meist wenig an sich selbst.« Sie versteht es, mit ihm umzugehen. Auch heute noch. Kaum hat der ihren Friseursalon betreten, kassiert sie seine zwei oder manchmal gar drei Handys ein. Für eine gute Stunde ist Ablenkung dann tabu. Frantz schmollt scheinbar, doch gefällt ihm diese Courage. Damals wie heute. Passend zur individuellen Note, die Steffi Voß früher pflegte: Jeans und lockeres Wesen bei Konzerten mit klassischer Musik.

Wie man in Hamburg traditionell zu sagen pflegt: Die Chauffeurin ist stets mittenmang, also zentral präsent. Während die Fahrer anderer Prominenz meist draußen vor der Tür bleiben müssen, kommt Steffi in der Regel mit. So lernt sie nach und nach alle möglichen VIPs kennen – auf dem kleinen Dienstweg. Bundespräsident Richard von Weizsäcker bittet sie galant hinein ins Schloss Bellevue. Die Legenden Herbert von Karajan und Leonard Bernstein behandeln sie wie eine Freundin. Der Staatsmann Helmut Schmidt kann durchaus charmant sein, der Schriftsteller Siegfried Lenz ohnehin. Bundesminister Norbert Blüm findet es originell, wenn sein Dienstfahrzeug nach einem Ereignis in Bonn von einem Audi V8 überholt wird. Mit weit mehr als 200 Stundenkilometern. Im Fonds: Justus Frantz. Am Steuer: Stefani Voß.

Bei der Schaffermahlzeit in Bremen, einer traditionsreichen Zusammenkunft von Kapitänen und Pfeffersäcken im Frack im Rathaus der Hansestadt, kennt sie sich aus. Einer der beinahe kumpelhaften Kollegen ist Eckhard »Ecki« Seeber, Chauffeur des Bundeskanzlers Helmut Kohl. Die junge Hamburgerin kann sich königlich amüsieren, wenn Kohl auf dem

Rücksitz Platz nimmt – und eine große Pralinenschachtel hervorholt. Zum Eigenbedarf, als süßen Snack während der Autofahrt.

Über diese und weitere Beobachtungen am Wegesrand können Steffi und Justus wunderbar scherzen. Sein Ersuchen (»Steffi, komm bitte mit«) bei wichtigen Veranstaltungen wird zum geflügelten Wort. Im Büro Frantz ist bekannt: Stefani Voß ist zwar Fahrerin, aber ebenfalls Assistentin in allen denkbaren Lebenslagen. Und wenn sie nach der Ankunft vor einem Opernhaus, Konzertsaal oder Ministerium aus dem Dienstwagen springt, um hinten die Tür zu öffnen, sagt er: »Vielen Dank, Steffi, aber ich kann allein aussteigen.« Irgendwann lässt sie es dann auch sein.

Natürlich bemerken andere die junge Frau an seiner Seite. Da Justus Frantz an Verehrerinnen und hin und wieder auch Verehrern von jeher keinen Mangel hat, findet das nicht jede oder jeder gut. Umso tröstlicher kommt ein Artikel in der »Bild«-Zeitung im erweiterten Interessentenkreis des charismatischen Pianisten an. Über eine ganze Seite wird unter der Rubrik »Hamburg Stadtgespräch« die Frage ausgebreitet: »Wer ist die Frau, die Justus Frantz das Badewasser einlässt?« Ein bisschen wird bereits in der Oberzeile ausgeplaudert: »Steffi (34), Zigarrenraucherin, und seine ständige Begleiterin.«

Und dann begibt sich die Springer-Reporterin auf Spurensuche, unterhaltsam aufgeschrieben. Und sie weiß ganz genau: Während Justus Frantz in Zimmer 503 des Hotels Königshof in München »schlaftrunken nach seinem Morgenmantel« sucht, lässt sie nebenan das Badewasser ein. Die Aufklärung indes folgt sogleich: Es ist alles nicht so, wie es aussieht. Stimmt, gibt Steffi zu Protokoll, sie steuere sein Auto, kaufe Socken wie Unterhosen, gehe mit ihm zum Joggen oder in die Sauna, übernachte dann und wann in einem Hotelzimmer, favorisiere Davidoff-Zigarren. Nachdem das öffentlich geklärt ist, geht die Zusammenarbeit bis zur Jahrtausendwende weiter – mit der geschilderten Unterbrechung.

Neben Stefani Voß und Herrn Brenne nimmt ein weiterer Profi auf dem Fahrersitz des Dienstautos Platz: Andreas Schlüter. Auch wenn die beiden Kollegen zuvor beschrieben wurden, war er der Erste am Steuer: von 1986 bis 1988. Dass Justus Frantz ihm Vertrauen schenkt, bemerkt er so richtig im Sommer 1985. Andreas, Baujahr 1968, ist zu diesem

Zeitpunkt erst 17 Jahre alt. Führerschein? Noch Fehlanzeige. Man kennt sich durch eine bewährte Familienfreundschaft: Wenn der Maestro in der Nähe ist, pflegt er bei den Schlüters in Stadthagen zu übernachten, etwa 40 Kilometer westlich von Hannover. Und in diesem Sommer 1985 auf Gran Canaria fragt Frantz den jungen Mann wie aus der Pistole geschossen: »Du wirst mein Fahrer, Andreas?!« Wobei diese Frage mehr wie eine Feststellung ist. Passend zu einem von früheren Mitarbeitern genüsslich kolportierten Arbeitsmotto à la Justus Frantz: »Bei mir kann jeder machen – was ich will.« So geschieht es dann auch.

Ähnlich wie Stefani Voß hat der Niedersachse Andreas Schlüter keine Vorstellung davon, was kommen wird. Um es fröhlich auf den Punkt zu bringen: Er wird mit Haut und Haaren von einem turbulenten Job aufgesogen, erlebt indes eine faszinierende, spannende Zeit. Sie dauert mehr als zehn Jahre.

Dem auf der Finca Justus Frantz im Süden der Kanareninsel geäußerten Angebot folgt im Juni 1986, dem ersten offiziellen Festivaljahr, eine Festanstellung – erst einmal begrenzt auf einen Sommer. Der Vertrag läuft über Peter Hübner, den Geschäftsführer des Festivals. Beim großen Eröffnungsfest im Sommer 1986 im Dom zu Lübeck ist alles dabei, was Rang und Namen hat: Bundespräsident Richard von Weizsäcker, Bundeskanzler a. D. Helmut Schmidt, Schleswig-Holsteins Ministerpräsident Uwe Barschel, Ideenstifter und Gründervater Justus Frantz. Zum Auftakt erklang Mozart. »In diesem Moment«, erinnert sich Andreas Schlüter 37 Jahre später, »war mir sonnenklar: Dieses Musikfestival wird ein ganz großes Ding.« Der junge Mann macht just in diesem Jahr sein Abitur, fährt Justus Frantz während der Festwochen in der schönen Jahreszeit – und weiß nicht, dass er acht Jahre an Bord des Festivals bleiben wird.

Dazu kommen drei weitere Jahre, in denen er Justus Frantz auf Tourneen begleitet. Er ist begeistert dabei, genießt großartige Erlebnisse im Frantz-Team, wirkt als eine Kombination aus Assistent und Tourneeleiter. »Justus Frantz war unentwegt auf Achse und in Topform«, erinnert er sich. »Wir alle haben seine Kondition, seine mitreißende Dynamik und seine Durchsetzungskraft bewundert.« Anfangs, als Chauffeur, steuerte er einen Audi 200 Quattro mit Allradantrieb. Dieses Tempo stand in Einklang zur Geschwindigkeit, mit der Justus Frantz seine Idee vorantrieb. Seinen Chef behielt er als »extrem verlässlich« im Gedächtnis. Frantz habe »grundsätzlich Wort gehalten« und ein Miteinander auf Augenhöhe wertgeschätzt. Mit Bedacht wählt Schlüter diesen Satz: »Er war ein begnadeter Finanzchaot und Organisationsfeind.« Auf diese Feststellung angesprochen, stimmt das Gros ehemaliger Mitstreiter zu. Dominierende Meinung: Justus Frantz brilliert als genialer Festivalmotor und überragender Musiker mit exzellentem Netzwerk, eine stabile Planung und eine akkurate Finanzwirtschaft sind seine Stärken nicht. Leider soll sich das eines Tages rächen.

Noch aber läuft alles rund. Um noch schneller unterwegs zu sein, rät Justus Frantz seinem Mitarbeiter Andreas Schlüter, einen Pilotenschein zu machen. daraus wird dann allerdings nichts. Sehr wohl aber etwas aus seinem BWL-Studium, unter anderem in Edinburgh. Außerdem entwirft der kreative Niedersachse eine eigene Möbelkollektion. Bei Erscheinen dieser Biografie arbeitet er als selbstständiger Möbelkaufmann in seinem Heimatort Stadthagen.

1997 steigt eine groß angelegte Davidoff Friendship Tour. Von Genf aus führt sie nach Ungarn, Polen und Russland. Justus Frantz glückt es, seinen verlässlichen Mitstreiter für diese Aktion anzuheuern. Andreas Schlüters entscheidender Job: Den Maestro jeweils pünktlich zum Flugzeug zu bringen. Wer den spontanen Geist von Frantz kennt, weiß: leichter gesagt als getan. Aber ein Muss: Denn an Bord des gecharterten Lufthansa-Airbus befinden sich auf jedem der sechs Flüge etwa 120 Musiker, Sponsoren und Journalisten.

Doch eröffnet sich gleich zu Beginn ein ernsthaftes Problem. Typisch Justus Frantz. In seinem Hotelzimmer im Hilton in Genf ist an diesem eigentlich famosen Vormittag kein warmes Wasser verfügbar. Dem Musiker jedoch steht der Sinn nach einem heißen Bad, um die Spuren einer langen Nacht zu verwischen und Gelassenheit für einen anstrengenden Tag zu tanken. Die Mitarbeiter der Rezeption rotieren im Dreivierteltakt. Schließlich eilt ein Klempner in die Frantz-Suite, ausgestattet mit einem Eimer, Zangen, Dichtungen. Ihm gelingt das Meisterstück, warmes Wasser in die Wanne fließen zu lassen. Der Maestro dankt mit üppigem Trinkgeld, verabschiedet den Helfer, gönnt sich ein Bad. Und auf dem Flughafen wartet der voll besetzte Airbus.

Mit mehr als einer halben Stunde Verspätung eilen der Pianist und sein Chauffeur an Bord. Allgemeine Erleichterung. Gut, dass in diesem Moment niemand den Grund der Verzögerung kennt. Allein der Manager des Sponsors Reemtsma erlaubt sich eine etwas spitze Bemerkung: »Herr Professor Frantz, jede halbe Stunde Verspätung kostet 10.000 Mark.« Augenzeugen berichten, dass der Sünder daraufhin wohlweislich schweigt. Das kommt nicht oft vor in ähnlichen Situationen.

Nach der Landung in Moskau ereignet sich eine weitere köstliche Episode. Auf dem Rollfeld warten zwei schwere, gepanzerte Staatslimousinen. Deutschlands Botschafter Andreas Meyer-Landrut, Großvater der späteren Song-Contest-Gewinnerin Lena Meyer-Landrut, hat alles perfekt organisiert. Dennoch widerfährt den russischen Diplomaten ein kleiner Fauxpas. Justus Frantz wird zu einem Mittelklasse-Mercedes geleitet. Er nimmt gern Platz. Die Hintertür der repräsentativen Staatslimousine des Fabrikats ZIL dagegen wird für Chauffeur Andreas Schlüter geöffnet.

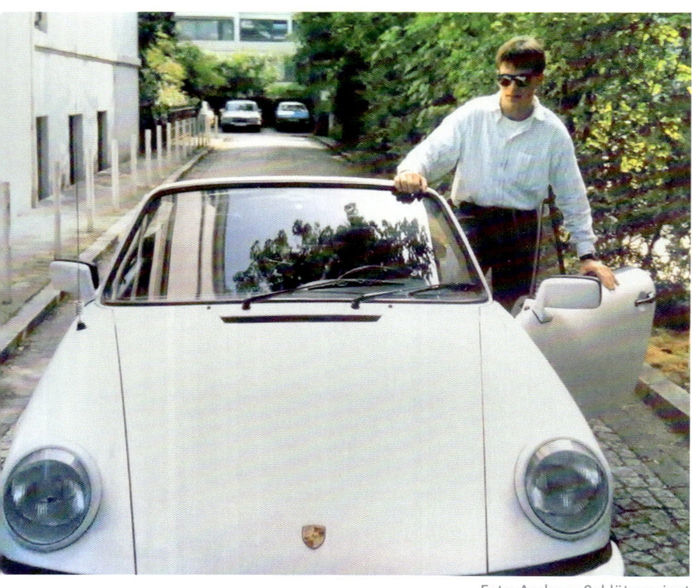

Foto: Andreas Schlüter privat

Chauffeur Andreas Schlüter mit dem ersten Porsche von Justus Frantz

Familie, Freunde, (Ehe-)Frauen

Von Begegnungen und außergewöhnlichen Beziehungen

Kapitel 6

Frühling 2022. Abenddämmerung. Es folgt ein Ereignis, das man sich selbst mit Fantasie nicht auszudenken vermag. Kurz vor seinem 79. Geburtstag fühlt sich Justus Frantz von jugendlichem Antrieb beseelt. Der Pianist signalisiert seinen Gästen mit allerbester Laune: Heute ist ein besonderer Tag! Carpe diem. Mal wieder. Und wie so oft in einem Leben, das in der Manier einer Achterbahn vielfältige Facetten offenbarte. Die Musik, keine Frage, bildet das Fundament jahrzehntelanger Spannung auf der Überholspur. Der Maestro ist keinesfalls unumstritten, doch eines bestätigen alle: Dieser Mensch ist alles Mögliche, aber niemals eintönig. Oder gar langweilig.

Für zusätzliche Würze eines turbulenten Daseins tragen persönliche Beziehungen bei – in der Regel besonders, grundsätzlich intensiv, oft aufregend, hin und wieder dramatisch. Frauen spielen eine Rolle, Männer ebenfalls. Und es ist kein Zufall, dass an diesem Frühlingsabend im Jahr vor Erscheinen dieser Biografie mit Alexandra Freifrau von Rehlingen-Prinz eine Persönlichkeit präsent ist, die Justus Frantz – damals wie heute – Konstanz, Vertrauen und Verlässlichkeit beschert. Hoch her ging es zwischen den beiden. Mit Höhen und Tiefen, doch unter dem Strich harmonisch, sodass heutzutage eine tiefe Freundschaft Verbundenheit ergibt. Justus Frantz, der nicht nur verbal gut austeilen, sondern auch einstecken kann, lässt auf seine Alex nichts kommen. »Sie ist anders als andere«, sagt er in einer ruhigen Minute, »hat Stil, Charakter und einen sehr wachen Geist.« Es passt ins Bild, dass Alexandra von Rehlingen auch an diesem Abend außergewöhnlicher Hausmusik zur Stelle ist. Wahrscheinlich ob des erlebnisreichen Berufs als Agenturchefin sowie als Motor einer sechsköpfigen Familie ein wenig zu spät im Hause Frantz, ergibt sich spontan ein kurzes Wortspiel zwischen den seit 1990 Geschiedenen.

Während der auch durch seine Klaviermusik beflügelte Pianist an den Tasten einen Moment innehält, beweisen beide Wortwitz wie

Schlagfertigkeit. Er habe sich an solche Verspätungen längst gewöhnt, neckt Frantz provozierend. Sie reagiert keck. Es geht hin und her, auf Augenhöhe. Beide sind amüsiert, lachen. Die anderen Besucher ebenfalls. Und während man durch die Gartenfenster malerisch die Dunkelheit nahen sieht, kommen die Kerzen überall im Kaminzimmer zur Geltung. Ein junger, aufmerksamer Kellner, ein Syrer, den Bekannte irgendwann im Catering eines Hamburger Musicaltheaters kennengelernt haben, schenkt Prosecco und Wein nach. Passt zum prickelnden Ambiente in der stilvoll eingerichteten Altbauwohnung in Alsternähe. Die Hühner draußen im Garten scheinen zu schlafen. Somit herrscht Ruhe, um das Privatkonzert zu genießen. Dem Anlass entsprechend, trägt Frantz ein weißes Oberhemd, dunkles Sakko mit Einstecktuch – klassisch, im Kontrast zu modernen Sneakers. Kaum einer im Raum ahnt und bemerkt, dass der Maestro Probleme mit den Handgelenken hat. Nachts trägt er eine Manschette. Ein operativer Eingriff wird unumgänglich sein. Keine ganz große Sache, aber für einen Pianisten mit Gefühl sind seine Finger mehr als nur Werkzeuge der Musik.

Was ihn wirklich quält, körperlich wie seelisch, wissen wahrscheinlich nur wenige besser als Alexandra von Rehlingen. Verlassen wir an dieser Stelle diesen besonderen Klavierabend. Gönnen wir uns Rück- wie nähere Einblicke in einen Lebensweg, der eine Menge war, indes niemals alltäglich.

Start der Spurensuche ist ein Kino in Mailand in den 1970er-Jahren. Nach ihrem Abitur und vor ihrem Studium der Sinologie und Kunstgeschichte in München modelt Alexandra während der Semesterferien in der norditalienischen Millionenstadt. Sie entstammt einem Augsburger Patriziergeschlecht, dessen Wurzeln bis ins 13. Jahrhundert zurückreichen. Der Vorfilm im Kino stößt bei der Studentin auf noch stärkeres Interesse als das Hauptereignis. Thema ist der Pianist Justus Frantz aus Norddeutschland. »Er sah hinreißend aus«, erinnert sie sich. »Und dieser Charme …« Außerdem erkannte sie in diesem Vorfilm das in Kapitel zwei beschriebene Gut Testorf in Ostholstein wieder. Dort ist die Familie ihres Studienfreundes Happi von Abercron zu Hause. Das Interesse ist doppelt geweckt. Telefonisch will sie Näheres erfahren: »Wer, bitte, ist dieser Justus?« Was sie hört, steigert ihre Neugier.

Zweiter Akt ist das Künstlerzimmer des Cuvilliés-Theaters in München, auch Altes Residenztheater genannt. Der Musiker hat wunderbare Erlebnisse seiner Kindheit auf dem Gut seiner Tante Maria von Abercron hoch im Norden im Gedächtnis. Folglich ist es ihm eine Freude, Happi von Abercron und Alexandra von Rehlingen vor seinem Konzert zu begrüßen. Daraus soll sich viel mehr entwickeln. Seinem damals wie heute spontanen Naturell folgend, lädt Frantz die junge Studentin für einen der folgenden Abende zum Ausgehen ein. Es folgt der Vorschlag, ihn auf seiner Finca auf Gran Canaria zu besuchen. Sie sagt nicht minder kurz entschlossen zu. Der Maestro lässt sich ein Erstaunen nicht anmerken. Es hat gefunkt. Beiderseits. Die Freifrau, die bei ihrer Mutter in München aufwuchs und vor Studienbeginn Waldorfschülerin war, hat mehr als nur Wissbegierde erregt. Er empfindet sie als bemerkenswert unkonventionell und hellwach. Nach und nach erfährt er mehr. Von einem Rundschreiben des Bayerischen Adelsclubs, das zu gebührendem Verhalten mahnt. Mit Jeans, blonden Haarsträhnen und Mofa entspricht Alexandra so gar nicht dem herkömmlichen »Typus Blaublut«. Später änderte sie ihr Outfit, nicht jedoch ihre quicklebendige Art. »Justus fand das cool«, weiß sie, »und respektierte meine Eigenarten und meine Selbstständigkeit von Anfang an.« Sie war frech und voller Überraschungen. Vor allem huldigte sie ihm nicht, so wie viele andere. Was dem Meister grundsätzlich schmeichelt, indes nicht in den Bann zieht. Widerspruch treibt ihn zu Topform.

Die Casa de los Musicos im Süden der Kanareninsel bietet ein ideales Umfeld zum näheren Kennenlernen. Die beiden schätzen die jeweils pfiffige, überraschend unorthodoxe Art des anderen, haben sich viel zu sagen, spüren Gemeinsamkeiten. Auch wenn anfangs ein gewisses Fremdeln existiert. »Als ich Alexandra später Norddeutschland zeigte, brach sie in Tränen aus«, erzählt Justus Frantz von den Anfängen. Und sie habe gemeint: »Ich kann nicht in Hamburg leben, in einer Stadt mit so vielen roten Backsteinhäusern.« Wie man heute weiß, sollte sich diese Einstellung ändern. Grundlegend.

Umgekehrt war er von Anfang an angetan – nicht nur von Alexandras Typ Frau. Bei einem Besuch bei ihrem Vater, dem Baron Fritz von

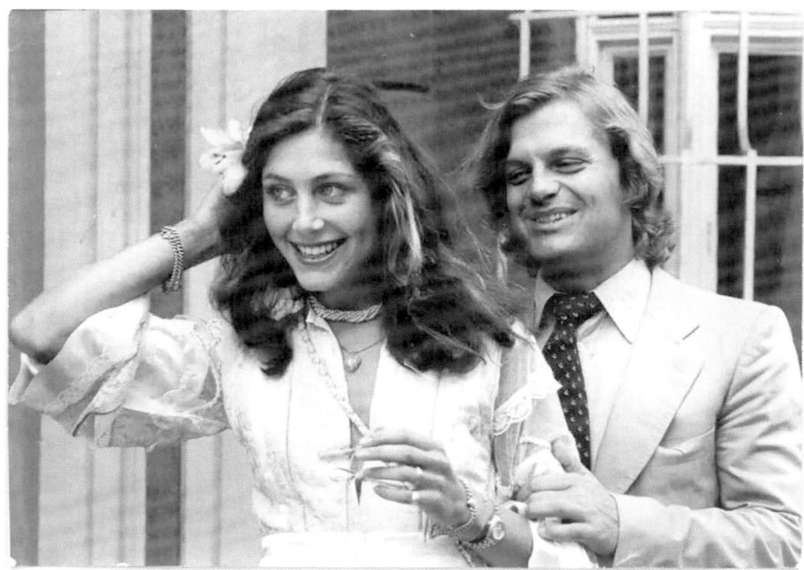

Foto: Justus Frantz privat

Alexandra von Rehlingen und Justus Frantz waren fast zehn Jahre verheiratet. Auch nach der Trennung verbindet das Paar eine innige Freundschaft.

Rehlingen, ließ das Personal mitteilen: »Herr Frantz, der Baron lässt sich entschuldigen.« Als Liebhaber klassischer Musik saß dieser vor dem Radio und hörte die Wagner-Oper »Tannhäuser« – von den Bayreuther Festspielen, vom Bayerischen Rundfunk live übertragen. Justus Frantz reagierte auf seine Weise: »In diesem Augenblick wusste ich: Das ist mein Mann.« Entsprechend gut verstanden sich die beiden.

Auf der anderen Seite ergab sich eine ähnlich komische Situation. Anlass war ein Besuch Alexandra von Rehlingens bei Justus' Mutter Dosy in Kiel. Die Münchnerin stellte sich als junger, mittelloser Student Tibor Czegedin aus Ungarn vor, äußerlich verändert mit Frack, weißem Oberhemd, gegeltem Haar, Pferdeschwanz, Oberlippenbart, Glasbrille. Die Gäste der Teestunde, unter ihnen Justus Frantz' Schwester Monika Hacker, bemerkten den Hintergrund des Schauspiels zunächst nicht. Sie lauschten den Erzählungen des angeblich brotlosen Künstlers Tibor. Bis sich Alexandra von Rehlingen vor Lachen nicht mehr halten konnte – und für Aufklärung sorgte. Die älteren Ladys bewiesen Humor – und erzählten später noch von dieser famosen Maskerade. Ein gut erhaltenes Foto zeugt von einem fröhlichen Nachmittag in Holstein.

Die junge Frau aus München akklimatisierte sich immer besser. Sie kam prima klar mit der norddeutschen Mentalität. So gut, dass sie sich alsbald eine Wohnung am Hamburger Rothenbaum kaufte. Am 24. August 1978, einem wunderbaren Donnerstag im Sommer, heirateten die beiden. Die Feier stieg in einem Garten in München. Das Glück ist groß, allerdings nicht von endloser Dauer. Nach knapp einem Jahrzehnt wird auch formell der Trennungsstrich gezogen. »Ich wollte nicht als Sklave von Justus enden«, meint sie rückblickend. Denn seine Freundinnen und Weggefährten wissen übereinstimmend: Der Pianist mag es, wenn er den Ton angibt. Nicht jeder verfügt über Kampfgeist und Biss, sich seiner Dominanz dauerhaft zu erwehren. Der Musiker und Mensch Frantz schätzt Harmonie, versteht es jedoch auch meisterlich, Fetzen fliegen zu lassen. Merkwürdige Beobachtung: Er will, dass man nach seiner Pfeife tanzt. Geschieht es dann wunschgemäß, langweilt es ihn.

So fand er früh Gefallen an außergewöhnlichen Beziehungen. Zum Thema Männerfreundschaften und mehr wird sich Justus Frantz später in diesem Buch äußern. Frantz pflegte, in fast jeder Beziehung, auf mehreren Hochzeiten zu tanzen.

Den ersten kleineren Flirts und Techtelmechteln folgten mehrere Freundinnen. Anfang und Ende hat Justus Frantz nicht präzise im Kopf. Es gab fließende Übergänge. So wie mit der Südafrikanerin Carol Tainton. 1972 kam sie mit einem Stipendium nach Hamburg, um bei der Professorin Eliza Hansen an der Hochschule für Musik und Theater Klavier zu studieren, ähnlich wie zuvor Justus Frantz. Carol Tainton lebt heute als Pianistin, Klavierpädagogin und Coach in Berlin. Ihren langjährigen Lebensgefährten Peter Ruzicka, früher unter anderem Intendant der Salzburger Festspiele, bezeichnet Frantz als »guten Freund« und »Ersatzvater« seines Sohnes Christopher.

Dieser wohnt auch in der Hauptstadt. Der gemeinsame Sohn von Carol und Justus Frantz saß von Kindheit an am Flügel, gewann mehrere Jugendwettbewerbe und war Stipendiat der Studienstiftung des deutschen Volkes. Er besuchte das Albert-Schweitzer-Gymnasium

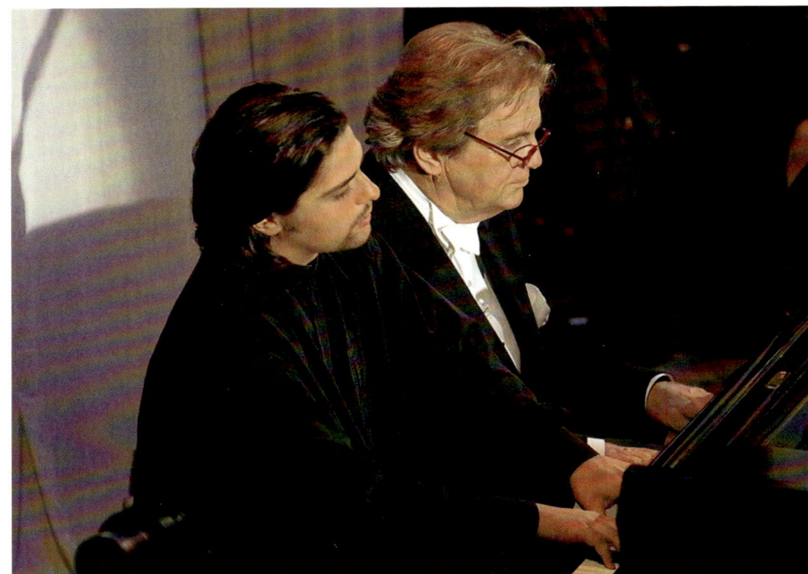

Foto: picture alliance / Eventpress | Eventpress Radke

Justus Frantz und sein Sohn Christopher Tainton im Jahr 2005 bei einem gemeinsamen Auftritt im Konzerthaus Berlin

in Hamburg. Dort absolvierte er sein Abitur. Er zählt zu den wenigen Musikern, die vor dem ehemaligen Papst Johannes Paul II. spielten. Auf die mehrfache Bitte, in dieser Biografie zu Wort zu kommen, reagierte Christopher Tainton nicht. Zudem ist das einst innige Verhältnis zu seinem Vater abgekühlt. »Wir haben selten Kontakt«, bekennt Justus Frantz. Es ist ihm anzumerken, dass ihn diese Tatsache mit Schmerz und Sorge erfüllt. Ursache? Eine plausible Antwort gibt es nicht. Es handelt sich um einen von mehreren wunden Punkten in einem turbulenten Leben.

Eine starke Rolle darin hatte mit der Japanerin Yoshiko Nakura eine Frau inne, die Frantz im Nachhinein als »eine der größten, intensivsten Lieben meines Lebens« einstuft. Die zweite Geigerin eines Streichquartetts aus Tokio hatte es dem Norddeutschen mehr als nur angetan: »Zeitweise war ich ihr verfallen.« Sie war damals 24 Jahre alt, er ein Jahr älter. Vorübergehend wohnte die aparte Musikerin in seiner Wohnung an Hamburgs Außenalster. Justus Frantz lernte Sushi, Sashimi kennen – und eine Menge mehr.

Das Finale der Beziehung fiel furios aus. Für ihn war es äußerst unangenehm. Anlass war das oben skizzierte Zusammentreffen mit Alexandra von Rehlingen. Rasch war Justus Frantz klar, dass daraus mehr erwachsen würde als nur eine flüchtige Liaison. Alexandra, da war er sich seiner Gefühle sicher, hatte Substanz. In jeder Beziehung. Allerdings hatte es der frisch Verliebte »vergessen«, der Japanerin diese neue Gefühlswelt zu übermitteln. Wie auch immer: Während eines Besuchs Alexandra von Rehlingens in der Hansestadt wurden die beiden durch stürmisches Klingeln an der Haustür gestört. Es hörte einfach nicht auf. Irgendwann öffnete Justus Frantz. Vor ihm stand die aufgelöste Yoshiko. Zu verheimlichen gab es nun nichts mehr. Es war das abrupte Ende einer Beziehung, die Justus Frantz auch im hohen Alter in exzellenter Erinnerung hat.

Seine frühere Ehefrau Alexandra betrifft das nicht minder. Mit dem Unterschied, dass beide nach der Trennungsphase Freunde blieben und es bis heute sind. Eines hat sich nicht geändert: Sie pflegen sich die Meinung zu sagen. Bisweilen schonungslos, im Guten wie im Schlechten. Ob er über Empathie verfügt? Das frage sie sich im Prinzip immer noch.

Sie ist nicht die Einzige, die darüber rätselt – unabhängig von den allseits attestierten Pluspunkten wie Charisma, Charme und eine ausgeprägte Persönlichkeit. Von musikalischen Talenten abgesehen, versteht es Justus Frantz, andere Menschen für sich einzunehmen und oft zu begeistern. Nicht nur Frauen gefiel diese Tugend. Indes ist über sein Verhältnis zu Frauen weit mehr bekannt als zum anderen Geschlecht. So berichtet Frantz von zwei weiteren Lebensgefährtinnen, die ihm viel bedeutet hätten. Drei bis vier Jahre sei er mit der norddeutschen Journalistin Inga Griese fest zusammen gewesen. In acht Jahrzehnten eines aufregenden Lebens kann sich eben eine Menge ereignen.

Ein weiteres markantes Beispiel ist die Münchnerin Babette Haag, Tochter eines Flötisten und einer Harfenistin. Auf ihrer Homepage bezeichnet sie sich selbst als »Schamanin aus dem Reich der Töne«. Mit 17 Jahren habe sie ein Konzert mit Marimbafon und Orchester derart inspiriert, dass sie sich »für ein Studium der Schlaginstrumente

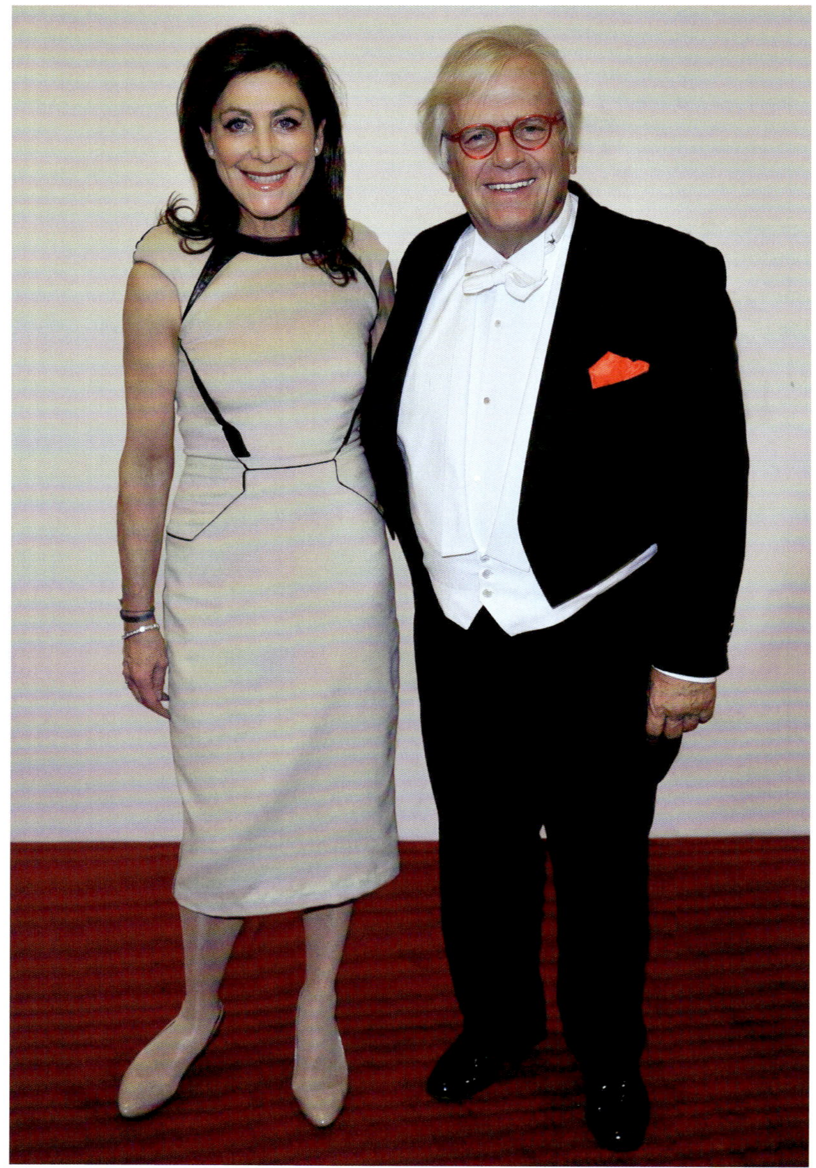

Foto: picture alliance / AAPimages | AAPimages

Freunde fürs Leben – auch wenn sie privat längst getrennte Wege gehen. Alexandra von Rehlingen und Justus Frantz 2012 im Konzerthaus am Gendarmenmarkt in Berlin

als Lebensweg« entschied. Früher gehörte sie der Jungen Deutschen Philharmonie sowie der Philharmonie des Schleswig-Holstein Musik Festivals an. Justus Frantz hat die Musikerin als »junge, rothaarige Punkerin« in famoser Erinnerung.

Weit ausgeprägter, weil länger und inniger, ist das knappe Jahrzehnt an der Seite Alexandra von Rehlingens präsent. Die beiden kennen sich seit vielen Jahren und haben sich, nicht immer vollkommen unkompliziert, ein tiefes Vertrauensverhältnis erarbeitet – welches über die private Verbindung hinaus reicht. Denn auch beruflich ging es mit vereinten Kräften voraus. Die Allianz von Rehlingen & Frantz bürgte für Qualität, Schaffensfreude – und Improvisationskunst.

Nach ihren Studien der Sinologie und Kunstgeschichte sowie einer Station an der Parsons School of Design in New York wirkte Alexandra von Rehlingen als freiberufliche Innenarchitektin. 1986 gründete sie gemeinsam mit der Kommunikationswissenschaftlerin Andrea Schoeller die PR-Agentur Schoeller & von Rehlingen – mit Standorten nach und nach in München, Hamburg und Berlin. Motto des Starts: Nichts ist unmöglich. »Das habe ich von Justus gelernt«, sagt Alexandra von Rehlingen im Nachhinein. »Er hat von Grund auf Mumm und ist alles andere als ein Zauderer.« Auch andere Weggefährten beschreiben Justus Frantz als wagemutigen, taffen Menschen, der beherzt voranschreitet. Sonst hätte er, wie beschrieben, niemals das Mammutprojekt Schleswig-Holstein Musik Festival auf die Beine stellen können. Das Markenzeichen des Maestros: unkonventionelle Ideen in die Tat umzusetzen. Visionen, Risikofreude und Chuzpe gehören dazu.

Kein Wunder, dass Alexandra von Rehlingen, deren Agentur sich als namhafte Größe etabliert hat, unter dem Strich bilanziert: »Ich habe Justus viel zu verdanken.« Auch wenn Mitstreiter berichten, dass es immer wieder rundging zwischen den beiden Alphatieren. Bis in die Neuzeit hinein. »Justus kann sehr sprunghaft sein«, weiß sie aus Erfahrung, »und zu spontanen Aktionen neigen.« Ein typisches Beispiel bleibt nicht nur ihr unvergessen. Es liegt Jahre zurück. Als von Rehlingen beim Skifahren im Süden weilte, klingelte ihr Telefon. »Alexandra, du musst sofort kommen«, sagte er ohne weitere Vorreden. Der Grund: Ohne Rücksicht auf Organisation und Planung hatte der Maestro kurzfristig den heutigen Hamburger Ehrenbürger John Neumeier und das Ballett der Staatsoper zu sich nach Hause eingeladen. Dazu etliche weitere Mitstreiter und Ehrengäste wie den Weltstar Leonard Bernstein. Insgesamt 150 Personen. Schnell und erstklassig sollte die Veranstaltung ausfallen. Ehefrau Alexandra hatte keine Zeit zum Lamentieren. Telefonisch mobilisierte sie ihr Netzwerk – praktisch von der Piste aus. Feinkost Broders am Mittelweg im Herzen der Hansestadt lieferte das Essen. Tische, Stühle, Getränke, alles musste ruckzuck gehen. Ging es auch. Hinter den Kulissen waren alle erstaunt. Nur einer nicht: Justus Frantz. Er hatte eine solche außerordentliche Spitzenleistung erwartet. Er hatte ja ebenfalls seinen Anteil daran. Meinte er.

Finanzielle Aspekte, das ist typisch, interessierten ihn überhaupt nicht. Wird schon irgendwie laufen. Kalkulieren mit Augenmaß, ein ausgeglichener Haushalt und langfristig geplante Budgets sind seine Stärken nicht. »Justus kann schlicht und ergreifend nicht mit Geld umgehen«, wissen frühere Mitarbeiter. »Hat er Geld, wird es mit beiden Händen ausgegeben.« In der Regel nicht für sich selbst, sondern für andere. »Justus kann extrem generös sein«, heißt es unisono. Sich selbst und anderen gegenüber. Wenn Substanz vorhanden ist. Auch wenn sie nicht da ist, sei Freigebigkeit seine Wesensart.

Kehren wir zurück in Zeiten musikalischer und finanzieller Blüte. Alexandra von Rehlingen hat einen guten Überblick: Sie kennt den facettenreichen Charakter des Justus Frantz: »Er ist eine wahrhaftige Persönlichkeit, ein faszinierender Mensch.« Und er verfüge über »unendliches Charisma«. Diese Erkenntnis sei letztlich altersunabhängig. Einmal kerniger Typ abseits der durchschnittlichen Norm, immer etwas Besonderes. So hatte er das Zeug, ein Format wie das Schleswig-Holstein Musik Festival zu erfinden. Was damals ein absolutes Novum war, fand zahlreiche Nachahmer. Das Patent gebührt keinem anderen als Justus Frantz. Unbestritten ist das.

Alexandra von Rehlingen hat eine Menge davon zu erzählen. Gutes und nachdenklich Stimmendes. Aus dem Privatkonzert im Hause Frantz im Frühjahr 2023 erwächst eine Einladung: auf zur Kaffeerunde daheim bei Alexandra von Rehlingen. Nach der Scheidung 1990 von Justus Frantz lebt sie heutzutage in zweiter Ehe mit dem renommierten Medienanwalt Matthias Prinz zusammen. Das Paar hat vier Kinder.

Die Unternehmerin serviert Kaffee und Haferkekse. Anschließend stellt sie eine kleine Holztruhe auf den Wohnzimmertisch. In dieser Schatzkiste befinden sich Fotos, Briefe und Zeitungsausschnitte aus ihrem Leben als Ehefrau und spätere Freundin des Pianisten. Eintönig war es zu keinem Zeitpunkt. Justus Frantz beherrschte die gesamte Klaviatur eines lebendigen Daseins.

Was Höhen und Tiefen auf der Tonleiter bedeuten, erfuhr auch die zweite langjährige Lebensgefährtin Ksenia Dubrovskaya. Die russische Violinistin ist Mutter seines Sohnes Justus Konstantin Frantz. Dieser hat offensichtlich ein erstaunliches Talent geerbt. Beide sind bei dem im ersten Kapitel geschilderten Aufenthalt auf der Finca Justus Frantz im Süden Gran Canarias dabei. Jetzt kommen sie umfassend zu Wort.

Ladies first. Ksenia kam 1979 in Kolomna zur Welt, südöstlich von Moskau. Die Stadt mit Geschichte hat etwa 130.000 Einwohner und ist auch durch viele alte Klöster und prachtvolle Kirchen bekannt. In Ksenias Familie haben der Arztberuf und das Geigenspiel Tradition. Während ihre Schwester Olga heute als Kauffrau und Klavierlehrerin in Hamburg arbeitet, entwickelte sich Ksenia zur erfolgreichen, international anerkannten Violinistin. Mit sechs Jahren kam Ksenia in die Obhut des Violinisten Nikolai Hit. Sie gewann den Tschaikowski-Jugendwettbewerb und andere renommierte Auszeichnungen. Am Konservatorium in Moskau studierte Ksenia Geige – mit ausgezeichnetem Diplom als Abschluss. Anfang dieses Jahrtausends sah und hörte Justus Frantz sie in Moskau spielen. Er war hingerissen – von ihrem Spiel und später von ihrem persönlichen Charme. Es folgten Einladungen nach Deutschland. »Wir spürten eine innige Seelenverwandtschaft«, sagen beide, »und konnten stundenlang über Musik und andere Themen philosophieren.«

Erst zum Beruf, dann zum Privatleben. Musikalisch führte Ksenia Dubrovskayas Weg über Zürich. Bei Professor Zakhar Bron, einer Koryphäe, absolvierte sie ihren Master in Performance mit der höchstmöglichen Punktzahl. Apropos Bron. Eine kurze Anekdote, die etwas darüber erzählt, wie Justus Frantz tickt. Von Hamburg aus braust 1987 ein denkwürdiges Duo über die Autobahn Richtung Heide im Kreis Dithmarschen. In der beschaulichen Stadt soll die Brahms-Gesellschaft gegründet werden. Die Familie von Johannes Brahms hat ihre Wurzeln in Heide. Auf Initiative von Justus Frantz, gemeinsam mit dem Geigenvirtuosen Sir Yehudi Menuhin, geht die Vereinigung an den Start. Am Steuer seines Porsches gibt Frantz richtig Gas. Die Zeit drängt. »Stopp!«, ruft Professor Zakhar Bron unvermittelt. Er springt aus dem Flitzer – und übergibt sich am Straßenrand.

Zurück im Auto kommentiert er knapp: »Bei uns in der Sowjetunion fährt man 60 Stundenkilometer.« Der Fahrer Frantz verweist auf den Beginn der Gründungsversammlung, schlägt jedoch ein kurioses Geschäft vor. Sein Vorschlag, natürlich nicht ganz ernst gemeint: Wenn er bis Heide höchstens 60 Kilometer pro Stunde fahre, müsse sich Bron verpflichten, an der Musikhochschule in Hamburg eine Professur zu übernehmen. Unglaublich, jedoch wahr: Der Professor willigt ein. Der Gedanke daran scheint ihm zu gefallen. Der merkwürdige Deal mit dem wohl besten Geigenlehrer der Welt wird auf einer Serviette handschriftlich festgehalten, die sich zufällig im Porsche befindet. Ergebnis: Die beiden kommen zu spät. Und Zakhar Bron hält sein Wort. Schade, dass Justus Frantz die Serviette als Dokument nicht aufbewahrte.

Zwar werden die Themen Sowjetunion und Russland und deren Bedeutung für Justus Frantz in einem eigenen Kapitel noch umfassend dargelegt, dennoch sei eine Vorbemerkung gestattet. Die vermeintlich zu russlandfreundliche Haltung des Pianisten und Dirigenten wird aktuell kritisch gesehen. Ein Teil des Gesamtbilds ist auch, dass gute Beziehungen nach Osteuropa Justus Frantz seit jeher ein politisches Prinzip waren. Und eine Herzensangelegenheit zudem.

»Musik kann Brücken bauen«, dieses Credo verfolgt Frantz von Anfang an. Passendes Beispiel ist das von ihm Mitte der 1980er-Jahre im Rahmen des Schleswig-Holstein Musik Festivals etablierte Deutsch-Sowjetische Musikfestival. Weit vor der unrühmlichen Putin-Ära manifestierte Frantz die musikalischen Beziehungen zwischen Deutschland und Osteuropa. Er lud drei der weltbesten jungen Solisten, zwei

Geiger und einen Pianisten, nach Norddeutschland ein. Die talentierten Teenager begeisterten das Publikum.

Im seinerzeit von der CDU regierten Schleswig-Holstein stieß das nicht bei jedem Politiker auf Gegenliebe. »Wir wollen nicht mit Kommunisten auf einer Bühne stehen«, hieß es nicht nur einmal. Die Lösung fiel ebenso verblüffend wie öffentlichkeitswirksam aus: Kein anderer als der frühere Bundeskanzler Helmut Schmidt eröffnete in Neumünster dieses Festival.

Währenddessen schaffte Ksenia Dubrovskaya ihren Master bei Professor Bron. Das Resultat konnte sich hören lassen: Vor der Coronapandemie trat Ksenia Dubrovskaya bei durchschnittlich 60 bis 70 Konzerten im Jahr auf. Heutzutage ist sie 30- bis 40-mal als Solistin in Russland, Deutschland sowie in anderen europäischen Ländern, in Amerika und in Asien im Einsatz. In Baden-Württemberg veranstaltet sie eine erfolgreiche Reihe mit Kammermusik: »Ksenia Dubrovskaya und Gäste«. Im Frühjahr 2023 gastierte sie dreimal in Hamburg. Außerdem spielte sie unter anderem in der Elbphilharmonie der Hansestadt, im Konzerthaus Berlin, im Teatro Bellini Catania auf Sizilien, im Stefaniensaal in Graz und im Großen Saal des Tschaikowski-Konservatoriums in Moskau. Beim Erscheinen dieser Biografie soll ihre erste CD (»Dubrovskaya's classic«) auf den Markt kommen. Die Weichen sind also gestellt.

Nun zum privaten Part. Was glücklich begann, klang 2019 enttäuschend aus. Die beiden waren

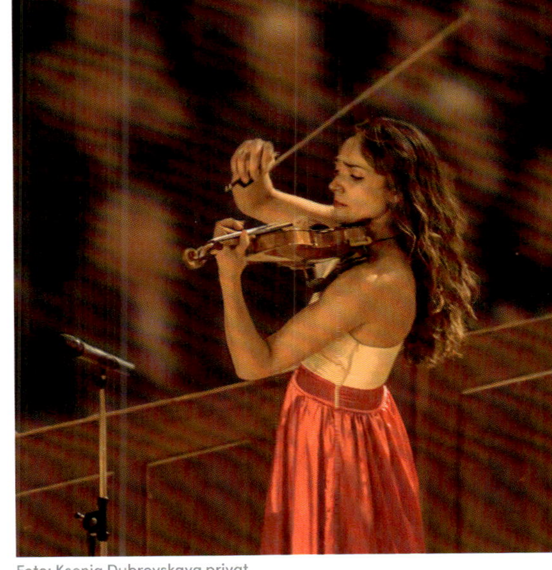

Die Russin Ksenia Dubrovskaya aus Kolomna südöstlich von Moskau entwickelte sich dank erstklassiger Ausbildung zu einer international anerkannten Violinistin. Wie hier zieht sie bei zahlreichen Auftritten das Publikum in den Bann.

Foto: Ksenia Dubrovskaya privat

nicht verheiratet, aber etwa 16 Jahre lang Lebensgefährten. Eine solch lange Zeit gab es sonst im Leben des Justus Frantz nicht noch einmal. Auch daher hat die Violinistin Ksenia ein besonderes Gewicht in seinem Leben. Zum Schluss gab es Dissonanzen, um die sich einige Medien genüsslich kümmerten. Geschrieben wurde von einem hässlichen »Rosenkrieg« und Zwist zulasten des gemeinsamen Sohnes Justus Konstantin, in der Familie »Jujuscha« genannt. Einige Freunde rufen ihn auch »Juju«.

»Immer wenn Ksenia in Hamburg ist, habe ich das Gefühl, dass sie den Jungen nicht zu mir lassen will«, wurde Justus Frantz in der »Bild«-Zeitung zitiert. Die Zeitschrift »Bunte« vermeldete, Ehefrau Ksenia »bewohnt mit Justus jr. das obere Stockwerk seiner Villa in Hamburg«. Das Blatt schrieb von einem »Trennungskampf«. Ksenia Dubrovskaya und Justus Frantz betrachten das nachträglich aus anderer Perspektive. Sie habe den Medien ganz bewusst kein einziges Wort gesagt. Auch aktuell wolle sie Harmonie – keinen Streit. Eigentlich möchte Ksenia Dubrovskaya diese Berichte in der Boulevardpresse überhaupt nicht kommentieren. Diese seien nicht zutreffend. Sie habe stets auf Konsens und herzliches Miteinander gesetzt. Auch Justus Frantz redet ausschließlich Gutes über seine langjährige Partnerin Ksenia.

Wie auch immer: Sie haben es unter dem Strich geschafft, die Freundschaft zu bewahren. Davon profitiert Sohn Jujuscha. Immerhin waren die Probleme so weit gekittet, dass die drei, gemeinsam mit einigen anderen Gästen, im Herbst 2023 einige Tage auf der Finca auf dem Monte Leon auf Gran Canaria weilten. Und dass die Violinistin dort ein Konzert mit Applaus satt geben konnte.

Bei einem ruhigen Termin unter vier Augen während der Entstehung dieser Biografie wollte die Musikerin keinerlei schmutzige Wäsche waschen. Im Gegenteil. »Justus war für mich eine große Liebe«, sagt sie, »und er hatte Vorbildcharakter.« Sie bekennt: »Für mich war er ein Sonnenkönig. Und eine Sonne.« Anfangs habe sie rund sechs Jahre auf die Ausübung ihres Berufes verzichtet. Auf Justus' Wunsch habe sie ihn auf Konzerttourneen begleitet: »Jujuscha und ich saßen dann in der ersten Reihe.« Dies habe den Maestro beglückt und inspiriert. »Lachen kann ich mit vielen«, habe er ihr gesagt, »aber nicht weinen.« Sie schildert heimelige Abende am Kamin, mit Essen und Kerzenschein. Bei Schuberts Tönen seien einer wie dem anderen

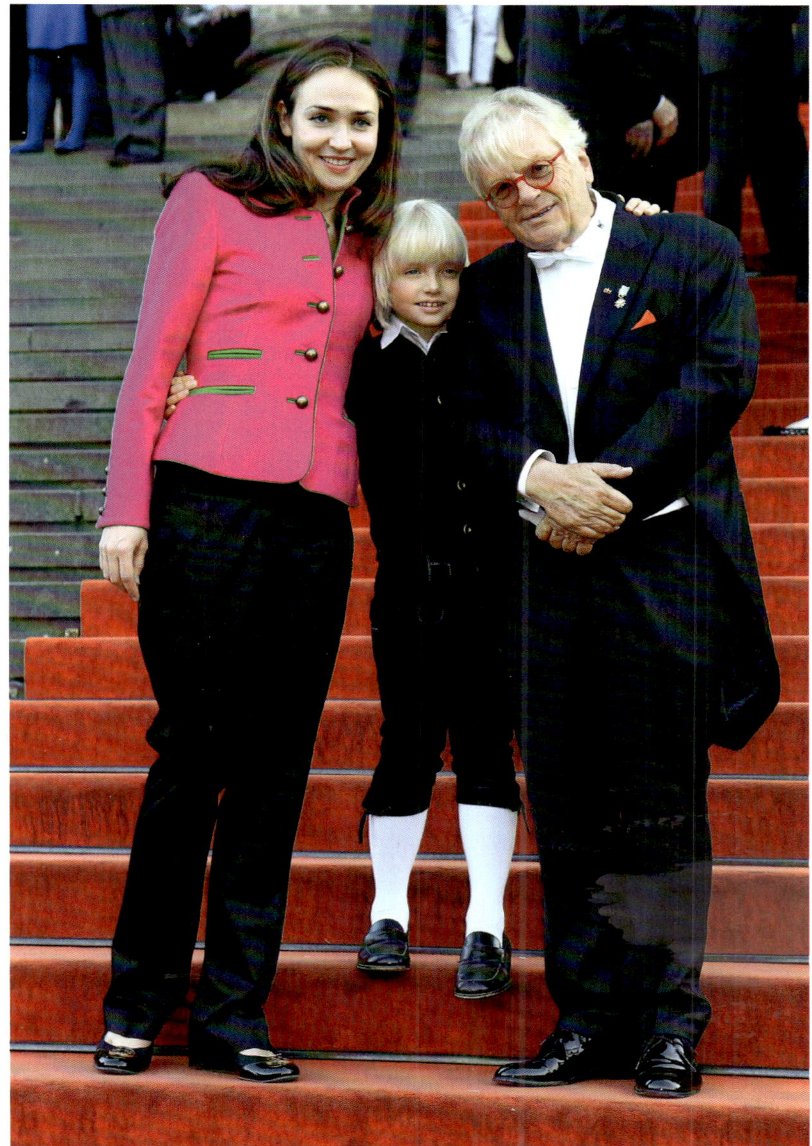

Foto: picture alliance / Eventpress | Eventpress Herrmann

Familienglück im Jahr 2014: Ksenia Dubrovskaya und Justus Frantz mit dem gemeinsamen Sohn Justus Konstantin in Berlin. Anlass war der 70. Geburtstag des Maestros.

Tränen gekommen. Ksenia Dubrovskayas Fazit: »Es war ein riesiges Glück, diese Empfindungen mit Justus teilen zu können.«

Zu seinem 70. Geburtstag im Jahr 2014 veranstaltete sie eine Überraschungsparty. Dafür gab es Beifall für Ksenia Dubrovskaya. Und Justus Frantz, eigentlich wortgewandt, schlagfertig und selten um einen kessen Spruch verlegen, hatte es die Sprache verschlagen. Für einen Moment.

Ähnlich muss ihm am 25. Januar 2005 zumute gewesen sein. Im Elim-Krankenhaus erblickt Justus Konstantin Richard Oleg Frantz per Kaiserschnitt das Licht der Welt. »Wird's ein kleiner Mozart, Justus Frantz?«, hatte die »Bild« zuvor in riesigen roten Lettern über einem Aufmacher der Seite fünf gefragt. Wie immer hatte das Blatt vor der Geburt Bemerkenswertes zu berichten: »Der Mann ist schlank, aufgeregt, verliebt, glücklich.« Der Reporter nennt den Anlass: »Eine wunderschöne Russin mit wehender Mähne umarmt den Mann ihres Lebens.« Und weiter: »Stardirigent Professor Justus Frantz (60) küsst Ksenia Dubrovskaya (24). Die große Liebe seines späten Lebens.« Letztlich weiß »Bild« noch mehr: Beim Besuch auf der Finca Justus Franz auf den Kanaren sei das Glück grandios gewesen: »Auf den Treppenstufen liegen Rosenblätter. Im Innenhof flackern Kerzen.« Sodann habe sich der angehende Vater an den Steinway-Flügel gesetzt und Mozart gespielt. Mehr geht nicht.

Sieht Justus Frantz ebenso. Wie schon bei Kind Nummer eins, Christopher, erweist er sich als rührend besorgt. Auf seine »alten Tage«, wie der Maestro dem »Hamburger Abendblatt« im Frühjahr 2005 gegenüber zu Protokoll gibt, erweise er sich als Meister beim Windelnwechseln, Fläschchengeben, Wiegen und In-den-Schlaf-Musizieren. Quasi von der ersten Woche an gewöhnt sich Justus Konstantin, der zudem die Vornamen seiner Großväter trägt, an das Klavierspiel. Zwar nutzen in der Regel nur Familie und alte Freunde das vertraute »Jujuscha«, doch eignen wir uns diesen Spitznamen ausnahmsweise an – auch im Kontrast zu Vater Justus. Damit keine Verwechslungen entstehen. Wie einst schon Vater Justus pflegt Justus Konstantin Frantz als Baby die kleinen Ohren zu spitzen, wenn den schwarzen und weißen Tasten Leben eingehaucht werden. Das wird ein paar Jahre später Früchte tragen. Für ihn ist es die natürlichste Sache der Welt, wenn Mutter Ksenia und Vater Justus musizieren. Konzerte sind selbstverständliche Bestandteile seiner Kindheit. Als dritte Erwachsene steht ihm die Portugiesin Piedade zur Seite, »Dadi« genannt. Sie ist viel mehr als eine Haushaltshilfe. Justus Frantz bezeichnet die patente, herzensgute Frau als Vizemutter und Familienmanagerin. Sie sei »eine großartige Persönlichkeit« gewesen, zu der immer noch Kontakt gehalten wird.

Im Sauseschritt schreitet die Zeit voran. Um Informationen nicht über Bande, sondern aus erster Hand zu erfahren, stimmt Justus Konstantin Frantz einem Treffen unter vier Augen sofort zu. Dabei begegnet einem ein junger, sympathischer Mann mit offenem Visier, der im Januar 2025 seinen 20. Geburtstag begehen wird. Auf Anhieb zeichnen ihn ein positives Naturell und offenes Visier aus, gleichfalls die Tugenden seiner Eltern. Das musikalische Talent, aus Noten eine Menge machen zu können, hat er ebenfalls geerbt. Er weiß, dass er selbst nur dann mehr daraus machen kann, wenn er fleißig übt. So sitzt er oft sechs Stunden am Tag am Flügel. Es ist ein erfüllendes, indes kein leichtes Spiel.

Das früh startete. Mit vier Jahren beginnt er das Klavierspiel. Dabei unterstützen erfahrene Lehrer, die seine Eltern gezielt wählen. Wenig später gewinnt er den ersten Wettbewerb. Beim Finca-Festival seines Vaters auf Gran Canaria bestreitet er mit zwölf Jahren 50 Minuten solo an den Tasten. Erstmals gibt es Beifall in größerem Rahmen. Dieser Applaus motiviert zusätzlich. Fortan nimmt er an jedem dieser Finca-Festivals teil. Er tritt bei »Jugend musiziert« in der Hamburger Laeiszhalle auf, bestreitet nach und nach gut 25 eigene Konzerte. Etwa 100-mal sitzt er an der Seite seines Vaters auf der Bühne. Kurz vor Erscheinen dieser Biografie, im Januar 2024, ist Justus Konstantin Frantz für einen einstündigen Auftritt im Berliner Konzerthaus gebucht.

Während der Schule begleitet er seine Eltern immer wieder auf Konzertreisen. Einmal wird er zwei Wochen vom Unterricht befreit, um bei einer Kreuzfahrt auf der Europa 2 dabei zu sein. Abends tritt dort Vater Justus auf. Von üblichen Reibereien innerhalb einer Familie abgesehen, beschreiben Sohn wie Vater ihr Verhältnis als »enorm herzlich«, auf Nähe und Freundschaft basierend. Für die Hausaufgaben ist Mutter Ksenia zuständig. Umgekehrt wacht Justus Frantz über die

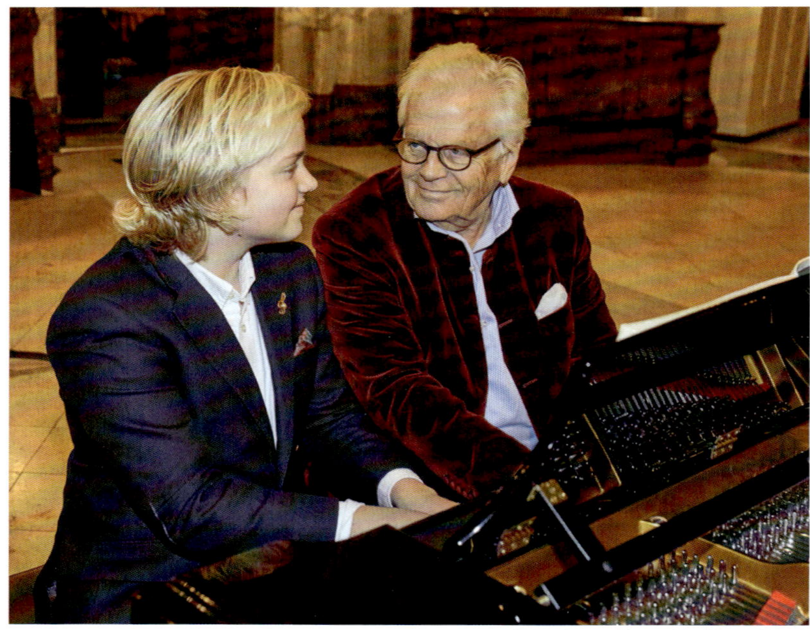

Foto: picture alliance/dpa | Georg Wendt

Nicht nur am Flügel ist Justus Konstantin Frantz in Harmonie mit seinem Vater Justus verbunden – so wie hier bei einem Benefizkonzert in Hamburgs Hauptkirche St. Michaelis, dem »Michel«.

Fortschritte am Flügel. Apropos: Seinen eigenen Flügel, der aktuell in Mutters Wohnung in Moskau steht, kaufte Justus Konstantin vom eigenen Geld.

Dafür schenkte der Senior ihm im Alter von zwölf Jahren 500 Euro für Aktien, 2017 war das. Frantz jr. stieg als Kleinaktionär bei Tesla ein – und erfreute sich steigender Kurse. Diese Investition sensibilisierte für die Prinzipien der Marktwirtschaft, verleitete indes nicht zum Leichtsinn. »Ich wollte niemals ein BWL-Justus werden«, sagt der junge Mann. Damit spielt er auf Gleichaltrige aus oft wohlhabenden Verhältnissen an, die üppige Renditen allein als Lebensziel betrachten. Und die sich im sozialen Umfeld entsprechend verhalten. Im Kontrast wirkt Justus Konstantin Frantz erfreulich bodenständig und herzlich. Die Prominenz seines Vaters ist ihm offensichtlich nicht zu Kopf gestiegen.

Spannende Ausflüge ins Unternehmertum stehen dieser Bodenhaftung nicht im Wege. Gemeinsam mit seinem Mitstreiter Sebastian gründet er als Teenager eine kleine Firma. Geschäftszweck ist der Handel mit allem Möglichen und Unmöglichen, von Kabeln bis zu Drohnen. Macht Spaß und schult fürs Leben. Parallel stellt sich die Frage nach dem Berufsziel. Es gibt drei Optionen: Pianist, Schauspiel, freies Unternehmertum. An erster Stelle steht der Schulabschluss. Diesen, international als A-Level bezeichnet und mit dem deutschen Abitur vergleichbar, absolviert er an einem Internat in England, südlich von Bristol. Von 2020 bis Mitte 2022 ist Justus Konstantin dort aktiv. Mit Erfolg. Zuvor hatte er in seiner Heimatstadt Hamburg das Johanneum besucht, ein humanistisches Gymnasium.

Während er dort alte Sprachen büffelte, wurde ihm Russisch quasi in die Wiege gelegt. Mutter Ksenia sei Dank, spricht der junge Pianist beide Sprachen perfekt. Entsprechend besitzt er zwei Staatsbürgerschaften. »Anfeindungen wegen der Ukraine habe ich in Moskau und St. Petersburg nie erlebt«, berichtet er. »Ohnehin sind politische Streitigkeiten im russischen Bekanntenkreis glücklicherweise Fehlanzeige.« Dass er eine eigenständige Meinung hat, ist ein anderes Thema. »Die Menschen in Russland freuen sich, Kontakte nach Westeuropa zu haben«, weiß er. Abgesehen von allen Grenzen.

Der Besuch der Akademie an der Zentralen Musikschule in Moskau, einer weltweit anerkannten Institution, bringe den jungen Hanseaten voran. Das Zusammenspiel mit Lehrerin Natalia Trull, einer renommierten Konzertpianistin, sei eine Ehre. Das Konservatorium in Moskau habe den Ruf, die international beste Klavierausbildung anzubieten.

Nach ein paar Monaten bei einem Klavierlehrer in St. Petersburg lebt Justus Konstantin Frantz seit September 2023 bei Mutter Ksenia in Moskau. Ob gekappter Verbindungen zwischen West und Ost verläuft die Reise von Hamburg in Russlands Hauptstadt entweder über die Türkei oder via Helsinki. Von Finnland geht es mit einem Fahrer weiter nach Moskau.

Und die Zukunft? »Ich bin optimistisch«, entgegnet Frantz jr. »Ich habe das Leben vor mir. Ich fühle mich frei.« Es ist ein starkes Gefühl.

Kapitel 7

Zwischen Genie & Geld

Mit einem Knall zerschellt das Meisterwerk

Nicht nur die Crew der Chauffeure und Fahrerinnen drückt lustvoll aufs Gaspedal. Auch Justus Frantz schaltet auf der Überholspur einen weiteren Gang rauf. Die Rolle des Pianisten und Ideenstifters bei der Gründung des Schleswig-Holstein Musik Festivals setzt weitere Energien frei. Frantz ist in seinem Element – auch weil er seine Begabungen als Musiker, Kreativdirektor, Netzwerker und Tausendsassa ins Spiel bringen kann. In der Tat wird durch seine mutige Initiative im hohen Norden ein Ereignis realisiert, von dem zuvor noch nicht einmal zu träumen war.

Selbst das Wochenmagazin »Spiegel«, ansonsten nicht gerade für überschwängliche Huldigungen bekannt, schreibt in einem insgesamt sehr kritischen Beitrag zum Ausklang des Jahres 1994 poetisch: »Neun Sommer lang, selbst bei Wind und Wetter, hing der Himmel voller Geigen: wo sonst nur Amseln sangen, trällerten Primadonnen, wo sonst bloß Rindvieh blökte, schmetterten Tenöre, mancher Kuhstall wurde Carnegie Hall.« Mit dieser Poesie jedoch ist es nach neun fetten Jahren vorbei – in diesem journalistischen Beitrag wie auch für Justus Frantz selbst. Begleitet von Pauken und Trompeten tritt der Gründungsintendant im November 1994 den Rückzug an. Er sagt, aus freien Stücken und ohne Not. Seine Widersacher behaupten, dass er einem Rausschmiss zuvorkommt. Damals wie heute steht Aussage gegen Aussage. Einer schiebt dem anderen die Schuld in die Schuhe. Was mit einer grandiosen Inszenierung 1986 beginnt, endet mit furiosem Missklang. Um erneut den »Spiegel« mit einer Überschrift zu zitieren: »Schrille Töne hinterm Deich«. An der Küste bebt es.

Dabei weist das von Justus Frantz erdachte Festival einen beeindruckenden Zuspruch auf. Kommen im Premierenjahr 1986 rund 100.000 Besucher zu 96 Konzerten, sind es 1987 bereits 220.000 Gäste bei 225 Veranstaltungen. In Scheunen, Herrenhäusern und Ställen groß aufspielende Weltstars ziehen 1992 bei 144 Konzerten 320.000 zumeist gut zahlende Zuhörer an. Politik, Wirtschaft,

Kultur und Gesellschaft spenden Beifall – und oft auch Geld. Sponsoren wie Zentis oder Audi ermöglichen einen fulminanten Start. Applaus von allen Seiten.

In dieser kollektiven Euphorie wird nicht immer Wert auf eine akkurate Finanzplanung gelegt. Kritiker behaupten (später), dass Quittungen teilweise in Schubläden und Kartons verwahrt werden. Im Schwung des mitreißenden Erfolgs wird offensichtlich kein gesteigerter Wert auf eine ausgeglichene Ein- und Ausgabenrechnung gelegt. Warum auch? Das Festival entwickelt sich zu einer ganz großen Nummer. Rechnungsprüfer und Kontrolleure werden in dieser Phase eher als störend empfunden. Bis 1994 ein Minus von 3,75 Millionen Mark in der Bilanz registriert wird, umgerechnet etwa 1,8 Millionen Euro. Da das gastgebende Bundesland federführend in der Verantwortung ist, nicht nur als Finanzgeber, ist schnell Schluss mit lustig. Bis Justus Frantz schweren Herzens und von sich aus mit reichlich Ärger im Bauch einen Strich unter ein Kapitel zieht, das er selbst auf die Bühne brachte. Sogar seine Widersacher, von denen es etliche gibt, müssen zugeben: Frantz ist der Erfinder, Mentor und Motor der Marke Musikfestival außerhalb der großen Opernhäuser, Arenen und Konzerthallen. Denn was in Schleswig-Holstein startete, kopierten andere.

Versäumnisse, Missverständnisse oder Schludrigkeiten würden den Rahmen dieses Buches sprengen. Zumal die Frage der Verantwortung final nicht zu klären ist. Fakt ist: Justus Frantz hat zahlreiche Pluspunkte. Organisationstalent und strammes Wirtschaften, bestätigen auch Freunde, zählen nicht dazu. »Ich bin kein Pfennigfuchser«, sagt er zum gar nicht leisen Abschied selbst, »und ich bin auch kein Rechnungsprüfer.« Sonst wäre er kaum in die aktuelle Bredouille geraten, im hohen Alter ohne Vermögen dazustehen. An Pensionsansprüche, eine Rente oder Rücklagen denkt er in guten Jahren mit sprudelnden Einnahmen nicht. Das rächt sich nun.

Zurück zum 22. November 1994, ein halbes Jahr nach dem 50. Geburtstag des Maestros. Kurzfristig hat Frantz zu einer Pressekonferenz in seine Wohnung nahe der Außenalster in Hamburg geladen. Viele Medien schreiben »in sein Haus«. Das ist nicht korrekt: Justus Frantz zahlt für seine stilvolle Altbauwohnung im Hochparterre ebenso Miete wie die anderen Parteien in der Villa. Andernfalls wäre das private finanzielle Problem ja nicht so drangsalierend.

Während dieses Pressetermins fährt der Maestro schwere Geschütze auf. Im Visier befindet sich ein Mann, den er gar nicht mag: Schleswig-Holsteins Wirtschaftsminister Peer Steinbrück. Der Sozialdemokrat wird später Ministerpräsident von Nordrhein-Westfalen und Kanzlerkandidat seiner Partei. Angeblich beruht diese Antipathie auf Gegenseitigkeit. Die Presse bringt das Verhältnis so auf den Punkt: »Erzfeinde«. Dabei behauptet einer wie der andere, sachliche Argumente vorzuziehen. Wie auch immer: Peer Steinbrück ist als Vertreter der Landesregierung Aufsichtsratsvorsitzender des Musikfestivals. Und wer Karriere machen will, darf sich als Chefkontrolleur keine Unregelmäßigkeiten leisten.

»Neid ist die deutsche Form der Achtung«, sagt Justus Frantz. Er weist sämtliche Vorwürfe zurück. Und warum tritt er dann als Intendant zurück? »Weil ich die Hetzjagd leid war«, entgegnet er rückblickend. »Außerdem sehnte ich mich nach Freiheit.« Denn trotz der triumphalen Festivalverläufe betrachtet er die wirtschaftliche Seite als Last. Freundinnen und Freunde formulieren es so: »Justus kann mit Geld nicht umgehen. Basta. Und er hat in Hochzeiten gewiss nicht groß auf Ausgaben geachtet, aber nicht in die eigene Tasche gearbeitet.« Oder: »Er hat feudal gelebt – und andere daran teilhaben lassen.« Zudem sei er gewitzt genug gewesen, seinen Einsatz für das Festival zusätzlich für persönliche Vorteile zu nutzen. Verboten, meint er, sei das keinesfalls. Umgekehrt gelte: »Hätte ich diesen Einsatz in eigener Sache investiert, wären die persönlichen Einnahmen erheblich höher ausgefallen.« Während des Festivalaufschwungs habe sein Team intensiv am Erfolg gewirkt – und nicht »auf Kleinkram geachtet«. Einer wie er, der gern eine kesse Lippe riskiert und hin und wieder Streitereien schätzt, habe sich im Laufe des SHMF-Triumphs natürlich auch Gegner gemacht. Diese seien 1994 aus der Deckung getreten. »Ich bin hart im Nehmen«, sagt Frantz, »aber war in dieser Phase schwer enttäuscht.«

Aus seiner Sicht vor allem von jenen, die bei Empfängen und Konzerten zuvor mit Vorliebe an seiner Seite standen und den Glanz genossen. Neben Wirtschaftsminister Peer Steinbrück fällt in diesem Zusammenhang immer wieder der Name der im Sommer 2023 verstorbenen Ministerpräsidentin Heide Simonis, ebenfalls eine Sozialdemokratin. Sie übernimmt 1993 die Verantwortung als Chefin der Landesregierung. Wäre Justus Frantz an jenem 22. November 1994 nicht von sich aus gegangen, hätte der Aufsichtsrat des Festivals den Rauswurf vorgenommen. Kurz nach der Pressekonferenz in der Frantz-Wohnung war ein Treffen des Gremiums in einem Hotel am Hamburger Flughafen terminiert.

Details drei Jahrzehnte später präzise aufzudröseln und einen Sündenbock zu benennen ist praktisch unmöglich – zumal sinnlos. Fest steht: Mit einem furiosen Knall zerschellt das Meisterwerk des Justus Frantz. Das Projekt aus seinem Ideenfundus, gewissermaßen sein Baby, ist im Alltag des verlässlichen Wirtschaftens und akkurater Abrechnungen implodiert. Das »Hamburger Abendblatt« als kritischer Wegbegleiter und wahrhaftig frei jeglicher Hofberichterstattung meint über Justus Frantz: »Vielleicht hätte er sich irgendwann entscheiden müssen: als genialer Impresario in die deutsche Musikgeschichte einzugehen oder Künstler zu bleiben.« Frantz habe beides gewollt: »Macht und Mittelpunkt sein – und zugleich Künstler. Auch wenn dessen Format unter der Rundumbelastung des unermüdlichen Organisators längst leidet.«

Der »Spiegel« bringt 1994 in Ausgabe 48 einige Vorwürfe gegen Justus Frantz auf den Punkt. Im Vergleich zur enormen Popularität und dem gewaltigen Imagegewinn Schleswig-Holsteins scheinen sich einige Beträge in Grenzen zu halten. Doch sind sie nach Auffassung der Kontrolleure eben nicht genehmigt oder ordnungsgemäß abgerechnet worden. Beispiele sind umgerechnet gut 40.000 Euro für einen Festivalfilm ohne Abstimmung mit der SHMF-Geschäftsführung oder 33.000 Euro Zusatztechnik für ein Prokofjew-Ballett. Für ein Gastspiel des Mariinski-Theaters aus Sankt Petersburg in der Hamburger Staatsoper seien für technisches Personal zusätzlich 100.000 Euro angefallen. Rückzieher von Sponsoren, die abgesprungen sind oder auf Sparflamme umgeschaltet haben, summieren sich auf fast 200.000 Euro.

Angeblich sei er auf Festivalkosten einmal mit einem Hubschrauber von Glückstadt über die Elbe nach Stade geflogen. Der Pianist kontert den Vorwurf mit der Erklärung, dass ein wichtiger Sponsorentermin nicht anders machbar gewesen und zudem teilweise von einer Firma übernommen worden sei sowie unter dem Strich viel mehr Geld eingebracht als gekostet habe. Nicht nur dem Wochenmagazin »Spiegel« gegenüber weist Justus Frantz sämtliche Vorhaltungen vehement zurück. Am ärgsten trifft ihn der Vorwurf, Belange des Festivals mit persönlichen Interessen verquickt zu haben. Manche im Intrigenstadel meinen: Justus Frantz hat sich als Intendant selbst hoch dotierte Auftritte als Pianist oder Dirigent zugeschanzt.

Vor allem verärgert ihn eine Behauptung, die nicht nur der »Spiegel« publiziert: »In diesem Gemauschel von Festival- und Frantz-Interessen kamen sogar Gerüchte auf, er habe den eigenen Ruhm längst über das Ansehen des Festivals gestellt und dabei womöglich in die eigene Tasche gewirtschaftet.« Die Frage, ob er fremde Orchester manchmal nur unter der Bedingung engagiert habe, dass er ihnen auch als Dirigent vorstehen dürfe, habe Justus Frantz mit einem wortkargen »Nein!« beantwortet. Vielleicht fürchtet er, dass ihm Worte im Munde umgedreht werden könnten? Denn der Pianist ist für manches Erstaunliche bekannt, allerdings auf keinen Fall für Einsilbigkeit, Feigheit oder übertriebene Vorsicht. Alle möglichen Spitznamen hatten sie ihm während erfolgreicher Festivalreihen verliehen: »Frantzdampf«, »Kaiser Frantz« oder »Frantz im Glück«. »Frantz fürchtet sich« war nie dabei. Im Gegenteil: Der Norddeutsche hält es mit einem Profiboxer: bitte etwas mehr austeilen als einstecken. Aber einstecken gehört zum Geschäft. Und getreu dem Prinzip seiner adeligen Vorfahren: viel Feind, viel Ehr.

Da in seinem Fall eine unbestritten hohe Intelligenz und schlagfertiger Wortwitz die menschliche Mischung ausmachen, legt er lieber einen Vorwärts- als den Rückwärtsgang ein. Kritiker gaben und geben zu: Mit Justus Frantz kann man sich vortrefflich streiten – indes ebenso schnell wieder vertragen. »Er kann fünf gerade sein lassen«, heißt das. Und selbstverständlich hat er gegen jeden Vorwurf gute Argumente ins Feld zu führen. Ein Kernpunkt: Als Intendant sei er für die künstlerische

Qualität des Festivals verantwortlich, weniger für die finanzielle Seite. Dieser Ansatz gerät im Rausch des Beifalls für ein hochkarätiges Ereignis offensichtlich leicht in Vergessenheit. Tenor: Wenn urplötzlich ein millionenschweres Loch im Veranstaltungsbudget auftaucht, haben die Kontrolleure ihre Hausaufgaben dann korrekt erledigt?

Die »Zeit« formuliert dazu unter der Überschrift »Soll und Haben oder Schuld und Sühne« zum angeblichen Sündenfall Justus Frantz ebenso feinfühlig wie philosophisch: »Der kreative Geist kennt keine Grenzen – aber er stößt schnell an solche, die andere aufgerichtet haben. Die innovative Fantasie des Justus Frantz scheint weder zeitliche noch räumliche Schranken zu haben. Er produziert schneller neue Ideen, als seine Mitarbeiter sie ausführen können.« Und: »Bevor die reagiert haben, überfällt er sie mit der nächsten. Das muss zu Konflikten führen.« Vereinsvorsitzende und Aufsichtsräte müssten immer wieder Unvorhergesehenes in das vorgegebene und längst zu enge Raster einzwängen. Fazit des »Zeit«-Autors: Das Genie, gemeint ist Justus Frantz, »versteht nicht, warum ihm nur Hindernisse in den Weg gelegt werden«. Die Melange aus Ideenreichtum des Festivalgründers und den ökonomischen Zwängen eines aus dem Landeshaushalt mitfinanzierten Etats sei wie eine Quadratur des Kreises.

Ähnlich betrachtet Helmut Schmidt die Sachlage. Zwar ist der Staatsmann ein Frantz-Freund, doch über jede Form persönlicher Begünstigung erhaben. In seinem 1996, also zwei Jahre nach dem Knall von Kiel veröffentlichten Buch »Weggefährten« betrachtet Schmidt die Sachlage so: »Die Kritik am Sponsoring des Schleswig-Holstein Musik Festivals ging ebenso fehl wie die Kritik an den vermeintlich zu hohen Bezügen der Spitzenkünstler und des Intendanten – als ob nicht auch Karajan oder Bernstein und viele andere im Sinne eigener Einkommensmehrung sehr gute Kaufleute gewesen wären. Natürlich spielt der Neid hier eine Rolle.« Abschließend meint der ehemalige Bundeskanzler: Landesregierung und Landtag in Kiel sollten wissen, dass »ihr prozentualer Beitrag zur Finanzierung des Festivals« in der Ära Frantz geringer war als der prozentuale Beitrag der staatlichen Subventionen zur Finanzierung der darstellenden Kunst im Allgemeinen. Helmut Schmidt stuft Justus Frantz so ein:

»ein Naturtalent als Intendant und Impresario«. Er habe das Festival »auf eine erstaunliche Höhe geführt«.

Das hört nicht jeder gern in Deutschlands Norden. Vor allem nicht die SPD-Politikerin Heide Simonis, siehe oben. Von 1988 bis 1993 ist sie als Finanzministerin und anschließend bis 2005 als Ministerpräsidentin in der Verantwortung. Justus Frantz meint, ihr angeblicher Rochus ihm gegenüber habe nicht nur sachliche Gründe. Nach der »Last Night« in Kiel, dem Abschiedskonzert, informiert ihn der Journalist Hans-Erich Bilges, Mitglied der »Bild«-Chefredaktion, aus erster Hand: »Die Ministerpräsidentin hat sich negativ über den Intendanten geäußert.« Frantz meint den Hintergrund zu wissen: verletzte Eitelkeit, aus seiner Sicht. Da sich die im Juli 2023 verstorbene Politikerin nicht mehr wehren kann, kurz gefasst: Frau Simonis habe engeren Kontakt zum von 1994 bis 1999 amtierenden Bundespräsidenten Roman Herzog gesucht. So habe sie angeregt, bei einem Frühstück zwischen Herzog und Frantz die Dritte im Bunde zu sein. Diese Bitte wurde höflich abgelehnt. »Seitdem«, meint Justus Frantz, »hatte Frau Simonis mich auf dem Kieker.«

Insgesamt bekennt Justus Frantz, trotz seiner Nehmerqualitäten und seiner Spontaneität von Intrigen und Anschuldigungen enttäuscht und gekränkt zu sein. Ja, er sei aufbrausend, hin und wieder auch jähzornig, liebe letztlich jedoch den Konsens: »Dauerhafte Misstöne sind in der Musik ebenso nervtötend wie im menschlichen Miteinander.« Und an diesem 22. November 1994, dem Tag seines Rückzugs vom SHMF, hätten ihm Ehrgefühl wie Bauchgefühl signalisiert: »Justus, lass nicht alles mit dir machen, zieh die Reißleine.« Hinzu käme der Widerwille gegen immer mehr Bürokratie und Buchhaltung – im Einklang mit dem Wunsch, sich wieder frei entfalten, mehr dirigieren, »mehr Oper machen« zu können.

Und mit diesem Hintergrund sitzt Justus Frantz nun am 22. November 1994 bei der eilig zusammengetrommelten Presserunde in seiner Hamburger Hochparterrewohnung und macht kein Hehl aus seinem Verdruss und Ärger. Juristisch beraten ließ er sich zuvor nicht. Zwar ist der renommierte hanseatische Medienanwalt Dr. Matthias Prinz zugegen, längst der Ehemann der früheren Frantz-Frau Alexandra von

Rehlingen, doch spricht der Musiker eigenen Angaben zufolge »aus dem Bauch raus«. Frei von juristischen Absicherungen und diplomatischen Wattebäuschen redet Festivalgründer Frantz temperamentvoll Tacheles. Und geht in die volle Offensive: »Wenn Peer Steinbrück zurücktritt, bleibe ich.« Das nennt man Chuzpe. Denn der schleswig-holsteinische Minister und Aufsichtsratschef des SHMF möchte politische Karriere machen. Er denkt nicht im Traum daran, die Brocken hinzuschmeißen. Außerdem sieht er sich im Recht.

Er ist nicht der Einzige. Hand aufs Herz: Auch wer Justus Frantz dankbar ist für seine famose Festivalidee und mit seinem herzerfrischenden Elan sympathisiert, kann sein Verhalten in dieser Phase nicht immer nachvollziehen. Justus Frantz kokettiert noch damit, »ohne jede Beratung« zu operieren. Das glaubt ihm jeder. Wie auch die Frantz-Feststellung, »über Geld nicht nachgedacht« zu haben. Teilnehmer der Pressekonferenz, durch deren Ansetzung er angeblich einem Rausschmiss zuvorkommt, hören von Justus Frantz mehrfach den Satz: »Ich habe keine Fehler gemacht.« Und er bleibt dabei. Als Intendant sei er für die künstlerische Qualität des Festivals zuständig, nicht jedoch für Budgetkontrolle und Spesenabrechnungen.

Apropos Spesenabrechnung. Den für außerordentliche Aufwendungen eingerichteten »Reptilienfonds« habe er nie in Anspruch genommen. »Warum denn nicht, Herr Professor Frantz?«, fragt ihn später ein wohlgesonnener Mitarbeiter aus dem Controlling der Landesregierung. Verblüffende Antwort: »Ich habe nicht daran gedacht.« Eine gewisse Laxheit in wirtschaftlichen Belangen, andere, aber auch sich selbst betreffend, ziehen sich durch sein (Berufs-)Leben. Typisch Frantz. Wenn etwas richtig rund läuft, muss nicht auf jeden Euro geachtet werden. Und wenn es schlechter läuft, ebenfalls nicht. Übereinstimmend wird Frantz als »überaus großzügig« geschildert – anderen und sich gegenüber.

Diese Fragestellung lässt ihm heutzutage keine Ruhe. Zumal er ohne ausreichende finanzielle Absicherung in sein neuntes Lebensjahrzehnt geht. Das wurmt natürlich. Einer wie Justus Frantz ist nicht zum strengen Sparen künstlerisch groß geworden. Dass er zum Schluss nun den wirtschaftlichen Schaden hat, schmeckt natürlich bitter.

Und während eines ruhigen Gesprächs unter sechs Augen daheim am Kamin sagt er dann schließlich doch: »Am Ende habe ich damals nicht alles richtig gemacht.« Selbstkritik wie diese haben auch Mitstreiter zu oft vermisst.

Bei Justus Frantz' 80. Geburtstag im Mai 2024 sind nun drei Jahrzehnte vergangen seit dem Streit von 1994. Die Wogen haben sich geglättet. Und über manches, was damals wie ein Bergmassiv im Raum stand, kann der Pianist und Dirigent in der Neuzeit durchaus schmunzeln. Wie über das Erlebnis in einem Flughafenbus auf dem Rollfeld eines großen deutschen Airports. Er habe seinen Ruf ja reichlich ramponiert, meinte ein Mitreisender ungefragt in aggressivem Ton. »Der Unterschied ist«, entgegnete Justus Frantz, »über Sie wird man niemals in der Zeitung lesen.« Wohl wahr.

Abschließend betont der Pianist: »Ich habe grundsätzlich immer alle Schulden auf Heller und Pfennig bezahlt.« Unter dem Strich habe er sein privates Vermögen belastet, um für seine Verpflichtungen geradezustehen. Ein schmerzhaftes Beispiel ist die Finca auf Gran Canaria.

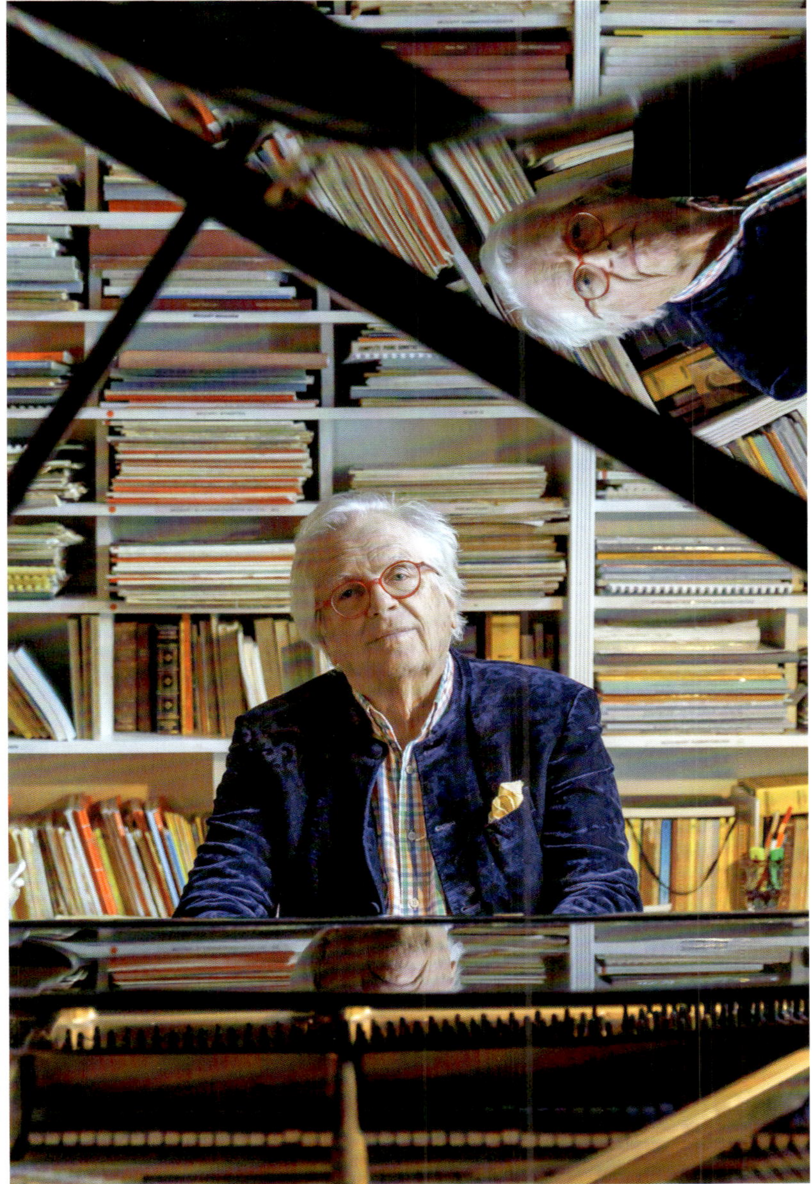

Foto: Marcelo Hernandez, Hamburg

Die Kraft und die Erfüllung der Musik spürt Justus Frantz auch zu Hause. In den beiden zum Garten gelegenen Räumen befinden sich drei Flügel.

Kapitel 8

Philharmonie der Nationen

Und das Problem mit dem Milliardär Reinhold Würth

Justus Frantz & Freunde holen nach dem furiosen Crescendo mit dem Abtritt des Gründers Justus Frantz erst einmal tief Luft. Der Mann, der dieses tatsächlich epochale Ereignis schuf, ist von Bord seines Schiffes gegangen – als Kapitän und im Hader. Im Inneren des Maestros tobt ein Vulkan. »Doch freute ich mich trotz des tiefen Frusts über meine Freiheit und auf das neue Erlebnis des Dirigierens.« Ein halbes Jahr vor dem finalen Missklang hat er seinen 50. Geburtstag begangen. Justus Frantz strotzt vor Kraft. Seine Energie reicht, um frische Ideen zu entwickeln und in die Tat umzusetzen.

In der Erkenntnis, dass ein scharfer Schnitt zu Schleswig-Holstein und dem dortigen Festival geboten ist, kommt es im Hotel Kempinski in Berlin zu einem Frühstück, das neue Weichen stellt. »Hilf dir selbst«, gibt Justus Frantz als Devise nach seinem nicht nur freiwilligen Rücktritt als SHMF-Intendant aus. Andere hätten vielleicht mit juristischen Tricks und Finten versucht, zum Abschied möglichst dicke Kuchenstücke aus der Torte zu schneiden. Justus Frantz erhält eine maßvolle Abfindung, pokert keine Sekunde, blickt nach vorn.

Bei Croissants, Kaffee und frisch gepresstem Orangensaft sinnieren Leonard Bernstein, Justus Frantz und der Kulturprofi Sven Ernst über neue Schritte, um aus ihrem Ideal Wirklichkeit werden zu lassen: mit klassischer Musik Menschen zu berühren. Und mit klassischer Musik Brücken zu bauen. Vor allem eine wachsende Harmonie zwischen Ost und West setzt sich das Trio im »Kempi« zum Ziel. Eine neue, zukunftsweisende Idee wird geboren, die »Philharmonie der Nationen«. Hintergrund: Jedes Festival verfügt über sein eigenes Orchester. Doch jetzt sollte die Richtung weg von Scheunen, Herrenhäusern und Stallungen auf dem platten Land hinaus in die große, weite Welt der Musik gehen.

Das Sprungbrett ist formidabel. Zum einen steht das in Jahren ausgebaute und verfeinerte Netzwerk hervorragender Kontakte. Zum

Zweiten bürgen besonders die Namen Bernstein und Frantz für Qualität. Und drittens können in kurzer Zeit herausragende Partner als Sponsoren gewonnen werden. Beispiele sind der Schreibgeräteprofi Montblanc sowie das Tabakunternehmen Reemtsma. Es kann also losgehen. Und das tut es.

Der Applaus in Konzertsälen, aber auch von Medienseite beflügelt das Orchester junger Menschen. »Sie geben die Vielfalt der Nationen wieder«, sagt Justus Frantz. Ein Betrieb mit 60 bis 70 Musikern sowie einem Organisationsteam kostet natürlich Geld, viel Geld. Nach und nach ziehen mehrere Gesellschafter dieser Philharmonie der Nationen an einem Strang: natürlich Justus Frantz sowie mehrere Privatpersonen, unter ihnen ein Rechtsanwalt aus Berlin. Und vor allem der Unternehmer Reinhold Würth mit Wurzeln im Nordosten Baden-Württembergs. Anfang der 1950er-Jahre baute er unter seinem Namen das Schrauben-Handelsunternehmen Würth auf. Darauf schuf er einen Marktführer in der Befestigungs- und Montagetechnik. Das US-Wirtschaftsmagazin »Forbes« beziffert das Vermögen der Familie 2023 auf mehr als 25 Milliarden Euro.

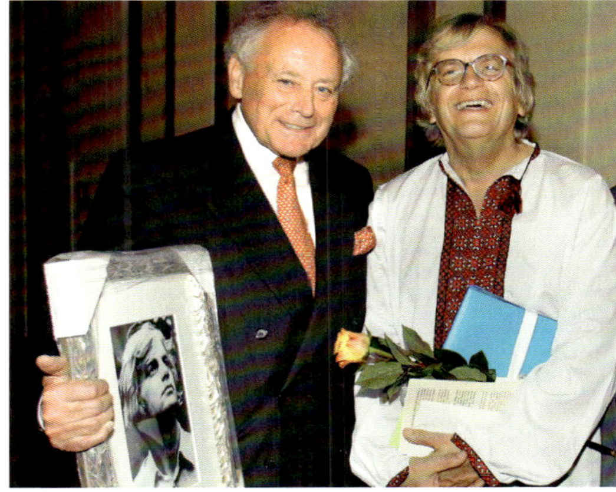

Foto: picture alliance / Eventpress | Eventpress Herrmann

Jahrzehntelang Wegbegleiter, Seelenverwandte, beste Freunde. Aktuell haben der milliardenschwere Mäzen Reinhold Würth (links) und Justus Frantz keinen persönlichen Kontakt mehr. Juristen haben das Wort.

Reinhold Würth machte sich nicht nur als Unternehmer, sondern auch als Förderer der Kunst einen Namen. Rund vier Jahrzehnte zählt Justus Frantz ihn zu seinen Unterstützern, aber auch zu seinen Freunden. Dass diese Männerfreundschaft in die Brüche geht, juristische Scharmützel geführt und eisiges Schweigen zwischen den in die Jahre gekommenen Weggefährten herrscht, stimmt den Pianisten traurig. »Hin und wieder gab es Probleme«, sagt er, »die Ursache des Zerwürfnisses ist mir allerdings unerklärlich.« Wie eingangs geschrieben, wollte Würth nur in

Anwesenheit seiner Rechtsanwälte vor Ort in Baden-Württemberg Stellung beziehen. Weitere Reaktionen blieben aus. Wenn Justus Frantz im Mai 2024 seinen 80. Geburtstag begeht, ist Reinhold Würth 89 Jahre alt.

Doch zurück zur Ouvertüre der Philharmonie der Nationen. »Let's make music as friends«, philosophierte Leonard Bernstein gekonnt. Im Duett mit Justus Frantz ist er von der Vision beseelt, die völkerverbindende Kraft gemeinsamen Musizierens für den Weltfrieden einzusetzen. Dieser Grundgedanke, sagt Frantz selbst, habe sein Handeln allzeit inspiriert. Er sei nicht Anhänger irgendwelcher ausländischer Staatsführer, sondern ein Brückenbauer zwischen Nationen und Kontinenten. Tatsächlich vollbringt die Philharmonie der Nationen Erstaunliches: Junge Musiker mit allen möglichen Staatsbürgerschaften schaffen weltweit Verbindungen. Unter der Überschrift »Klänge wie der Frühling« bringt es die »Frankfurter Allgemeine« wunderbar auf den Punkt: »Nachwuchsmusiker können auch längst verbrauchten Klängen frischen Wind einhauchen.« Das Fazit des Zeitungsautors: »Frantz ließ die Musiker an der langen Leine spielen.« Diese Tugend gilt nicht nur im Saal, sondern auch im übertragenen Sinne: Aus unterschiedlichen Instrumenten und Zwischentönen entsteht ein großes Ganzes. »Ich bin nicht Primus inter Pares«, formuliert er, also Erster unter Gleichen. »Ich bin Pares inter Pares«, mithin einer unter seinesgleichen. Das Geheimnis dieser friedlichen Koexistenz sei die gemeinsame Sprache, die Musik. Wenn man so will, ist Justus Frantz Trainer, Dirigent und geistiger Vater dieser friedensstiftenden, professionellen, internationalen Philharmonie. Dabei sollte bedacht werden, dass die Philharmonie im Jahr nach dem Ausscheiden von Justus Frantz aus der Intendanz des Schleswig-Holstein Musik Festivals 1994 ins Leben gerufen wird, also 1995. Das liegt fast drei Jahrzehnte zurück.

In einer Art Manifest dieser einmaligen Initiative heißt es: »Es musizieren Serben mit Slowenen, Syrer mit Israelis, Chinesen mit Franzosen, Russen mit Ukrainern.« Wohlgemerkt werden diese Worte niedergeschrieben, bevor Russland die Ukraine überfiel und bevor in Nahost unfassbare Gräuel geschahen. Mancher meint, Justus Frantz sei ein zu großer Idealist. Doch kann man so etwas wirklich sein? Andere nennen ihn naiv in Anbetracht des Horrors auf Erden. Doch wäre es schlimm? »Ich glaube an die Kraft der Musik«, erklärt er unverdrossen.

Und wenn Musiker vieler Nationen an die Kraft des Guten glauben, muss diese Idee hinausgetragen werden. Folglich stehen diverse Weltreisen auf dem Programm dieser Philharmonie der Nationen. Klar, dass ein solches Unternehmen viel Geld kostet. Justus Frantz beziffert den Jahresetat in der Anfangsphase auf rund zwei Millionen Euro. Für Gehälter der Musiker, Weltreisen, Verwaltung, Organisation. Doch stehen zwei andere Prinzipien ganz oben auf der Rechnung: der Sinn – und der Spaß. Rückblickend ist es ein Segen, dass Mitreisende Tagebücher führen. Ein Höhepunkt folgt dem nächsten.

1996 begleitet die Philharmonie der Nationen den Staatsbesuch des Bundespräsidenten in China. 1998 ist sie offizielles Orchester der Operalia, dem von Weltstar Placido Domingo inszenierten Gesangswettbewerb. Außerdem gastiert das Orchester mit seinem Chefdirigenten Justus Frantz im Vollversammlungssaal der UNO in New York. Ebenfalls 1998 führen Tourneen nach Kiew, Budapest, Moskau, Shanghai, Guangzhou, Kuala Lumpur und Beirut. Auch wenn er nun weltweit unterwegs ist, vergisst Justus Frantz Schleswig-Holstein keineswegs. Der Verdruss über die Trennung vom Festival im Norden Deutschlands jedoch ist verflogen.

1999 ist die Philharmonie der Nationen Teilnehmer am Benefizkonzert »Michael Jackson & Friends«. 60.000 Zuhörer im Olympiastadion in München spenden begeistert Beifall. Im Jahr darauf, eingeladen vom Bundespräsidenten Johannes Rau und der Verlegerin Friede Springer, tritt die Philharmonie der Nationen unter der Kuppel des Reichstagsgebäudes in Berlin auf. Es handelt sich um akustisches Aufrütteln, um ein Signal gegen den aufkeimenden Rechtsradikalismus in Deutschland. Mitte 2001 gibt das von Justus Frantz dirigierte Orchester ein Privatkonzert für Papst Johannes Paul II. auf dessen Sommersitz Castel Gandolfo. »Der Geist es Friedens liegt in der Luft«, heißt es. Diesen Sondereinsatz nimmt die »Bild« zum Anlass für eine Würdigung eigener Art. In der Rubrik »Gewinner« heißt es im August 2001, pikanterweise neben der »Verliererin« Sahra Wagenknecht: »Mit

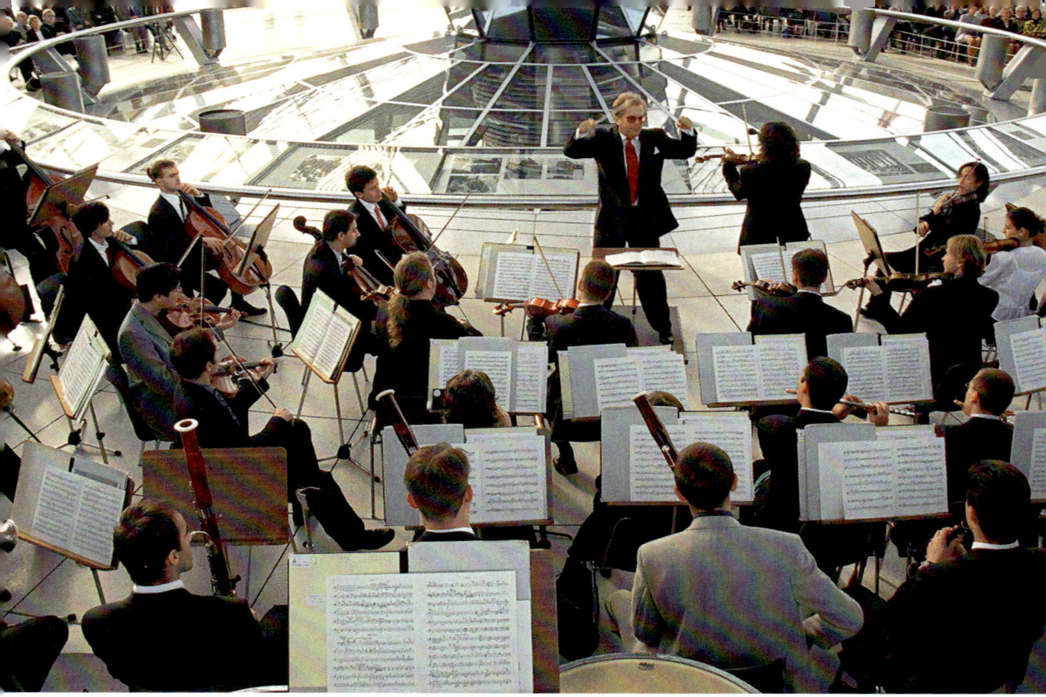

Foto: picture-alliance / dpa | Tom Maelsa

»Klassik gegen Rechtsradikalismus«: Unter diesem Credo dirigierte Justus Frantz die Philharmonie der Nationen am 1. Oktober 2000 in der Kuppel des Reichstagsgebäudes in der Hauptstadt Berlin.

seinen Konzerten verzaubert er Millionen Menschen. Jetzt begeisterte er auch den Papst.« In dem prominent platzierten Beitrag wird Frantz als »genialer Dirigent« bezeichnet.

Die Tageszeitung »Welt« publiziert am 13. Juni des gleichen Jahres eine ganzseitige Reportage über das Abschlusskonzert der weltweiten Freundschaftstournee: »Viel Harmonie in Beirut«. Wie fast alle deutschen Medien und viele internationale Zeitungen berichtet ebenfalls die »Welt am Sonntag« respektvoll über eine Mission, die über »rund 21.000 Kilometer und drei Konzerte in drei Metropolen in sechs Tagen« führt.

Eine musikalische Reise folgt der nächsten. Die Philharmonie der Nationen ist viel gefragt – als ein professionelles Orchester, als Botschafterin des Friedens. Die meisten Menschen verstehen diese Mission, indes nicht alle. Damals wie heute. Kontraste tragen zur Belebung bei. Ein hervorragendes Beispiel ist das Jahr 2003, nicht nur als Sicht der Neuzeit. Im Juni gastiert die Philharmonie im Mariinski-Theater in St. Petersburg.

Anlass ist der 300. Geburtstag der Hafenstadt an der Ostsee. Fünf Monate später bricht das Orchester zu einer großen USA-Tournee auf. Es folgen Auftritte in Südafrika sowie ein Programm in China. Das zehnjährige Bestehen der Philharmonie der Nationen wird mit einer Festveranstaltung im Konzerthaus am Gendarmenmarkt in der Hauptstadt Berlin gewürdigt. Das ZDF überträgt das Ereignis.

Belebt wird die Arbeit der Musiker durch Aktivitäten für Kinder. Es gibt spezielle Auftritte, Workshops und gemeinsames Musizieren. »Wer die Liebe zur Musik frühzeitig weckt«, gibt Justus Frantz als Credo aus, »unternimmt eine Menge für zukünftige Harmonie.« Dieses Ideal gilt überall. Auch in Schleswig-Holstein werden besondere Kooperationen mit Schulen und Konservatorien organisiert. »Wenn Justus Frantz im Einklang mit dem Nachwuchs wirkt«, steht in einem Tagebucheintrag, »ist er mit Leib und Seele präsent, vergisst beinahe Zeit und Raum.«

Dem Modellcharakter des Schleswig-Holstein Musik Festivals folgen nach und nach weitere Veranstaltungen nach diesem Prinzip: die Festspiele Mecklenburg-Vorpommern, das Rheingau Musik Festival oder der MDR-Musiksommer beispielsweise. Diese Harmonie ist Programm. Die klassische Musik, so hat es sich Justus Frantz immer gewünscht, ist immer mehr an der Basis zu Hause. Wer mag, nennt es eine »Demokratisierung der Musik«.

Unter der Überschrift »Klassik unter Palmen« fragt die Zeitschrift »Bunte« im Jahr 2000: »Wie klingt Mozart im Monsunregen?« Und: »Passt Beethoven ins Bambusland? Mögen Buddhisten Brahms?« Was ein wenig eigenartig klingen mag, gipfelt in der Frage: »Kann klassische Musik Wunden heilen?« Hintergrund ist eine Orchesterreise in das von 20 Jahren mörderischem Bürgerkrieg geschundene Kambodscha. Fast 80 Musiker aus mehr als 40 Ländern und von fünf Kontinenten unternehmen keine leichte Musikreise. »Die Vielfalt der Nationen«, sagt Justus Frantz vor Ort ergriffen, »ist auch Symbol für Hoffnung.«

Kontrast gehört zum Programm. So zieht es Frantz & Friends nicht nur hinaus in die weite Welt, sondern auch in ungewöhnliche Orte seiner Heimat. Zum Beispiel in Halle 401 des nicht gerade weltstädtischen Flughafens auf Sylt. »Im Gefühls-Sturm genommen«, schreibt eine Sylter

Zeitung über ein »rein funktionales Ambiente mit leider recht hallig-lauter Akustik«. In der Unterzeile heißt es: »Und so lagen am Ende seines dreistündigen Festival-Konzertes die 2.000 Besucher dem Liebhaber großer Gefühle zu Füßen.« Die Philharmonie der Nationen hat es eben nicht nur in Peking und New York, sondern auch auf dem Flugplatz von Westerland geschafft, die Herzen der Zuhörer zu berühren.

Ebenso wie am 14. September 2001 in der Hauptkirche St. Michaelis seines Wohnortes Hamburg. Bei einem Konzert für die Opfer der Terroranschläge drei Tage zuvor wird im Michel Mozarts Requiem d-Moll, Köchelverzeichnis 626, intoniert. Neben der Philharmonie der Nationen tritt der Litauische Staatschor auf. Apropos: Schon vor dem Zusammenbruch der Sowjetunion unterhält Justus Frantz intensive Kontakte zu den baltischen Republiken. Diese werden nach der Unabhängigkeit noch inniger.

Wer in Archiven oder Online-Datenbanken nach Medienberichten aus der Hochzeit der Philharmonie der Nationen Ende der 1990er-Jahre und zum Start ins neue Jahrtausend sucht, wird vielfach fündig. Konzentrieren wir uns daher nur auf einige weitere Beispiele, um den Höhenflug der damaligen Zeit zu dokumentieren. Denn eines steht fest: Aus der Not nach dem Ärger zum Ausklang des Schleswig-Holstein Musik Festivals haben Justus Frantz und Mitstreiter eine Tugend geformt. Die Philharmonie der Nationen ist weltweit eine namhafte Größe musikalischer Verbindung. Auch und besonders zwischen Deutschland und Russland, lange bevor Wladimir Putin zum Kriegsherrn wird.

»Überirdische Momente« titelt der »Weser-Kurier« in Bremen über eine Gala der Philharmonie der Nationen im Veranstaltungshaus »Glocke« nahe dem Dom. Und von der Hansestadt an der Weser hinaus in die Welt. »Die Philharmonie der Nationen erzeugt einen im besten Sinn homogenen Klang – kraftvoll, differenziert und hell«, steht am 30. Oktober 2000 in der »Washington Post«. Der »Observer-Dispatch« befindet am Tag darauf: »Frantz' energetisches und sensibles Dirigieren erzeugte durch den ganzen Abend ein außergewöhnliches Spannungsfeld von lauten und sanften Passagen – und die Ergebnisse waren großartig.« Und »The Day« in New London, Connecticut, meint: »Bei der

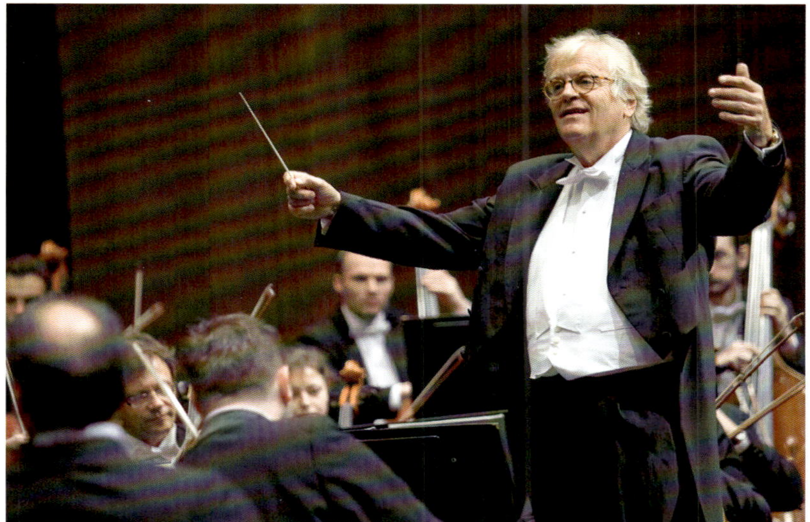

Foto: picture-alliance/ dpa | Friso Gentsch

Kunst mal ganz anders. Justus Frantz dirigierte 2009 die Philharmonie der Nationen bei der Aufführung von »Peter und der Wolf« des Komponisten Sergej Prokofjew. Als Erzähler und Tierstimmenimitator war der Komiker Otto Waalkes im Einsatz.

gut ausgearbeiteten Interpretation der Fünften Sinfonie von Beethoven sorgte die persönliche Frechheit kombiniert mit der eigenen Virtuosität des Orchesters für eine lange in Erinnerung bleibende Aufführung.«

In der Regel ist die Philharmonie der Nationen mit einem großen Tross auf Achse – teilweise mit gecharterten Flugzeugen. An Bord sitzen nicht nur die Musiker und der Dirigent, sondern auch Medienvertreter, Sponsoren und Freunde des Orchesters. Bisweilen sind Freunde auch Förderer. So wie etwa Jutta Harmstorf, die 2023 im Alter von mehr als 90 Jahren verstarb. Die in Hamburg-Blankenese lebende Norddeutsche war mit dem Reeder Alnwick Harmstorf verheiratet. Der Vollblutunternehmer Alnwick war an einer Fluglinie sowie an Reedereien in Flensburg, Lübeck und Bremen beteiligt. Zudem machte er sich als Kunstsammler einen Namen. Die beiden freuen sich über vier Kinder. Zwei weitere bringt Jutta Harmstorf aus ihrer ersten Ehe mit in die Familie.

Ehefrau Jutta lernt Justus Frantz 1996 kennen. Ihr Herz gehört der Musik. Nach dem Tod ihres Mannes Alnwick in diesem Jahr 1996 bittet sie den Pianisten, die Trauerfeier musikalisch zu begleiten. Frantz sagt zu. Dabei ergibt sich spontan die Frage, ob die Witwe nicht mit auf eine Weltreise der Philharmonie der Nationen kommen wolle. Nicht minder spontan sagt sie zu. In Lissabon reiht sie sich in den Orchestertross ein – unkompliziert und voller Freude. Diese Freude hält lebenslang an. Weil Jutta Harmstorf und Justus Frantz dauerhaft freundschaftlich verbunden bleiben. Und weil die musikbeseelte Unterstützerin ihre Erinnerungen an begeisternde Reisen in Tagebuchform festhält. Von einer Sekretärin abgetippt und ordentlich abgeheftet, sind sie Dokumente der deutschen Musikgeschichte.

Die Musiker betrachten die häufig mitreisenden Damen Jutta Harmstorf und Christine Franz, keine Verwandte des zudem anders geschriebenen Justus Frantz, als eine angenehme, sich harmonisch eingliedernde Begleitung. »Jutta und mich verband eine intensive Freundschaft«, bestätigt Justus Frantz, »sie war platonisch und tief.« Sie schätzen sich auf Anhieb. Sie begegnen sich auf Augenhöhe und mit Respekt. Ohne diese außerordentliche Wertschätzung zweier eigenständiger Persönlichkeiten wären weitere gemeinsame Reisen, auch außerhalb des Tourneeprogramms der Philharmonie, gar nicht möglich gewesen. Sie waren als Team unterwegs, im kameradschaftlichen Sinne.

Gegen Ende des vergangenen Jahrtausends fliegen Jutta Harmstorf und Justus Frantz für 14 Tage nach Mauritius. Treffpunkt Airport Paris. Von dort geht's gemeinsam weiter gen Inselstaat im Indischen Ozean. Ursprünglicher Plan: von dort weiter Richtung Seychellen. Dass diese Planung kurzfristig, typisch Frantz, geändert wird, liegt am Direktor des Hotels auf Mauritius, einem Deutschen. Er kennt den Pianisten und Dirigenten seit mehreren Jahren. Daher fällt dem Manager ein Angebot leicht, das die beiden Besucher Jutta und Justus nicht ablehnen können. Als Ehrengäste bewohnen sie die Präsidentensuite – mit mehreren Schlaf- und Wohnräumen, einem privaten Pool und einem eigenen Garten. Das Beste an diesem Spezialdeal: In der Suite befindet sich ein Flügel. Daraus ergibt sich das Finale dieser Episode: Eines Abends sagt sich der Staatspräsident von Mauritius mit einigen Begleitern zu einem Privatkonzert an. Es wird eine famose Vorführung in exklusivem Rahmen. Alles läuft exzellent.

Im Gegensatz zu einem anderen Treffen mit einem Staatspräsidenten. Da es an dieser Stelle so prima passt: Durch Vermittlung von Thomas Bernd Stehling wird ein Besuch des philippinischen Staatspräsidenten Fidel Ramos bei Justus Frantz in Hamburg eingefädelt. Der Jurist Stehling ist bekannt als Programmdirektor des RIAS Berlin, als Funkhaus-Direktor des NDR in Hannover. Von 2001 bis 2010 leitet er das Büro der Konrad-Adenauer-Stiftung in London. Durch mehrjährige Aufenthalte in Asien verfügt Stehling über ausgezeichnete Beziehungen zu führenden Politikern der Region. Und nun hat sich der Musikfreund Fidel Ramos in Hamburg-Harvestehude angesagt. Er soll in den Genuss eines Privatkonzerts des Maestros kommen.

Doch während in der ruhigen Wohnstraße unweit der Rothenbaumchaussee Polizeimotorräder vorfahren, auch in der Hansestadt »Weiße Mäuse« genannt, steht Justus Frantz noch nicht mit Frack und Fliege bereit. Genauer geschrieben: Im Moment des eintreffenden Staatspräsidenten der Philippinen liegt der Maestro in seiner Badewanne im Hochparterre, in freudiger Erwartung eines illustren Tages. Mit Muße und Vorfreude ist es im Nu vorbei. »Es war extrem peinlich«, erinnert sich Justus Frantz. Als es in aller Herrgottsfrühe an der Haustür Sturm klingelte, springt er – wie von der Tarantel gestochen – aus der Wanne. Nach einigem Tohuwabohu ist der Fall geklärt: Das Protokoll hat schlicht die Zeit verwechselt. Statt um 19 Uhr, wie eigentlich vorgesehen, ist das Ramos-Team um sieben Uhr früh vorgefahren. Mit ein wenig Verspätung entwickelt sich aus der vertrackten Situation ein harmonischer Morgen.

Diese erbauliche Anekdote animiert zu einer direkten Frage an den Maestro: »Haben Sie ein dickes Fell, Herr Professor Frantz?« Die Antwort: »Manchmal sehr. Manchmal auch überhaupt nicht.« Was das genau bedeutet, wird am Ende dieses Kapitels deutlich. Wenn die Harmonie der Philharmonie ausklingt. Wirtschaftlich zumindest.

Konzentrieren wir uns unterdessen auf große, bewegende Momente des Orchesters. Einige von ihnen sind in den erwähnten Tagebüchern von Jutta Harmstorf festgehalten. Es betrifft Reisen mit der Philharmonie der Nationen in den Jahren 1997, 1998 und 2000. Die Tourneeprotokolle gestatten Blicke hinter die Kulissen.

»Die Probe Carmina Burana verlief zur Zufriedenheit von Justus«, notiert Frau Harmstorf am 13. September 1997 in London, »wiederholt lobt er den Chor, gleichzeitig aber war er bemüht, sein etwas schnelleres Tempo durchzusetzen, was auch gelang. Und plötzlich wurde die Musik leicht, spritzig, durchsichtig.« Am nächsten Tag, einem Sonntag, notiert sie: »Ein strahlender Herbsttag. Die Stimmung im Orchester und bei J. F. ist gut. Um 19 Uhr beginnt das Konzert. J. F. hat sich entschlossen, statt Rossinis Ouvertüre zu Wilhelm Tell eine Elegie von Grieg zu spielen, dann das Es-Dur Doppelkonzert von Mozart, nach der Pause Carmina Burana.« Weiter schildert sie: »Justus kam auf die Bühne, begrüßte das Publikum mit seiner nur ihm zu Gebote stehenden Art ohne Mikrofon in einem Saal, in dem 2.700 Menschen anwesend waren.« Und zum Finale dieses offensichtlich erstklassigen Tages: »Als die letzten Töne sehr langsam und pianissimo verklangen, senkte er seine Arme nur ganz behutsam – hielt noch einmal inne – es herrschte atemlose Stille – der Taktstock neigte sich – er ging von der Bühne. Erst auf dem halben Weg zum Ausgang löste sich die fast unendlich wirkende Stille. Es brach ein Beifallsturm aus, der überwältigend war.«

Sechs Tage später, in Dubrovnik, stehen eine Stadtbesichtigung, eine Pressekonferenz, eine Motorbootfahrt und ein Konzert im Rector's Palace Atrium in der Stadt in Südkroatien auf dem Programm. Als präzise Beobachterin hält die Tagebuchschreiberin fest: »Justus versteht es, die Menschen anzurühren und aus dem Alltag herauszureißen. Er wird mit Beifall überschüttet.« Am späten Abend an der Hotelbar fragt er sie: »Jutta, hat sich die Orchesterreise nach Dubrovnik gelohnt?« Sie entgegnet, dass das, was er »heute Abend den Menschen vermittelt hat, jede Anstrengung wert« ist.

Ein weiterer Rückblick in die Vergangenheit lohnt sich auch deswegen, weil authentische Eindrücke einer turbulenten Ära wiedergegeben werden. Nach dem Tohuwabohu beim Musik Festival in Schleswig-Holstein ist Justus Frantz mit der Philharmonie der Nationen erneut ganz oben. Monate und Jahre vergehen wie im Flug – im wahrsten Sinn des Wortes. Am 29. September 1997, einem Montag, gibt Jutta Harmstorf eine winzige Impression zu Protokoll, die vorn im Buch bereits angedeutet ist und die so viel ausdrückt. Im Kurort Bad Wörishofen im Unterallgäu wird eine renommierte Musikwoche organisiert. Die Philharmonie der Nationen gibt fünf Konzerte, bei denen junge Solisten präsentiert werden. Star der Eröffnung ist ein zehnjähriges Mädchen: Maria Elisabeth spielt das Violinkonzert von Tschaikowski. Sie erhält intensiven Applaus. Zwei Tage später hat Justus Frantz einen Flug von München nach Hamburg gebucht. Am Montagvormittag probt er, dann soll es zurück in den Norden gehen.

»Als wir Justus um 16.30 Uhr an der Konzerthalle treffen, will er gerade in das Auto steigen, um zum Flugplatz zu fahren«, hält Jutta Harmstorf in ihren Aufzeichnungen fest. »Er entschließt sich aber, lieber mit uns durch den Ort zu gehen, um Pflaumenkuchen zu essen. Das Café, in dem es den besten Kuchen gibt, ist rappelvoll. J. F. meint, man kann auch im Stehen essen.« Eigentlich jedoch sei er auch durstig, sodass doch noch ein Bier dazu gehöre. Und wie wäre es mit einem Schinkenbrot danach? Sie hält fest: »Die Wirtin entschließt sich, einen Tisch für uns nach draußen in die Sonne zu stellen. Wir sind zufrieden. Der Pflaumenkuchen von gestern wird zuerst serviert, dazu das Bier. Das Schinkenbrot kommt nach dem Cappuccino, aber auch diese Reihenfolge akzeptieren wir. Das vorgebuchte Flugzeug in München ist längst gestartet. Ach, was soll's, es ist so gemütlich. Und in dem nachfolgenden Flugzeug ist bestimmt noch Platz.« So ist es. Frantz im Glück.

Am folgenden Freitag, 3. Oktober 1997, führt der Weg nach Stuttgart. Tag der Deutschen Einheit. Ein großes Polizeiaufgebot ist in der Stadt: Bundespräsident Roman Herzog und Bundeskanzler Helmut Kohl werden erwartet. Frau Harmstorf notiert: »Die Philharmonie wird mit Begeisterung empfangen. Rossini, Brahms, zwei Sätze aus der 6. Symphonie Tschaikowskis werden gespielt. Es folgen vier oder fünf Zugaben. Die Menschen sind voller Bewunderung für dieses Orchester.«

Eine weitere große Orchesterreise führt im April 1998 nach Budapest, Bratislava, Prag, Warschau – und nach Moskau und Kiew. Die Kriegsparteien der 2020er-Jahre werden also nach und nach besucht. Man denkt sich damals nichts dabei. An Bord der Chartermaschine sind neben 95 Musikern, PR-Profis und Medienleuten auch die Ehrengäste Jutta Harmstorf und Uta Herz, eine weitere überaus vermögende

Musikfreundin. In Bratislava beobachtet Jutta Harmstorf: »Am Abend beim Konzert geraten Justus und das Orchester in einen Rauschzustand, sie können nicht aufhören zu musizieren. Es folgen sechs Zugaben. Als die Noten nicht mehr ausreichen, wurde auswendig gespielt.«

In dem Tagebuch zieht Jutta Harmstorf persönliche Bilanz einer Konzertreise der besonderen Art: sieben Tage in sechs Hauptstädten. »Jeden Abend ein großartiges Konzert zu dirigieren«, hält sie fest, »das Orchester zu Höchstleistungen zu motivieren, Proben, Interviews, Fototermine, Empfänge, alles mit einer scheinbaren Gelassenheit zu bewältigen, dazu braucht es Besessenheit, die Freude an der Musik«.

Zum Ausklang des weit mehr als 100-seitigen Tagebuchs tauchen wir noch einmal ein in die musikalische Begeisterung der Jahrtausendwende. Die Hamburgerin Jutta Harmstorf erhält in diesem Kapitel deswegen umfassenden Raum, weil sie zwar keine neutrale, indes direkt beteiligte Augen- und Ohrenzeugin dieser nicht nur für Justus Frantz schwungvollen, fulminanten Ära ist. Und weil der Kontrast zum später folgenden Einbruch umso verständlicher wird.

Im Oktober 2000 bricht die Philharmonie der Nationen zu einer USA-Reise auf: 18 Konzerte in 22 Tagen; das ist eine stolze Hausnummer. Am Vorabend des Starts von Berlin-Tegel aus steht ein Abschiedskonzert in der Philharmonie der Hauptstadt auf dem Programm. An Tag drei des Trips, Mittwoch, 25. Oktober, sind mehr als 2.000 Gäste in die Avery Fisher Hall in New York gekommen. Justus Frantz eröffnet den Abend »mit einer eindrucksvollen, charismatischen Rede, in der er die Notwendigkeit und Einheit von Kultur, Tradition und kommerziellen Belangen beschwört, um den Frieden in der Welt zu erhalten und zu schaffen«. Doch schon jetzt merkt die Autorin an: »Alle Zweifel, Probleme, Ängste um die Zukunft der Philharmonie fallen von mir ab.«

Diese Zuversicht soll nicht lange anhalten. In den internationalen Applaus mischen sich nach und nach Missklänge in der Heimat ein. Die Vorwürfe: unsaubere Abrechnungen und Misswirtschaft. So ähnlich wie beim Schleswig-Holstein Musik Festival ein paar Jahre zuvor. Erneut droht ein Großprojekt des Pianisten und Dirigenten in Misskredit zu geraten. Und auch diesmal weist Justus Frantz die

Vorhaltungen entschieden zurück. Dennoch trüben Medienberichte das positive Image der Philharmonie.

Wer auch immer recht hat: Die Presse erfüllt ihre Aufgabe, über solche Fälle zu berichten. »Justus Frantz reagiert empört auf Hausdurchsuchung«, schreibt die »Welt« am 8. November 2001, also rund sieben Jahre nach dem Ärger beim Festival in Schleswig-Holstein. Hier wie dort weist Frantz jegliche Schuld von sich. Ebenso wie sein prominenter Rechtsanwalt, der FDP-Politiker Wolfgang Kubicki. Er kritisiert das Vorgehen der Staatsanwaltschaft massiv: »So etwas habe ich in meiner 23-jährigen Tätigkeit als Strafverteidiger noch nicht erlebt.« Gemeint sind die Durchsuchungen in der Privatwohnung von Justus Frantz, in seinen Geschäftsräumen sowie weiteren Büros. Der zentrale Vorwurf der staatlichen Ermittler: Die für das Management der Philharmonie der Nationen verantwortliche GmbH hatte keine Sozialversicherungsbeiträge für die 70 beschäftigten Musiker des Orchesters abgeführt, sondern die Personen als Selbstständige geführt. Die Behörden sehen die Sachlage erheblich anders. Sie verlangen von der Gesellschaft umgerechnet 1,7 Millionen Euro Sozialversicherungsabgaben plus 800.000 Euro Lohnsteuernachzahlungen. Außerdem, so der Verdacht, seien Gelder privat aus der GmbH entnommen worden. Die Rede ist gar von Überschuldung und Konkursverschleppung.

Justus Frantz, der sich während der Durchsuchungen auf seiner Finca auf Gran Canaria aufhält, reagiert aufgebracht. »Ich konnte gar nicht an die Konten des Orchesters heran«, zitiert ihn die »Welt«. Er sei nie Geschäftsführer gewesen und habe keinerlei Verwaltungsvollmachten gehabt. »Mit Einstellungen und Buchführung hatte ich nie das Geringste zu tun«, teilte er der Deutschen Presse-Agentur mit. Als Verantwortlicher des künstlerischen Bereichs und mit den zahlreichen Tourneen sei er mehr als ausgelastet gewesen.

Rückblickend bestätigen Weggefährten diese Aussage von Justus Frantz. Das Prinzip nach Art des Schleswig-Holstein Musik Festivals: Der Maestro war als Orchesterchef voll in seinem Element, um finanzielle Aspekte habe er sich keinen Deut geschert. Erinnerungen werden wach an seine kokette Selbsteinschätzung: »Ich bin kein Pfennigfuchser. Und ich bin kein Rechnungsprüfer.« Mitstreiter bezeichnen diese Haltung als »typisch Künstler« oder »bisschen naiv«, Kritiker als »nicht plausibel« oder gar »dreist«. Jedenfalls berichtet das »Hamburger Abendblatt«: Der Vorstand des Fördervereins des Orchesters habe Wirtschaftsprüfer mit der Untersuchung von Abrechnungen und Belegen beauftragt. Die Rechtsstreitigkeiten ziehen sich über Jahre hin.

Unter dem Strich geht Justus Frantz als Verlierer aus dem verzwickten Rechtsstreit hinaus. »Ich habe mit meinem Privatvermögen millionenschwer bluten müssen«, bestätigt er. Die Philharmonie der Nationen habe jährlich im Schnitt etwa 1,25 Millionen Euro gekostet, von denen er letztlich rund 500.000 Euro persönlich aufgebracht habe. Alle Summen sind umgerechnet, da in den Jahren nach Gründung der Philharmonie noch mit D-Mark bezahlt wird. Selbstverständlich hat das berühmte Orchester neben namhaften Sponsoren wie Reemtsma oder Montblanc auch private Unterstützer. So engagiert sich die Reederwitwe Jutta Harmstorf, die oben ausführlich zitierte Tagebuchschreiberin, angeblich mit einem Kredit von 2,9 Millionen Euro. Nach einem Vergleich müssen zwischen 1,5 und zwei Millionen Euro davon zurückbezahlt werden, berichten Medien. Dieser Vergleich beinhaltet: Stillschweigen beiderseits. Diese Vereinbarung hat bis heute Gültigkeit. Fest steht: Frantz hat das Projekt Philharmonie der Nationen einen erheblichen Teil seines Vermögens gekostet – und sein Paradies obendrein. Denn die Finca im Süden von Gran Canaria muss dem gleichfalls erwähnten Geschäftsmann Reinhold Würth überschrieben werden. Parallel geht eine über Jahrzehnte währende Männerfreundschaft in die Brüche. Bis heute ließ sie sich nicht kitten.

Abermals ist es typisch Justus Frantz, diesem Desaster noch gute Seiten abzugewinnen. »Der Ausklang ist zwar bedauerlich«, meint er, »aber ich bereue das Projekt überhaupt nicht.« Ganz im Gegenteil: »Wir hatten gemeinsam wunderbare musikalische Erlebnisse und konnten in der Welt ein wenig für Harmonie und Frieden werben.« Seinem ehemaligen Freund und Förderer Reinhold Würth dagegen wirft er vor: »Er hat mir meine materielle und ideelle Lebensgrundlage genommen.« Die Überschreibung der paradiesischen Finca habe ihm »beinahe das Herz gebrochen«.

Gemildert wird das Bedauern durch ein vor spanischen Gerichten erstrittenes Urteil: Demnach gehört die Finca Justus Frantz zwar nicht mehr, allerdings darf er Gebäude und Grundstück sechs Monate im Jahr nutzen. Außerdem sei abgemacht: Sollte die Finca vom aktuellen Eigentümer Reinhold Würth für weniger als zehn Millionen Euro verkauft werden, muss Justus Frantz zustimmen. Darüber hinaus werde der Mehrerlös durch zwei geteilt. Vielleicht, hofft Frantz in der Neuzeit, könne er mit einer Stiftung die Finca zurückkaufen, um dort eine Akademie für musikalische Nachwuchstalente aus vielen Ländern zu begründen.

Den Medien entgeht die Auseinandersetzung natürlich nicht, zu bekannt sind die Kontrahenten Justus Frantz und Reinhold Würth. Unter der Überschrift »Sein Lebenswerk ist zerstört« schildert die »Bild«-Zeitung die Sachlage in aller Kürze: »Nachdem die Trägerfirma seines Orchesters Philharmonie der Nationen Insolvenz angemeldet und er rund eine Million Euro seines Vermögens geopfert hatte, um wenigstens die jüngeren Musiker zu bezahlen, half ihm Reinhold Würth aus der Patsche. Er kaufte seine Finca auf Gran Canaria und löste damit seine finanziellen Sorgen.«

Nach dem Streit der beiden Männer, dessen wahren Grund Justus Frantz angeblich nicht kennt, habe der »Schrauben-Milliardär« Würth die Förderung des Orchesters eingestellt, Musiker angeworben – und seine eigene Philharmonie gegründet. »Bild« meint: »Ein Rachefeldzug, den Justus Frantz kaum verkraften kann.« Der Musiker wird so zitiert: »Mein Lebenswerk ist zerstört.« Weniger emotional, indes nicht gefühllos bringt der »Spiegel« das Thema viel später, im Juli 2017, auf den Punkt – und in die Überschrift: »Justus Frantz verliert Schrauben-Würth als Sponsor«. In der Unterzeile heißt es: »Justus Frantz und seine Philharmoniker waren öfter mal klamm. Bisher sprang Unternehmer Reinhold Würth immer ein.« Künftig jedoch spendiere der Milliardär sein Geld lieber für ein eigenes Orchester. In mehreren Briefen habe Würth die »geradezu Jahrzehnte andauernde Instabilität« gerügt. Das Wochenmagazin zitiert ihn: »Der Justus ist ein begnadeter Musiker. Aber er ist nun mal kein Finanzgenie.«

Eine Woche später bestätigt der »Spiegel« endgültig und ein wenig im Stile eines Boulevardblatts: »Der Maestro und sein Milliardär – vorbei«. Den weiteren Bericht muss man nicht, kann ihn jedoch als Tritt ans Schienbein werten: »Justus Frantz war mal eine große Nummer. Nicht in den Feuilletons, aber im deutschen Unterhaltungsgeschäft. Die Pose war immer wichtiger als musikalische Brillanz.« Etwas vornehmer geht's weiter: Immer wieder seien Frantz' Künstlerträume mit dem Budget kollidiert. Jährlich habe Reinhold Würth für die Philharmonie der Nationen eine Million bereitgestellt, »waren Löcher zu stopfen, auch mehr«. Nun allerdings habe der Unternehmer aus dem schwäbischen Künzelsau den Geldhahn zugedreht. Fazit des Magazins: »Würth hat Frantz fallen lassen, nach fünf Jahrzehnten Männerfreundschaft. Er hatte genug von Missmanagement, Kapriolen und Ausflüchten.« Dem »Spiegel« gegenüber gibt sich Reinhold Würth trotz allem generös: »Ich würde nie zulassen, dass der Justus hungern muss.«

Justus Frantz schüttelt nur den Kopf. »Als bestem Freund habe ich ihm vertraut – und bin bitter enttäuscht worden.« Weiter bilanziert er: »Reinhold Würth unterstützte das Orchester mit jährlich rund einer Million Euro. Das reichte nicht, und ich musste jedes Jahr – auch von meinem eigenen Vermögen – Geld dazugeben.« Nachdem Frantz das Orchester binnen 25 Jahren zur Weltklasse dirigiert habe, sei von Würths Seite zugesichert worden, nichts ohne die Zustimmung und das Wissen seines Freundes Justus Frantz zu unternehmen. Plötzlich jedoch sei er, Justus Frantz, »draußen gewesen«. Würth habe ihm selbst nicht einen Cent bezahlt. Fazit Frantz: »Es ist eine der Enttäuschungen meines Lebens, dass ich von einem Freund so hintergangen wurde.«

Bastion Pöseldorf

Hühner im Garten: Zu Hause bei einem geübten Schlawiner

Justus Frantz legt den Zeigefinger seiner rechten Hand an die Lippen. Bitte leise sein. Nichts verraten. Sonst droht doppelt Ungemach. Erstens weil das Federvieh beim Verlassen seines Geheges im Garten hinter dem Haus sonst vor lauter Glück noch mehr als sonst krähen könnte. Nicht alle Nachbarn und nicht jeder Ordnungshüter in der zuständigen Behörde findet es originell, Hühner inmitten der Großstadt zu hegen. Es gab schon Anrainer, die sich beschwerten – direkt oder über Bande.

Grund zwei für eine gewisse Achtsamkeit ist Peter Bankowski, Freund, seit Jahrzehnten treuer Weggefährte und Bewohner des ersten Stockwerks der Villa. In diesem Falle wichtiger noch: Naturfreund Bankowski ist verantwortlich für den Garten. Es ist eine fantasievoll angelegte, liebevoll gepflegte und in diesem Spätsommer 2023 üppig gedeihende Oase im Hamburger Stadtteil Rotherbaum. Frantz fürchtet wenig, sehr wohl aber einen erbosten Bankowski. Wenn es um die Kultur der Rabatten geht, versteht der Osteopath keinen Spaß.

Für einen kleinen Flirt mit dem Risiko jedoch und für ein originelles Bild des Fotografen Marcelo Hernandez öffnet der Maestro das Gatter. Mit dem gebürtigen Chilenen versteht er sich exzellent – und in fließendem Spanisch. Ein Grund mehr, an diesem warmen Nachmittag nicht als Weichei zu erscheinen. Hernandez reagiert beglückt. Gute Aufnahmen sind garantiert. Dennoch kommt es so, wie es kommen muss: Die Hühner nutzen die kurzfristige Freiheit, flitzen durch die Beete, pflügen mit ihren Krallen den Mutterboden. Sie haben sichtbar Spaß. Justus Frantz, der nicht Hausherr, sondern gleichfalls Mieter ist, schaut verschmitzt. Dem zu erwartenden Donnerwetter sieht er auf seine Art entgegen: mit der Gelassenheit eines geübten Schlawiners.

Mit verblüffendem Geschick gelingt es ihm, die Hennen zurück in das Gehege zu locken. Dieses Viertelstündchen reicht, um eine blühende Landschaft teilweise in einen Acker zu verwandeln. Ein Segen, dass die Abenddämmerung naht. Und dass Peter Bankowski noch in seiner Praxis arbeitet, die er gemeinsam mit vier weiteren Therapeuten betreibt. Während die Hühner, durch einen Maschendraht im hinteren Teil des großen Gartens getrennt, dezent gackern, ansonsten aber Ruhe geben, nutzt der Pianist die Muße zur Teestunde am Holztisch. »Klönschnack« nennt man in der Hansestadt ein entspanntes Gespräch ohne feste Tagesordnung. Ein gemütlicher Austausch von Mensch zu Mensch.

Von der Sitzecke aus haben Gäste einen exquisiten Blick auf den stilvollen Altbau. Hier lässt es sich vortrefflich leben: in einer ruhigen Wohnstraße abseits des Großstadttrubels und trotzdem nur wenige Fußminuten von der Hochschule für Musik, der Universität, dem quirligen Grindelviertel sowie dem Dammtor-Bahnhof entfernt. »Es ist meine Bastion«, sagt Justus Frantz mit Bedacht, »eine Melange aus privatem Refugium und musikalischem Zuhause.« Seit Mitte der 1960er-Jahre lebt er hier; bald sind es sechs Jahrzehnte. Die Historie des Hauses und die Geschichte des damit verbundenen Originals Eduard Brinkama, des mittlerweile verstorbenen »Königs von Pöseldorf«, wurde in Kapitel drei geschildert. Nun ist Gelegenheit für nähere Einblicke.

Zu Hühnern hat der Maestro ein gutes Verhältnis. Ursache sind wahrscheinlich Kindheit und Jugend in Testorf in Holstein, auf dem platten Land mithin. Früher mussten Freunde

Foto: Marcelo Hernandez, Hamburg

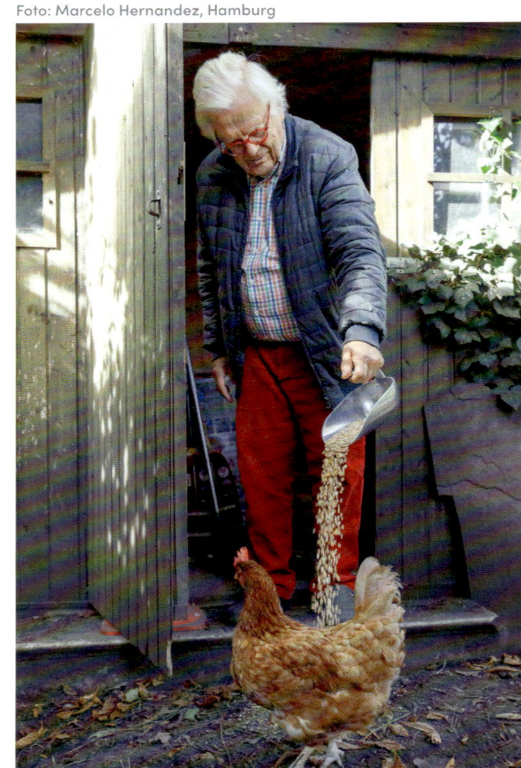

In hinteren Teil seines Gartens füttert Justus Frantz seine Hühner. Es handelt sich um ein geschätztes Ritual.

Peter Bankowski, langjähriger Mitarbeiter und Wegbegleiter von Justus Frantz und heute ein erfolgreicher Osteopath, bei einer Wandertour auf Gran Canaria

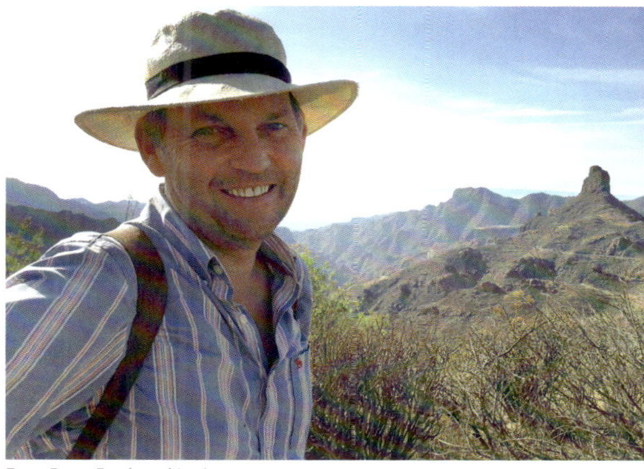

Foto: Peter Bankowski privat

einzelne Exemplare im Flugzeug im Handgepäck mit nach Gran Canaria schmuggeln, in Zeiten, in denen solche Extravaganzen noch möglich waren. Manchmal wurden sogar Gänse und Schwäne mitgenommen, tatsächlich wahr. »Wenn der Hahn an Bord krähte, schauten einige Passagiere aus dem Flugzeugfenster«, weiß Bankowski.

Die kleine Herde von derzeit acht Hühnern wird seit gut fünf Jahren im Garten gehalten. Ein paar Tiere stammen ursprünglich vom Fischmarkt in Hamburg-Altona, andere von einem Landwirt aus Schleswig-Holstein. Die Mitmieter haben sich an die erstaunlichen Umstände gewöhnt. Man kennt sich gut untereinander. Man schätzt sich. Und man vertraut sich, von winzigen Eskapaden abgesehen.

Die Altbauvilla mit ausgebautem Dachgeschoss ist gemietet von Frantz & Freunden. Im Souterrain sind die Büroräume des Musikers untergebracht. Er selbst lebt im Hochparterre, darüber Peter Bankowski. In Etage zwei ist ein Arzt zu Hause. Das weiß gestrichene Gebäude und das Grundstück machen einen hanseatisch grundsoliden, gepflegten Eindruck. In der Umgebung ist gut situiertes Bürgertum beheimatet. Es gibt nicht viele Quartiere in der Hansestadt, in denen Hamburg hamburgischer ist als hier. Hinzu kommt ein weiterer, für Justus Frantz entscheidender Pluspunkt: An dieser Adresse findet er seinen Frieden. Die Idylle im Herzen der Metropole ist von außen nicht einsehbar.

Mit Vorliebe nimmt der Pianist am Holztisch hinten im Garten Platz. Verschiedene Rosenarten blühen. Bevor er eine Karaffe frisch gesprudeltes Wasser und Gläser holt, pflückt er eine Handvoll Stachelbeeren von

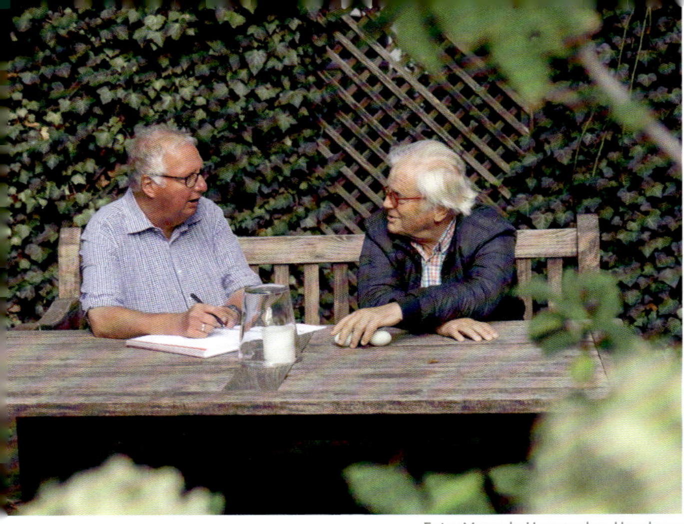

Foto: Marcelo Hernandez, Hamburg

Justus Frantz im Gespräch mit Buchautor Jens Meyer-Odewald (links) im Spätsommer 2023 am Gartentisch

einem Strauch. Zwischen den üppig gedeihenden Rabatten kann man sich auf kleinen Steinplatten durch die Oase bewegen. Voraussetzung: Justus Frantz überlässt den Hühnern einen Großteil des Gartens. Dort haben sie Auslauf. Die Hausbewohner freuen sich über frisch gelegte Eier.

Nach einer lockeren Gesprächsrunde über die Lebensweise des Federviehs, geplante Konzertreisen, Gott und die Welt bittet Frantz in seine Privatwohnung. Draußen wird es doch ein bisschen frisch gegen Abend. Über Steinstufen führt der Weg hinein in einen Raum, der wie ein Wintergarten wirkt. Seite an Seite stehen dort zwei Flügel. Dahinter hängen Ölgemälde seiner Vorfahren an der Wand. Eines davon zeigt seine Großmutter Goßler. Zwischenbemerkung: Die Goßlers trugen offiziell den Zusatz »von«, nannten sich aber selten so. Auch andere Adelige verfahren so diskret. Bis zum nach ihrer Familie benannten Goßlerpark und dem Goßlerhaus im westlich gelegenen Stadtteil Blankenese ist es eine halbe Stunde Autofahrt.

Im Zentrum der geschmackvoll, klassisch eingerichteten Wohnung, die ohne modernen Schnickschnack gefällt, befinden sich zwei ineinander übergehende Wohn- und Arbeitszimmer. Auch zum Gartenzimmer hin sind sie durch Schiebetüren getrennt. Die Decken sind hoch: typisch eleganter, zeitlos gediegener Altbau. Überall stehen Erbstücke aus Mahagoni: Vitrinen, Kommoden, ein Sekretär. Große, hohe Fenster sorgen für eine helle, freundliche Atmosphäre.

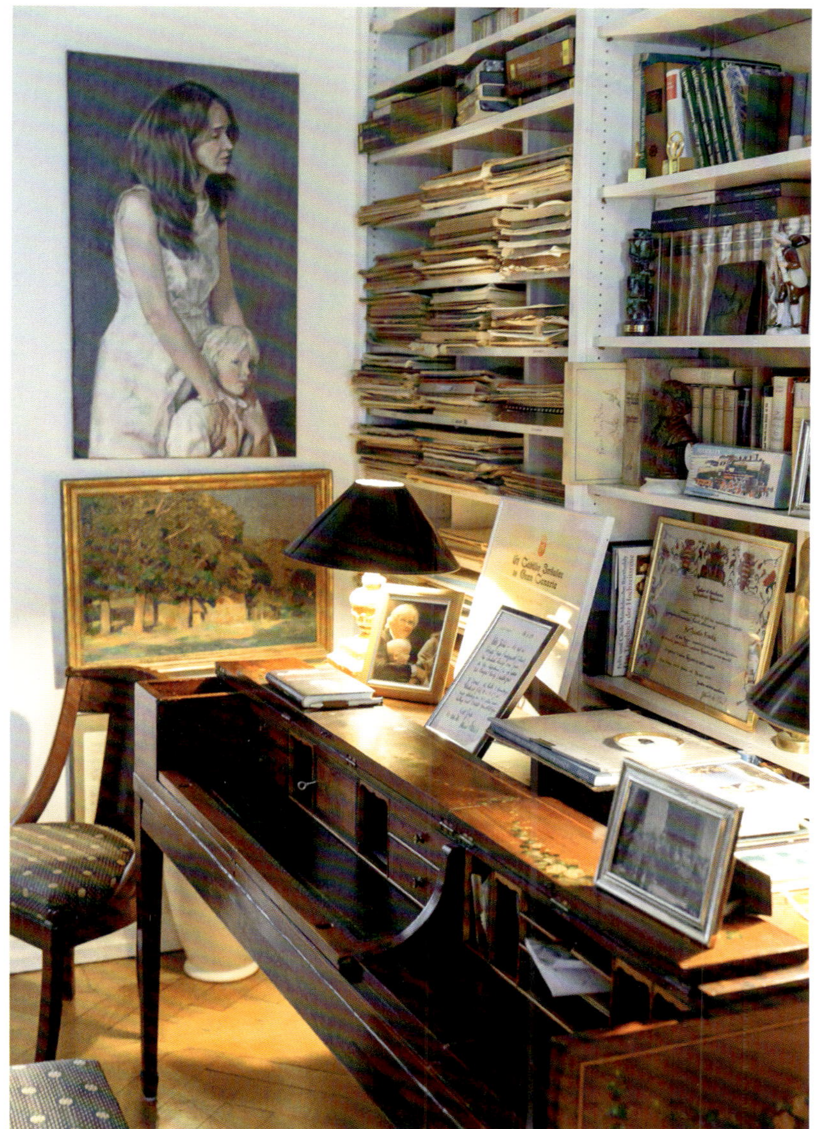

Foto: Marcelo Hernandez, Hamburg

Der alte Sekretär im Wohnzimmer, vor seiner Umarbeitung ein Tafelklavier von Clementi, passt ins gutbürgerliche Ambiente der Hochparterrewohnung von Justus Frantz. In der Mitte steht ein handschriftlicher, gerahmter Brief seines verstorbenen Freundes Helmut Schmidt.

Blicken wir uns zuerst im Zimmer um, das sich zur Straßenseite hin befindet. Es dient als Besprechungs- und als Esszimmer. In der Mitte steht ein großer, ausziehbarer Tisch mit mehreren Stühlen. Darauf ziehen Kerzenleuchter den Blick an. Auf den Regalen und Kommoden sind weitere Kerzen zu sehen. Am Fenster steht ein Wäscheschrank aus dem 17. Jahrhundert. An der Seite beeindruckt ein uralter, dunkler Paravent. Der kleinere Flügel davor ist mit einem edlen Überwurf bedeckt. Das wunderbar erhaltene Parkett unten harmoniert mit der Kassettendecke oben. Gut bürgerlich das wohnliche Ambiente.

Wie bestellt, dass just in diesem Augenblick eines der drei Handys des Maestros einen Anruf signalisiert. Somit bleibt Freiraum, das große Wohnzimmer mit den Fenstern zur Gartenseite zu betrachten. Im Zentrum steht ein gemauerter Kamin. Ein Blick auf den Kaminsims gestattet eine kurze Zeitreise durch das abwechslungsreiche Leben des Justus Frantz. Abgebildet sind Begegnungen vielfältiger Prominenz mit dem Pianisten. Hin und wieder sind die Fotos signiert. Der heutige König von England, Charles III., ist zu sehen, der Papst, Präsidenten, andere Staatsoberhäupter, Politiker, Künstler.

Links vom Kamin, an der Fensterfront, steht ein weiterer Flügel. Besucher erkennen außerdem einen imposanten Kronleuchter, einen antiken Spiegel, einen Sekretär mit Stuhl, gepolsterte Sessel, eine Sitzecke vis-à-vis dem Kamin. In den bis zur Decke reichenden Bücherregalen ist eine Bibliothek mit Hunderten Exemplaren über Musik, Geschichte, Politik und Kunst untergebracht. Dazwischen stehen kleine Büsten, Münzen, Medaillen, Fotorahmen, eine Musik-CD mit Unterschrift Helmut Schmidts, weitere Erinnerungsstücke. Man kann Justus Frantz betrachten, wie man will. Doch wer so lebt, hat Geschmack.

Der Anrufer auf dem Mobilteil war ein Musikagent. Es geht um angedachte Konzerte in Süddeutschland, Österreich und in der Schweiz. Es passt also gut, dass eine Etage darüber eine Verabredung mit Peter Bankowski auf dem Terminkalender steht. Das ist jener Wegbegleiter und Mitbewohner, den Freund Justus so fürchtet, wenn die Hühner seinen Garten plattmachen oder auch nur umpflügen. Beide betrachten solche Nichtigkeiten natürlich mit einem Augenzwinkern.

Durch den großzügigen Hausflur führt der Weg in das erste Stockwerk. »Moin!«, sagt Bankowski. »Herzlich willkommen.« Er weiß eine Menge über seinen Freund Justus, doch sagt er längst nicht alles. Schließlich kennen sich die beiden Seelenverwandten seit mehr als vier Jahrzehnten. Genau genommen seit 1982. Denken wir zurück an den in Kapitel fünf beschriebenen Treppensturz in Peking, den Transport – liegend – zurück nach Deutschland, den Aufenthalt im Krankenhaus in Oldenburg sowie die anschließende Reha in Bad Wildbad, einem baden-württembergischen Erholungsort im Enztal. Während sich der schwer verletzte Pianist allmählich wieder an das Alltagsleben herantastet, arbeitet in der Klinik dort ein junger Praktikant als Physiotherapeut: Peter Bankowski.

Der gebürtige Niedersachse ist über Umwege in den beschaulichen Kurort gelangt. Ursprünglich stammt er aus Visselhövede, einer kleinen Stadt im Landkreis Rotenburg zwischen Bremen und Hamburg am Westrand der Lüneburger Heide entzückend gelegen. Dort betreiben die Eltern einen Mineralölvertrieb. Sohn Peter ist für ein freundliches, aufgeschlossenes Naturell bekannt. Er nimmt Klavierunterricht, mag Musik. Nach der Schule wechselt er als Lehrling nach Bremen. Die Traditionsfirma Gebrüder Kulenkampff ist ein namhafter hanseatischer Händler für Rohtabak. Der junge Mann aus Visselhövede lernt Import- und Exportkaufmann in der Orientabteilung des Unternehmens. Im Rahmen dieser Ausbildung darf er nach Rom und in andere Städte reisen. Nach Abschluss und 15 Monaten Wehrdienst als Truppenarztschreiber bei den Sanitätern der Bundeswehr in seiner niedersächsischen Heimat absolviert Bankowski eine Ausbildung zum Physiotherapeuten in Berlin. Abschluss dieser Ausbildung ist ein zwölfmonatiges Berufspraktikum in der renommierten Rommel-Klinik in Bad Wildbad. Rund 20 Physiotherapeuten kümmern sich in dem Hospital um etwa 80 Patienten. Einer von ihnen ist Justus Frantz, Ende 30 und um Haaresbreite an einer Querschnittslähmung vorbeigekommen.

Die beiden verstehen sich auf Anhieb. Die aufgeschlossene Art des Pianisten und das Interesse des Praktikanten am Klavierspiel fördern die gegenseitige Sympathie. Und da Frantz eben Frantz ist, damals wie heute spontan wie wenige andere Menschen, stellt er dem Praktikanten in Bad Wildbad eines Tages eine erstaunliche Frage: »Peter, willst du mein Büro in Hamburg organisieren?« In diesem Moment nimmt Bankowskis Leben eine unerwartete Wendung. Planen und organisieren kann er, Kaufmann hat er gelernt, Musik schätzt er, Justus mag er. Es kann also losgehen.

Der berufliche Neustart erfolgt in Hamburg. Peter Bankowski, 1955 geboren und mithin rund ein Jahrzehnt jünger als Justus Frantz, gründet eine eigene Firma. Er veranstaltet rund 300 Konzerte im Jahr. Es ist der Beginn einer 20-jährigen beruflichen Zusammenarbeit der beiden. Den ersten Kuratorenbrief schreibt Bankowski auf der alten Schreibmaschine seiner Großmutter. Alles unvergessen. Parallel gedeiht eine gute Freundschaft. »Wir bauen auf ein tiefes Vertrauen«, sagt Peter Bankowski heute, »und sind wie Geschwister.« Mit dem stabilen Gefühl: »Justus ist ein treuer Freund. Wenn es einem schlecht geht, ist er zur Stelle.« Selbstverständlich fliegen zwischen beiden hin und wieder »kräftig die Fetzen«, sagt er. Allerdings sei einer wie der andere nicht nachtragend. Was nicht nur, aber auch für Hühner gilt, die den von Bankowski gepflegten Garten wenig rücksichtsvoll behandeln.

Doch darüber kann der 68-jährige Bankowski hinwegsehen. Im wahrsten Sinn des Wortes übrigens: Vom großen Balkon im ersten Stockwerk aus hat er einen wunderbaren Blick. Auch sonst betrachtet er die eine oder andere Marotte seines Freundes Justus mit Gelassenheit. »Manchmal ist Justus etwas sprunghaft«, formuliert Bankowski bei einem Espresso in seiner Wohnküche, im Kern jedoch sei er ein richtig guter Kerl.« Vor dessen Leistungen er – im übertragenen Sinne – den Hut zieht. So wie bei einer Meisterleistung hinter den Kulissen. »Justus hat tatsächlich alle 27 Klavierkonzerte von Mozart auswendig gelernt und öffentlich aufgeführt«, weiß er. »Das war eine unendliche Fleißarbeit, die Justus ohne jedes Jammern erledigte.« Er kenne seinen langjährigen Mitstreiter praktisch nur arbeitend. Wobei dieser seine Arbeit, das Klavierspielen, als Lust und Herausforderung begreife. In diesem Zusammenhang erinnert sich Peter Bankowski an intensive, turbulente Zeiten Mitte der 1980er-Jahre.

Damals stehen jährlich rund 300 Konzerte auf dem Programm. Im Auto geht es quer durch deutsche Lande, tagsüber und nachts. Denn wenn es irgendwie möglich ist, möchte der Pianist möglichst zu Hause in vertrauter Umgebung schlafen. Im Anschluss an ein Konzert mit Zugaben, Autogrammen und kurzen Gesprächen 200 bis 300 Kilometer zurück nach Hamburg-Pöseldorf ist keine Seltenheit. Bankowski steuert dann den gelb-weißen (»Welfenfarbe«) 190er Mercedes. Justus Frantz pflegt auf dem Beifahrersitz Platz zu nehmen, oft mit Akten auf dem Schoß. Kurz wiederholt: Handys und Laptops existieren noch nicht.

»Wir tickten wie ein Uhrwerk«, fasst Bankowski den Stress der spannenden Startphase zusammen. Konzertveranstalter pflegen ihn als Konstante, als »graue Eminenz« zu betrachten. Man kann sich auf den Niedersachsen verlassen. Er ist bei jeder Veranstaltung dabei. Das läuft alles ganz wunderbar – bis zum 31. Mai 1987. Ein fürchterlicher Verkehrsunfall bringt das Leben des Teams Frantz/Bankowski ins Schleudern. Der 43. Geburtstag des Pianisten liegt ein paar Tage zurück. Nach einem Konzert mit mehreren Zugaben steuert Peter Bankowski den Dienstwagen, einen acht Jahre alten BMW, über die Autobahn von Kiel nach Hamburg. Es ist weit nach Mitternacht. Das Duo war beim Deutsch-Sowjetischen Festival, einem Teil des Schleswig-Holstein Musik Festivals.

Es ist kurz nach zwei Uhr in der Nacht, als der BMW bei hohem Tempo von der Autobahn abkommt, sich mehrfach überschlägt, auf einem Feld zu liegen kommt. Der Grund wird nie endgültig geklärt. Bankowski ist bewusstlos, eingeklemmt im zerstörten Fahrzeug. Entsprechend kennt er den weiteren Verlauf einer furchtbaren Nacht nur von späteren Berichten der Retter sowie von Justus Frantz. Letzterer, schwer angeschlagen und den Mund voller Sand, zieht seinen Freund und Fahrer aus dem BMW. Frantz und Sanitäter wickeln ihn in eine Folie. Mit Blaulicht wird Bankowski in das Krankenhaus nach Hamburg-Altona transportiert. Diagnose: Schädelbruch und Bizepsabriss. Eine Woche bleibt er in der Klinik. »Sehr viel Glück im Unglück«, sagt er selbst. Was auch für Justus Frantz gilt: Nach dem Treppensturz von Peking mit drohender Querschnittslähmung steht ihm Fortuna erneut kräftig Pate. Es hätte alles ganz anders verlaufen können. Schon am nächsten Abend gibt er ein Konzert in der Alten Oper in Frankfurt am Main – trotz eines Schlüsselbeinbruchs.

Um das Schicksal nicht noch weiter herauszufordern, wird eine Entscheidung gefällt. Organisationschef, Tourneemanager, Büroleiter, Terminreferent und Chauffeur in Personalunion – so darf es nicht weitergehen. Wie erwähnt, wird Alex Brenne als hauptberuflicher Fahrer angeheuert. Das Datum 31. Mai 1987 ist Peter Bankowski auch wegen eines weiteren dramatischen Ereignisses an diesem Frühlingssommertag präsent. In ebendieser Nacht entrinnt – nicht weit entfernt – ein weiterer Mensch dem Tod nur knapp: Schleswig-Holsteins Ministerpräsident Uwe Barschel hat unfassbares Glück. Von einem Termin bei Bundeskanzler Helmut Kohl aus der damaligen Hauptstadt Bonn zurückkehrend, stürzt die Cessna 501 beim Landeanflug auf Lübeck-Blankensee ab. Es regnet leicht. Die Maschine streift einen Antennenmast, strauchelt, fällt zu Boden. Drei der vier mitgereisten Menschen sterben: der Pilot, die Co-Pilotin sowie ein Sicherheitsbeamter. Nur Uwe Barschel überlebt. Es ist bitteres Schicksal, dass der CDU-Politiker nach etlichen Skandalen gut vier Monate später in der Badewanne eines Genfer Hotels tot aufgefunden wird.

Schweigen in Peter Bankowskis Wohnküche. Bis 1998 hat er für Justus Frantz gearbeitet: »Dann konnte ich nicht mehr.« Es war eine aufregende, aufreibende, an den Nerven zehrende Zeit. Neben Erfüllung und Abenteuern brachte sie persönliche Leidensfähigkeit, Einsatz zu fast jeder Tages- und Nachtzeit, ständig wechselnde Terminlagen und permanenten Stress mit sich. »Ich war irgendwann ausgequetscht wie eine Zitrone«, sagt Bankowski ehrlich. Der Ausstieg aus dem »System Justus« sei schleichend erfolgt. Nach dem harmonischen Abschied habe sich der ehemalige Physiotherapeut beruflich weiterentwickelt. In Hamburg studiert er zehn Semester Osteopathie. »Das Beste, was ich je gemacht habe«, meint Peter Bankowski. Ein paar Fußminuten von der Privatwohnung entfernt betreibt er mit Kollegen ein »Zentrum für interdisziplinäre Therapie«. Zwischenfazit: »Der Berufswechsel war eine kluge Entscheidung.«

Bankowski stellt zwei weitere frisch gebrühte Espressi auf den Holztisch. Außerdem gibt es dunkle Kekse. Selbst gebacken, nach einem seit Generationen überlieferten Rezept der Familien Frantz und von Goßler in Schlesien. Der Osteopath mit dem offenherzigen, freundlichen Gesicht ist ein stiller Genießer. Und er verfügt über eine bemerkenswerte Geduld. Dadurch hat er die zwei Jahrzehnte Job an der Seite von Freund Justus als »inspirierend, aufregend und insgesamt hervorragend« im Gedächtnis.

Fraglos trägt das Thema Gran Canaria zu diesem Gesamteindruck bei. Der ungewöhnliche Weg Bankowskis in dieses exotische Paradies im Süden der Kanareninsel ist im ersten Kapitel dieses Buches beschrieben. Mehr als 20 Jahre hat der Niedersachse maßgeblichen Anteil am Aufblühen und Gedeihen dieser Oase auf dem Monte Leon. »Die Finca Justus Frantz ist mein Baby«, sagt Bankowski dann auch zum Ausklang eines faszinierenden Nachmittags. In der Idylle nördlich von Maspalomas habe er die Landwirtschaft seiner Großeltern quasi wieder auferstehen lassen. So groß das Wohlbehagen beim Aufbau war, so tief schmerzten Stillstand und teilweiser Niedergang. Erst 2023 habe er sich nach vier Jahren Pause, nicht nur wegen Corona, ein Herz genommen – und sei wieder in seine frühere Oase des Glücks zurückgekehrt. Mit gemischten Gefühlen.

Atem holen. Und noch einmal hinaus auf den Balkon. Abenddämmerung nahe dem Alsterufer. Stille liegt über der Hansestadt. »Ja, das hier ist unsere Bastion«, wiederholt Peter Bankowski. Er wohnt »erst« ein knappes Vierteljahrhundert in dem Altbau mit dem gediegenen Charme. Im Falle Frantz sind es bald 60 Jahre. Freiwillig, das hat der Pianist oft genug gesagt, werde er sein Refugium nicht verlassen. Missen möchte er gleichfalls keinesfalls die morgendliche Zeremonie. Sie gleicht einem Ritual. Gegen sechs Uhr füttert Peter Bankowski die Hühner unten im Garten. Um 7.30 Uhr trifft er sich mit seinem Freund Justus zum Kaffee und zum Gespräch unter Freunden. Wenn möglich, im Garten, bei schlechtem Wetter im Zimmer zum Garten.

Hier wie dort ist der Ausblick grandios.

Kapitel 10

Gegenwart. Rückblick. Einsichten

Und als Justus Frantz deutsche Geschichte schrieb …

Das fantasievoll designte Plakat verheißt eine Menge. »Justus Frantz – Das große Comeback« steht in goldgelben Lettern darauf. Am 23. September 2023, etwa ein halbes Jahr vor seinem 80. Geburtstag, will es der Pianist und Dirigent noch einmal wissen. In der Berliner Philharmonie präsentiert er ein umfangreiches Programm: von Beethovens »Mondscheinsonate« über Chopin (»Berceuse«) bis Johannes Brahms. Es ist ein hörens- und sehenswertes Ereignis. Das beweist: Frantz hat nach wie vor begeisterte Anhänger.

Dass er sich auch im mittlerweile höheren Alter keine Ruhe gönnt und eben nicht wochenlang am Pool seiner Finca auf Gran Canaria entspannt, hat mehrere Gründe. Zum einen schlägt in ihm nach wie vor das Herz eines begeisterten Musikers, der Konzerte, Publikumsnähe und auch Applaus braucht wie die Luft zum Atmen. Auch wenn er einschränkt: »Oft habe ich Beifall am Schluss eines Konzerts eher als Missklang empfunden.« Eben weil die Töne zuvor so begeisternd waren. Wer Justus Frantz heute trifft, ist beeindruckt von seiner Vitalität und Lebensenergie. Dass er streitbar und meinungsfreudig ist wie in jungen Jahren, wird nicht nur im folgenden Kapitel beim Thema Weltfrieden und Russland deutlich. Um es klar zu formulieren: Man kann sich vortrefflich mit dem Maestro streiten – allerdings auch zügig wieder arrangieren. Der Mann hat ein Kämpferherz – aber eben unter dem Strich ein großes Herz. Gleichgültig ist ihm wenig.

Außerdem benötigt Justus Frantz Geld. Daraus macht er keinen Hehl. Finanzieller Hader in Sachen Philharmonie der Nationen und Finca Justus Frantz haben sein einst stattliches Privatvermögen aufgezehrt. Und da er sich in der Ära als gefeierter Weltstar nicht um, aus seiner Sicht, Lappalien wie Altersversorgung und finanzielle Absicherung gekümmert hat, steht er nun eigenen Angaben zufolge mit recht leeren Händen da. »Ich bin kein Pfennigfuchser und kein Rechnungsprüfer«, hatte er stets kokettiert. Zumindest in materieller

Beziehung rächt sich diese Einstellung jetzt. »Zur Ruhe setzen kann ich mich nicht«, sagt er. Wenn er in fetten Jahren viel Geld verdiente, zeigte er sich generös – anderen, aber auch sich selbst gegenüber. Wenn seine Kontostände nun nicht mehr allzu üppig sind, »macht mich das nicht traurig«. Ein Verhältnis zum Geld und Materiellen überhaupt in der Art eines Bankkaufmanns hatte er noch nie.

Folglich sind Konzerte, gern auch auf Amrum und in kleineren Städten und nicht mehr unbedingt in New York und Peking, nicht nur eine Frage der Lust am Klavierspiel und am Dirigieren, sondern zudem eine Notwendigkeit. In dem knappen Jahr der Recherche für diese Biografie war von Frantz zwar alles Mögliche zu hören, allerdings niemals Wehklagen oder Bejammern des eigenen Schicksals. Dass es in seinem Dasein auch graue Momente gibt, bekennt er frank und frei. Indes überwiegen Lebenslust und der Geist eines inbrünstigen Musikers erheblich. Auch dass er in guten Zeiten Angebote als Kultusminister in Schleswig-Holstein dankend ablehnte und im Keim erstickte, reut ihn kein Stück. Einmal, berichtet er lachend, habe ihn ein Kreisverband der CDU im nördlichsten Bundesland sogar als Kandidaten für das Amt des Ministerpräsidenten ins Spiel gebracht.

Selbst in kühnsten Fantasien wäre daraus noch nicht einmal im Ansatz etwas geworden. »Deutschland gibt sehr viel her«, meint Justus Frantz grundsätzlich, »die Feigheit und den stromlinienförmigen Stil vieler Politiker jedoch finde ich zum Kotzen.« Tag für Tag spiegeln Nachrichten die schlechten Seiten einer eigentlich schönen Welt wider. Musik könne dazu beitragen, dem Ganzen gute Seiten abzugewinnen und Brücken zu bauen.

Er bemüht sich, mit würdigem Beispiel voranzugehen. Sind Sie ein Träumer, Herr Professor Frantz? »Keinesfalls«, entgegnet er, »ich habe nur meine Hoffnung noch nicht aufgegeben.« Das betrifft ebenfalls sein Büro, die Tourneeplanung, den nach wie vor bestehenden Förderverein der Philharmonie der Nationen. Es gibt aktuell 850 Mitglieder, die im Schnitt 220 Euro Förderbeitrag pro Jahr leisten, einen siebenköpfigen, ehrenamtlichen Vorstand, ein Kuratorium. Das »Team Frantz« zählt vier bezahlte Mitarbeiter. Während sich ein freier Mitarbeiter um soziale

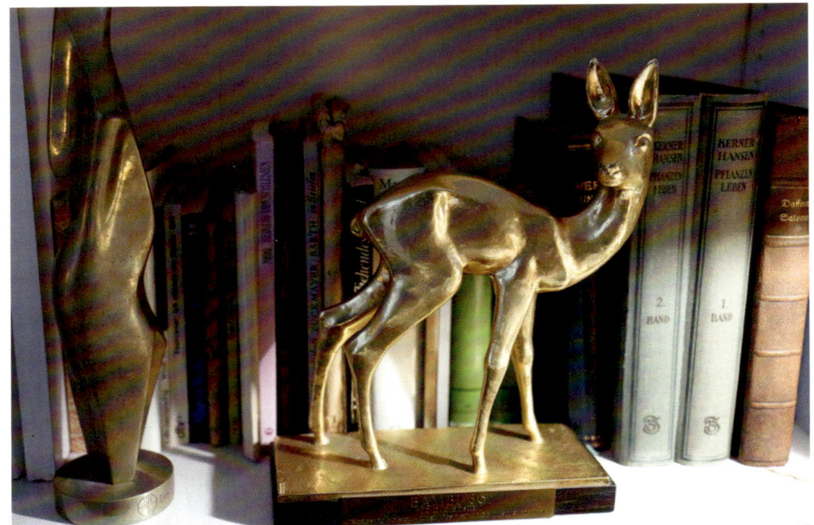

Foto: Marcelo Hernandez, Hamburg

In den zimmerhohen Bücherschränken des Wohnzimmers dokumentieren Erinnerungsstücke eine große Karriere. Den Medien- und Fernsehpreis »Bambi« erhielt Justus Frantz 1986 für seine Verdienste um die Etablierung des Schleswig-Holstein Musik Festivals.

Medien und Onlinekommunikation kümmert, ist Sebastian Kunzler projektbezogen als Manager und »Mann für alle Fälle«an Bord.

Details aus dem Leben des Maestros haben alle parat. Neben den in den Kapiteln zuvor angeführten Ereignissen servieren Frantz und Kunzler weitere Stichworte. Beispiele sind die Gründung der Mendelssohn-Gesellschaft in Hamburg und der Brahms-Gesellschaft in Schleswig-Holstein. Justus Frantz rettete die Hamburger Symphoniker mit seiner Unterstützung vor dem Aus. Er war erster deutscher, christlicher Chefdirigent in Israel (Sinfonietta), organisierte in Israel das Brahms-Festival, ist Ehrenbürger von Dubrovnik und Gran Canaria, gewann Auszeichnungen wie Bambi, Grammy oder die Goldene Kamera.

Der von Justus Frantz initiierte Hindemith-Preis entwickelte sich zu einer renommierten Auszeichnung für moderne Musik und junge Komponisten. Es passt ins Bild, dass der Musiker jährlich bis zu 100 Konzerte für junge Leute gibt – unentgeltlich. Künstlerische Freundschaften oder Begegnungen würzten seine Karriere:

Anne-Sophie Mutter, Dirigent Semjon Bytschkow, Andreas Schulz, seit 1998 Direktor des Gewandhauses in Leipzig, Vytautas Landsbergis, Musikwissenschaftler und ehemaliges Staatsoberhaupt Litauens. Menschliche Treffen auf Augenhöhe waren Meilensteine einer faszinierenden, abwechslungsreichen Vita.

Dort hat ebenso Matthias Schau einen Stammplatz. Mit zahlreichen Hinweisen und Beobachtungen aus seinem Erinnerungsschatz trug der Norddeutsche zur Abrundung dieser Biografie bei. Zweimal war er in Hamburg, um sein Wissen beizusteuern – unprätentiös, schnörkellos, hilfsbereit. Dabei überzeugte er mit einem entscheidenden Pluspunkt: Matthias Schau schätzt Justus Frantz sehr, glorifiziert ihn jedoch keinesfalls. Übersetzt heißt das: Er betrachtet den Musiker aus der Sicht eines Realisten. »Justus Frantz ist eine facettenreiche Persönlichkeit und hat mich und das Team motiviert wie kaum ein anderer Chef in meinem Berufsleben«, erzählt Schau, »allerdings ist die Zusammenarbeit mit ihm nicht immer unkompliziert.« Man müsse flexibel, belastbar und auf keinen Fall nachtragend sein – und nichts persönlich nehmen.

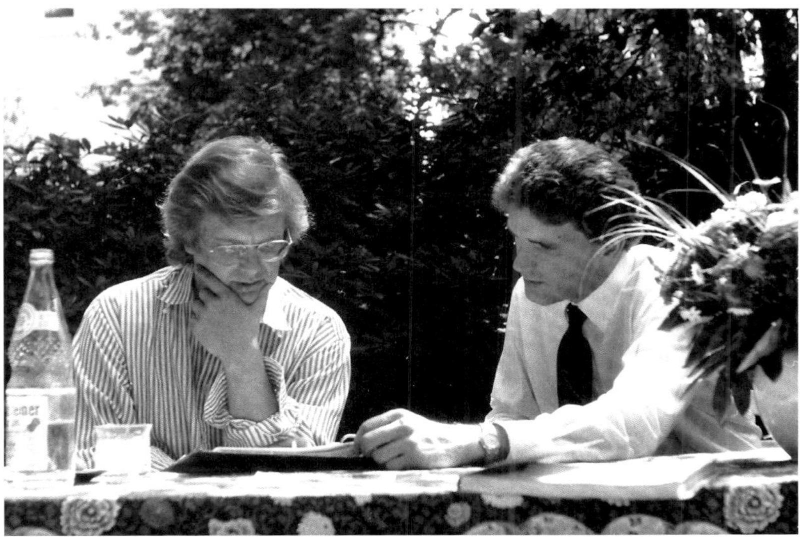

Foto: Dagmar Mammitzsch, Berlin

Justus Frantz und sein früherer Büroleiter Matthias Schau (rechts) bei einer Besprechung im Garten des Hamburger Hauses im Jahr 1993

Der Mann weiß wirklich, wovon er spricht. Zumal er – ebenso wie Justus Frantz – über stabile Wurzeln in Holstein verfügt. In Neustadt an der Ostsee lernte Matthias Schau Bankkaufmann und Bankfachwirt. Anschließend war der offenherzige Profi jahrelang Büroleiter von Justus Frantz beim Schleswig-Holstein Musik Festival. »Wenn es rundging, behielt Matthias die Nerven«, erinnert sich der Maestro. Und es ging nicht selten rund. Später arbeitete Schau als selbstständiger Versicherungskaufmann. Seit der Jahrtausendwende wirkt er als Office Manager bei der Kommunikations-Beratungsagentur WMP in Berlin. Zu deren Mitbegründern gehören der frühere Außenminister und FDP-Chef Hans-Dietrich Genscher und die Beraterlegende Roland Berger. Mehrheitseigner des Unternehmens mit der Lizenz für Einfluss ist der ehemalige »Bild«-Chefredakteur und Kanzlerberater Hans-Hermann Tiedje. Dieser krönt eine der schillerndsten Episoden aus dem Leben des Justus Frantz. Es geht um die Bundesrepublik, die DDR und um Deutschlands Wiedervereinigung.

Blicken wir zurück in eine Ära, in der es noch eine Grenze zwischen beiden deutschen Staaten gibt. Wer von Ost nach West möchte, ist in akuter Lebensgefahr. Mehr als 300 Menschen werden dort erschossen. Zu Tausenden kommen Flüchtlinge und politische Gegner des SED-Systems in Haft. Es sind unfassbare Zeiten. Auch wer spontan von West nach Ost will, hat es nicht einfach, gerät allerdings nicht in Todesgefahr.

Es sind Ausflüge wie in eine andere Welt – auch wenn sich das Ziel quasi nebenan befindet. Heutzutage unvorstellbar, bis zum Mauerfall am 9. November 1989 allerdings bittere, teilweise tödliche Realität. Deutschland ist durch Grenzsperren, Türme mit Scharfschützen, Selbstschussanlagen und Sprengfallen in zwei Teile getrennt: die Bundesrepublik im Westen, die DDR im Osten. Von Lübeck nach Schwerin sind es 55 Kilometer Luftlinie. Doch für fast alle ist diese Distanz unüberwindbar. Aus dem Osten geht's Richtung Schleswig-Holstein überhaupt nicht, und wenn, dann flüchtend, unter akuter Lebensgefahr. Umgekehrt, aus dem Westen, ist die Passage eingeschränkt möglich.

So wie an diesem Wochentag im April 1987. In der bundesrepublikanischen Hauptstadt Bonn regiert Kanzler Helmut Kohl, ein ehrbarer, solider Christdemokrat. Von Deutschlands Einheit kann er bestenfalls träumen. Seine Regierung hat keinen Botschafter, sondern einen Ständigen Vertreter nach Ostberlin entsandt. Die politischen Zustände sind dunkel. Dieser Rahmen verschafft diesem Kapitel zusätzliche Spannung. Im Mittelpunkt stehen zwei Reisen von Holstein über Ahrenshoop nach Ostberlin, 1987 sowie 1989. Es geht nicht nur um Justus Frantz und ein Mitglied des SED-Zentralkomitees, sondern auch um den bereits erwähnten ehemaligen »Bild«-Chefredakteur Hans-Hermann Tiedje – sowie um Erich Honecker, den letzten Staatsratsvorsitzenden der DDR. Bevor das ostdeutsche Regime des selbst ernannten Arbeiter- und Bauernstaats kollabierte.

Zurück ins Jahr 1987. Am streng gesicherten Grenzübergang Lübeck-Schlutup an der Trave steht ein Porsche vor der Absperrung. Die Soldaten blicken verblüfft. Doch ihr Chef, ein Oberst, weiß Bescheid. »Fahren Sie bitte durch, Herr Professor Frantz«, spricht er durch das geöffnete Seitenfenster – und salutiert. Wahrscheinlich ist es das erste Fahrzeug dieses Fabrikats, das er zu Gesicht bekommt. Seine Verwunderung lässt er sich nicht anmerken.

Justus Frantz winkt den uniformierten DDR-Deutschen freundlich zu, gibt Gas. Soweit das möglich ist. Denn die Straßen sind in einem erbarmungswürdigen Zustand. Frantz hat Gottvertrauen, freut sich auf seine Termine im Ostseedorf Ahrenshoop, zwischen Fischland und dem Darß idyllisch gelegen. Aber für Westdeutsche eigentlich unerreichbar. Nach der Wiedervereinigung wird der Ort seinem Charakter als Künstlerdorf im Bundesland Mecklenburg-Vorpommern wieder alle Ehre machen. Jedenfalls hat sich der Maestro zwar bester Dinge auf den vermeintlich kurzen Weg via Schwerin und Rostock nach Ahrenshoop begeben, die Tour allerdings unterschätzt. In der Neuzeit sind es von Lübeck bis Ahrenshoop über die Autobahn 20 gerade mal 160 gut zu fahrende Kilometer. Und eine Grenze, seinerzeit Demarkationslinie genannt, ist glücklicherweise seit Jahrzehnten Geschichte. Damals dauert die Anreise mehr als acht Stunden.

Zwar hat er hohe Zahlen auf dem Tacho stehen, indes mit den Straßenverhältnissen nicht gerechnet. Auch nicht mit nur spärlicher

Beleuchtung nach Anbruch der Dunkelheit. Handy? Natürlich Fehlanzeige Ende der 1980er-Jahre. Das im Volksmund »Knochen« genannte und offiziell als »Handfunktelefon« bezeichnete Mobilfunkgerät sollte erst 1992 die Kommunikation revolutionieren. Außerdem hatte Frantz ausschließlich D-Mark an Bord. Was an diesem unerwartet langen Abend noch Probleme mit sich bringen sollte.

Über Ahrenshoop, so die Absicht, soll es weiter in den Ostteil Berlins gehen, die Hauptstadt der DDR. Im Ostseedorf erwartet ihn das Ehepaar Pischner. Hans Pischner ist ein bekannter Cembalist, Musikwissenschaftler und Opernintendant. Der 2016 im vereinten Berlin verstorbene DDR-Kulturpolitiker war Mitglied im Zentralkomitee der allmächtigen SED, der Staatspartei der DDR. Zu Honecker und den anderen Genossen im ZK hat der gebürtige Breslauer einen direkten Draht.

Doch während sich das Gros der SED-Bonzen in der Waldsiedlung Wandlitz in Brandenburg in ihren Datschas verschanzt, genießen die Pischners die Abgeschiedenheit in ihrem Ferienhäuschen an der Ostsee. Ein paar Tage soll der Gast aus dem Westen bleiben, so die Absprache. Der Tisch ist gedeckt. Tee steht bereit. Voller Freude harrt man des namhaften Gastes aus der Bundesrepublik zum Fachsimpeln unter Musikliebhabern.

Doch der lässt sich Zeit. Unfreiwillig. Schwierigkeit: Von wo soll der verspätete Justus Frantz seine Gastgeber informieren? Hier und da sieht er eine Telefonzelle im fahlen Licht. Bringt ja nichts, da es ihm an Groschen in DDR-Währung fehlt. Hinzu kommt: Wie in aller Welt kann er die auf einem Blatt Papier notierte Straße mit dem Ferienhaus finden? Navigationssysteme oder GPS sind, mit viel Fantasie, Visionen für Science-Fiction. Und Landkarten oder gar eine Art Stadtplan besitzt er nicht.

Unterwegs tobt dort abends nicht gerade das Leben, um es höflich zu formulieren. Insofern kommen Frantz mehrere auf der Dorfstraße zu Fuß patrouillierende Soldaten der Volksmarine der DDR wie gerufen. Er hat sich verfahren. Den umherirrenden Porsche betrachten sie wie ein Ufo – ein bis dato unbekanntes Fahrobjekt. Auf beiden Seiten überwiegt die Neugier. Berührungsängste verfliegen im Nu.

Justus Frantz schildert sein Dilemma. Während die Soldaten einen CD-Player im Auto bestaunen. Auf der Fahrt hörte er Bach und Mozart – aufgenommen gemeinsam mit Helmut Schmidt und Christoph Eschenbach. Der Ortsfremde erklärt Details seines Porsche. Auf die paar Minuten Verzögerung kommt es jetzt auch nicht mehr an, denkt er. Die Marinesoldaten verstehen das Problem. Sie helfen mit Münzen für die Telefonzelle aus.

Problem gelöst. Justus Frantz erreicht die wartenden Gastgeber aus der Telefonkabine via Festnetz, lässt sich die Route erklären, startet seinen Wagen. Vorher entdeckt er auf dem Beifahrersitz zwei Tafeln Schokolade der ostdeutschen Marken Exquisit und Delikat. Offensichtlich handelt es sich um ein Dankeschön der Marinesoldaten. Und weil dieser Teil der Geschichte harmonisch ausklingt, klappt auch der Rest: Hans Pischner steht im Pyjama vor seinem Ferienhaus und winkt. Endlich kommt Justus Frantz mit seinem Porsche an.

Das Willkommen fällt herzlich aus, trotz der späten Stunde. Es handelt sich um ein schönes Ferienhaus mit Obstbäumen vor der Tür. Entscheidender Pluspunkt ist der Blick auf die Ostsee. Nach dem Essen werden Erfahrungen und Gedanken ausgetauscht. Vertraulich, versteht sich. Dabei ergibt sich ein verblüffendes Mosaiksteinchen: Pischners Vater war einst Klavierstimmer in Breslau. Als Fachmann war er auch auf dem Familiengut der Familie von Justus Frantz in Schaetz in Schlesien im Einsatz. Klein ist Europas Welt.

Hans Pischners Lebensweg ist mit seinen Turbulenzen typisch für die Kriegszeit und die Ära danach. Erst geriet der Wehrmachtssoldat in sowjetische Gefangenschaft. 1946 trat er in die SED ein. Nach und nach machte er im staatlichen Kulturbetrieb der DDR Karriere. Von 1963 bis 1984 war er Intendant der Staatsoper Unter den Linden in Ost-Berlin, zuvor Kulturminister.

Zur Zeit der Besuche von Justus Frantz in Ahrenshoop trägt er auch als Präsident des DDR-Kulturbundes Verantwortung: Im Sinne der SED sollen die Kulturschaffenden im Osten Deutschlands auf staatstreuem Kurs gehalten werden. Die Ausbürgerung des Liedermachers und Lyrikers Wolf Biermann 1976 war eine brutale Demonstration, dass abweichende und kritische Meinungen vom SED-Regime null Toleranz erhalten. Hans Pischner schwimmt mit, hat privat indes wohl eine eigene Sicht der Dinge. Hätte er sie damals öffentlich geäußert, wäre seine Karriere beendet gewesen. Da war der Cembalist keine Ausnahme. Nach der Wende wird er Ehrenpräsident der Internationalen Gesellschaft zur Förderung junger Bühnenkünstler. 2007, neun Jahre vor seinem Tod im wahrlich gesegneten Alter von 102 Jahren, gehört er zu den Gründern der brandenburgischen Elblandfestspiele Wittenberge. Ebenso fädelt Justus Frantz Pischners Berufung in das Kuratorium des Schleswig-Holstein Musik Festivals ein. Nicht jeder findet das gut. »Ich setze mich doch nicht mit DDR-Bonzen an einen Tisch«, heißt es nicht nur einmal. Hans Pischner bleibt im Amt. Frantz steht zu seiner Entscheidung, lässt nicht locker.

Notiz am Rande: Die beiden bleiben sich menschlich nahe, über alle Grenzen hinweg. Umso mehr, wenn sich diese auflösen. Nach Mauerfall und Wiedervereinigung wird Hans Pischner einige Zeit im Haus von Justus Frantz nahe der Außenalster wohnen. Unwissentlich betätigt der Gast aus Berlin dabei eine Alarmanlage. Daraufhin rücken mehrere Streifenwagen der Polizei an. Rasch klärt sich der Sachverhalt auf.

Bei Justus Frantz' Besuchen 1987 und 1989 in Ahrenshoop ist das alles noch Zukunftsmusik. Beim ersten Aufenthalt erlebt er eine skurrile Situation: An der Seite Pischners ist der Westdeutsche auf einer Tribüne Gast der Parade zum 1. Mai, dem Kampftag der Arbeiterklasse. Erscheinen befohlen. In den Tagen danach knüpft Justus Frantz Kontakte zu jungen Künstlern aus der DDR. Er lädt Nachwuchsmusiker und Dirigenten für vier Wochen zum Schleswig-Holstein Musik Festival ein. Für die Gäste »von drüben« ist es eine einmalige Chance. Zudem handelt es sich um ein politisches Kunststück in damaliger Zeit kompletter DDR-Abschottung. Letztlich ebnet die Musik Wege und baut Brücken, die sonst undenkbar wären.

Nach der ersten Reise nach Ahrenshoop mit der unterhaltsamen Verspätung ergibt sich unmittelbar vor Mauerfall und Kollaps des DDR-Systems eine politisch brisante Dimension – mit Verästelungen in die Medienspitze und Regierung beider deutscher Staaten.

Start dieser erstaunlichen Begebenheit, die tatsächlich Geschichte schrieb, ist erneut das kleine Künstlerdorf Ahrenshoop. Wieder macht Justus Frantz auf der Reise von Schleswig-Holstein nach Ostberlin Station bei Freunden Pischners im Ostseebad. Neben intensivem Gedankenaustausch unter sechs Augen über das immer deutlicher auseinanderbrechende DDR-System nutzt der Pianist seine Freizeit für Übungsstunden am Klavier. Das Instrument befindet sich im Haus des Kulturbundes. Während Frantz die Tasten betätigt, tagen SED-Größen aus der Region. »Ich hatte die Ohren gespitzt«, erinnert sich Justus Frantz an einen ihm unvergesslichen Abend, »und wie ein Luchs zugehört.« Der Tenor dieses Führungsgesprächs hinter verschlossenen Türen, indes nicht geräuschisolierten Wänden ist unmissverständlich: »Das geht so nicht mehr mit dem Staatsratsvorsitzenden. Es muss einen Schlussstrich geben.« In dieser Beziehung herrsche Einigkeit in fast allen SED-Bezirken. Mit anderen Worten: Der politische Abpfiff für den Staatsratsvorsitzenden Erich Honecker steht unmittelbar bevor. Es käme einer Revolution gleich. Der Mithörer aus der Bundesrepublik lässt sich sein heimliches Wissen und seine Aufregung nicht anmerken. Dass er Ohrenzeuge einer historischen Sensation wurde, ist ihm sehr wohl bewusst.

Aufgewühlt verlässt Justus Frantz am Vormittag danach Ahrenshoop. Vor dem Abschied fragt ihn Hans Pischner, ob er seinen Nachbarn, einen General in Uniform, mit nach Berlin nehmen könne. Auch wenn sich gewiss ein ulkiges Bild mit einem NVA-General im Porsche Cabrio ergeben hätte, lehnte der Fahrer ab. Grund: Der Nachbar ist als Stasi-Führungsmann berüchtigt. Folglich setzt sich Frantz allein ins Auto und nimmt Kurs Westberlin. Im Westteil der noch geteilten Metropole steht ein ausverkauftes Konzert in der Philharmonie auf dem Programm.

Aus diesem Anlass ist ein Interview mit einer Reporterin der »Bild«-Zeitung verabredet. Im Anschluss an das Gespräch berichtet Justus Frantz der Journalistin Außerordentliches: »Erich Honecker wird abgesetzt. Es ist nur noch eine Frage kurzer Zeit.« Die Springer-Mitarbeiterin traut ihren Ohren kaum. In der Redaktion informiert sie in Windeseile ihren Chefredakteur Hans-Hermann Tiedje im Hamburger Verlagshaus.

Dann geht alles blitzschnell. Der gewiefte Medienprofi Tiedje, gebürtiger Schleswiger und in jungen Jahren Volontär beim »Hamburger Abendblatt«, erfasst die Sachlage auf Anhieb. Um nicht in eine üble Falle zu geraten, geht er auf Nummer sicher, greift zum Telefon und ruft den ihm gut bekannten Justus Frantz an. Dieser bestätigt die Nachricht verbindlich. Anmerkung: In dieser Zeit sind Telefonate über heikle Themen keine Garantie für Vertraulichkeit. Jeder weiß, dass die Staatssicherheit der DDR mithört.

In der Chefredaktion von »Bild« schlagen die Wellen hoch. Das Gros der Blattmacher meint: »Trau doch nicht so einem Pianisten, Hans-Hermann. Das Ding ist zu heiß.« Hans-Hermann Tiedje schätzt den Tatbestand anders ein: »Ich glaube Justus Frantz.« Konsequenz: Am Folgetag, einem Freitag im Oktober 1989, sorgt die Schlagzeile der Boulevardzeitung für Furore – in West wie Ost: »Honecker: Mittwoch letzter Arbeitstag«. Die weltexklusive Information stamme aus »höchstrangigen SED-Kreisen in Ost-Berlin«.

In der »Bild«-Chefetage ist Aufregung angesagt. »Hans-Hermann, das ist nicht Honnis letzter Arbeitstag«, unkt einer, »sondern deiner«. Vollprofi Tiedje nickte selbstsicher. Ohne es vollumfänglich zu ahnen, ist Justus Frantz daran beteiligt, wie deutsche Geschichte geschrieben wird.

Vier Tage nach Veröffentlichung der Schlagzeile, am Mittwoch, 18. Oktober 1989, ist Erich Honeckers politisches Schicksal besiegelt. Während einer überstürzt einberufenen Sondersitzung des Zentralkomitees der SED herrscht diesmal ganz andere Einigkeit: Tschüs, Honni. Das Ende der SED, der Zusammenbruch der DDR steht unmittelbar bevor.

PS: Am 16. Oktober 2009, zwei Jahrzehnte später, blickt »Bild« auf das Politbeben vom Herbst 1989 zurück: Erich Honecker, »der sein Schicksal nie akzeptiert hat, hat auch nie erfahren, wer der BILD-Zeitung den entscheidenden Tipp für den 18. Oktober 1989 gegeben hat. Es war der damalige Intendant des Schleswig-Holstein Musik Festivals, der Hamburger Justus Frantz, ein Mann, der und den die ganze Welt kannte.«

Freunde in Russland
Meinungsfreiheit und Spagat

»Alter schützt vor Torheit nicht«, sagen die einen. »Endlich einer, der seinen eigenen Weg geht und nicht auf den Trampelpfaden der Mehrheit wandelt«, meinen die anderen. Es geht um hohe Politik, um Russland, um Wladimir Putin, den Angriffskrieg gegen die Ukraine, den nachfolgenden Boykott des Westens. Es dreht sich allerdings ebenso um gute Beziehungen, teilweise über Jahrzehnte, um zwischenmenschliche Bindungen, um gewachsene Freundschaften – und um Treue als Grundsatz. Gibt es gerechtfertigte Beweggründe, mit Prinzipien zu brechen? Ist es ein Gebot der aktuellen internationalen Anspannung, auf Distanz zur Großmacht in Osteuropa zu gehen? Oder sollte man gerade jetzt ein Mindestmaß an Kontakten am Leben erhalten, um einer totalen Konfrontation aus dem Weg zu gehen?

Exakt diese Problematik steht in den Monaten vor Justus Frantz' 80. Geburtstag Mitte Mai 2024 im Blickpunkt. Mit seiner Sympathie für Russland, egal in welcher Auslegung, steht der Musiker auf einer derzeit nicht mehrheitsfähigen Position. Einige werfen ihm vor, politisch starrsinnig und töricht zu sein, andere verurteilen eine angebliche Blauäugigkeit und Naivität der historischen Entwicklung gegenüber. Man kann es auch so auf den Punkt bringen: Der Pianist mit dem großen Namen steht auf verlorenem Posten.

Der Maestro selbst versteht die Aufregung nicht. Selbstverständlich befürworte er den Überfall auf die Ukraine nicht. Außerdem sei er alles andere als ein Anhänger des Autokraten Wladimir Putin. Vielmehr setze er, von jeher, auf die Kraft der Musik als völkerverbindendes Instrument. Nur: Kann man Politik und Kultur komplett trennen? »Kultur darf niemals Waffe sein, doch immer Brücke«, entgegnet Justus Frantz. Ganz im Gegenteil: Sie müsse helfen, kleine und große Verbindungen zu erhalten. Diese Sicht vertrete er seit Jahrzehnten, besonders auch wegen seiner familiären Wurzeln und seiner Geburt im Osten unseres Kontinents. Das sei so gewesen in Zeiten des Kalten Krieges mit der Sowjetunion, während der Aufheiterung mit Glasnost und Perestroika, aber eben auch heutzutage. »Ich bin meiner Linie treu geblieben«, sagt Justus Frantz.

Dabei habe ihn ein Erlebnis besonders geprägt. Während der politischen Kühle vor dem Zusammenbruch der Sowjetunion, als Moskau noch eine triste, graue, lustlose Metropole war und nach Braunkohle roch, sei in einem großen Konzertsaal der Hauptstadt Gustav Mahlers 2. Symphonie erklungen, auch »Auferstehungschoral« genannt. »Die Menschen waren äußerst ergriffen. Erst herrschte Schweigen, anschließend brandete Jubel auf«, erinnert sich der Pianist. Neben Justus Frantz, dem Gast aus Deutschland, habe der Pianist und Komponist Dmitri Schostakowitsch gesessen, gleichfalls von Mahlers Musik in den Bann gezogen. Dann habe der Russe sich zu seinem Kollegen herübergebeugt und festgestellt: »Genau das ist der Geist, der bleibt.«

In diesem Sinne, meint Justus Frantz, wolle er ein Interview verstanden wissen, mit dem er Ende 2023 Aufmerksamkeit erregte. Mit gemischtem Echo, um es höflich zu formulieren. Jedenfalls ernteten seine Meinungsäußerungen Protest. Denn dem vierseitigen Artikel in Ausgabe 49 des »Spiegel« vom 2. Dezember 2023 unter der Rubrik »Prominente« folgten diverse Kommentare, weitere Interviews – und überwiegend kritische Stimmen. »Viel Feind, viel Ehr«, könnte man wohlwollend meinen. Oder es mit der Überschrift des Beitrags halten: »Aus dem Takt«. In der Unterzeile heißt es: »Der Dirigent und Musiker wurde von dem Festival ausgeschlossen, das er einst gegründet hat.« Und: »Besuch bei einem Grenzgänger, den Kritiker für eine Marionette Russlands halten.« Klar, dass Justus Frantz die Sachlage komplett anders sieht.

Nun würde allein die Wiedergabe unterschiedlicher Auffassungen, Darstellungen und Interpretationen mehrere Kapitel dieses Buches füllen – und den Rahmen einer Biografie sprengen. Ebenfalls wäre es an dieser Stelle töricht, Stellung zu beziehen. Interessanter und spannender ist eine Spurensuche: Wie gelangt eine gebildete, weitgereiste und international hervorragend vernetzte Persönlichkeit mit enormem Erfahrungsschatz, die mehrere Fremdsprachen beherrscht, in Sachen Russland zu einer Meinung, die ihn hierzulande ins Abseits stellt? Und was ist passiert, wenn sich ein Mann seines Formats von der »Klassik-Woche« auf die Frage einer möglichen russischen Staatsbürgerschaft in eigener Sache so zitieren lässt: »Nein, ich bin Deutscher. Aber ich denke über eine Aufenthaltsgenehmigung für Russland nach.« Dabei geht es nicht nur um seine langjährige Lebensgefährtin Ksenia und den gemeinsamen Sohn Justus Konstantin. Beide leben in Moskau. »Mir geht es nicht um Russland«, sagt Frantz, »sondern vor allem um Aussöhnung zwischen den Menschen in West und Ost.«

Die Spurensuche in der Vergangenheit des Pianisten beginnt nicht bei der Geburt im Gebiet des heutigen Polen und der Flucht vor der Roten Armee der Sowjets westwärts, sondern im Herbst 1948. »Meine erste politische Wahrnehmung«, erinnert sich Frantz, »war die Berliner Luftbrücke.« Seinerzeit versorgten die Westalliierten, allen voran die USA, den Westteil der geteilten, von der Sowjetunion eingekesselten Stadt unter anderem mit Nahrungsmitteln. Insgesamt 555.000-mal flogen »Rosinenbomber« von und nach Westberlin. Die Berichte und Diskussionen über diese brisante Situation brannten sich im Mai 1949 im Gedächtnis ein. Justus ging damals auf seinen fünften Geburtstag zu. Fünf Tage später wurde das Grundgesetz der Bundesrepublik Deutschland unterzeichnet. Gut ein Jahrzehnt danach trat er als Jugendlicher der CDU-Nachwuchsorganisation Junge Union bei. Auch durch seine Freundschaft mit dem sozialdemokratischen Staatsmann Helmut Schmidt zog er nachfolgend einen Schlussstrich unter dieses politische Kapitel.

Im Alter von zwölf Jahren, 1956, begeisterte ihn ein polnischer Pianist. Wobei zu bedenken ist, dass zwischen West- und Osteuropa in damaliger Zeit ein »Eiserner Vorhang« verlief. Demzufolge hatten Kontakte zu Musikern aus Polen, Russland und anderen Staaten des Warschauer Pakts Ausnahmecharakter. Es waren harte Zeiten. Teilweise wurde die aufgeschlossene Art Justus Frantz' schon damals angefeindet. Als er 1974 den russischen Cellisten und Humanisten Mstislaw Rostropowitsch und dessen Frau Galina Wischnevskaya in New York bei Leonard Bernstein zu einem Abendessen traf, reagierten andere mit Auftrittsverboten. »Die Kommunisten küssen sich auf den Mund«, habe es nicht nur in christdemokratischen Kreisen geheißen, »das ist ja widerlich.« Mit solchen Leuten umgebe man sich nicht.

Umgekehrt wurden Frantz und andere westliche Musiker in Moskau bisweilen schlecht behandelt: »Wir waren ja Klassenfeinde.« Eine damals häufige Meinung, so Justus Frantz, war: Man reist nicht in die Sowjetunion und deren Satellitenstaaten. Mancher Politstratege im seinerzeit traditionell CDU-regierten Schleswig-Holstein habe den aufkommenden Pianisten deswegen verdammt. Die Musik verband dennoch. So berichtet Frantz von einem Besuch bei Dmitri Schostakowitsch in seiner Künstlerkabine in Moskau. »Wunderbar«, habe der Komponist beglückt festgestellt, »der Geist Beethovens lebt.«

Ansonsten sei es in der sowjetischen Metropole Mitte der 1970er-Jahre oft »trostlos und deprimierend« gewesen, blieb Justus Frantz in Erinnerung. Er wohnte im Hotel Rossija, einem gesichtslosen, grauen Betonkasten nahe des Roten Platzes. Bei Auftritten hätten Menschen ehrfürchtig seinen Frack angefasst oder ihm heimlich Briefe zugesteckt. Tenor: »Mein Bruder sitzt in politischer Haft, im Gulag. Bitte helfen Sie uns.« Manchmal habe der Pianist auch in den Räumen der Deutschen Botschaft in Moskau gewohnt. Eines Abends habe ihn nach einem Konzert eine elegante Dame angesprochen: »Was spielen Sie da von meinem Mann?« Es handelte sich um die frühere Ehefrau des Pianisten und Komponisten Sergej Prokofjew. Sein Musikmärchen »Peter und der Wolf« zählt zu den meistgespielten Werken der klassischen Musik.

Danach habe er Lina Prokofjew, eine gebürtige Spanierin, auf seine Finca nach Gran Canaria eingeladen. Als die ältere Dame im Flughafen von Las Palmas ankam, habe sie den Boden ihres Herkunftslandes geküsst. Später habe Frau Prokofjew ihn im Krankenhaus in Oldenburg besucht. Ihre Idee: gemeinsam mit Justus Frantz ein Buch zu schreiben. Doch dazu kam es nicht. Anfang 1989 starb sie im Alter von 91 Jahren in London.

»Ich habe immer Beziehungen zu den Menschen in Osteuropa gepflegt«, sagt Justus Frantz, »unabhängig von politischen Strömungen und Regierungen.« Kaum einer weiß das besser als der ehemalige Präsident Litauens, Vytautas Landsbergis. Der Politiker und

Musikwissenschaftler war nach der Unabhängigkeit der baltischen Länder als Vorsitzender des provisorischen Parlaments Staatsoberhaupt von Litauen. In der benachbarten Republik, in Estland, warnten sie den deutschen Musiker: »Justus, du musst sofort zurück, es herrscht Krieg.« Im Präsidentenbüro in Tallinn berichtete Frantz von einem Schreiben des deutschen Außenministers Hans-Dietrich Genscher. Inhalt dem Sinne nach: »Wir können euch nicht helfen.« Die Diplomaten waren in ihre Heimatländer zurückgerufen worden.

Umso beeindruckter und freudiger hätten die Menschen im wieder freien Baltikum auf die in der Krise verbliebenen Westkontakte reagiert. In der Nationalen Konzerthalle von Vilnius erhielten Justus Frantz und sein Orchester am 6. Februar 1991 großen Beifall. Der frühere Kultusminister Gintautas Kevisas überreichte dem Pianisten aus Hamburg einen Orden. Kontakte wie diese überdauerten Jahrzehnte.

Und das beträfe eben auch seine alten Freunde in Sankt Petersburg, Moskau und anderswo. »Russland war und bleibt für mich ein durch und durch kulturelles, von Geist erfülltes Ausnahmeland«, findet Justus Frantz, »im Gegensatz zu unserer kulturellen Fast-Food-Kultur.« Ein Indiz sei das durchschnittliche Alter der Konzertbesucher. Demnach liegt es in Russland erheblich unter dem westeuropäischen Niveau. Frantz akzeptiert andere Ansichten; er meint jedoch: »Die Sanktionen des Westens und das Kappen lange kultivierter Verbindungen gehe dauerhaft zulasten des Friedens in Europa.« Seine Ansicht: »Was hat unsere Politik im Endeffekt gebracht? Sie hat ein neues Weltsystem geschaffen, das uns letztlich kleiner macht.« Dabei spielt er auf die BRICS-Staaten an, ein Bündnis ehemaliger Schwellenländer.

Auch die Vorgeschichte betrachtet er aus einer durchaus umstrittenen Perspektive: »Wir haben niemals Schuldgefühle Russland gegenüber gezeigt. Stattdessen hat die Politik des Westens die Russen bis aufs Blut gereizt.« Diese Aussage wolle er auf keinen Fall als Rechtfertigung des Kriegs gegen die Ukraine verstehen. »Im Verurteilen anderer sind wir sehr schnell«, meint Justus Frantz. Schritt um Schritt habe sich die NATO erweitert und sei mit ihrer Nuklearmacht immer näher an Russland herangerückt. Deutschland dürfe sich auf keinen Fall in einen Krieg

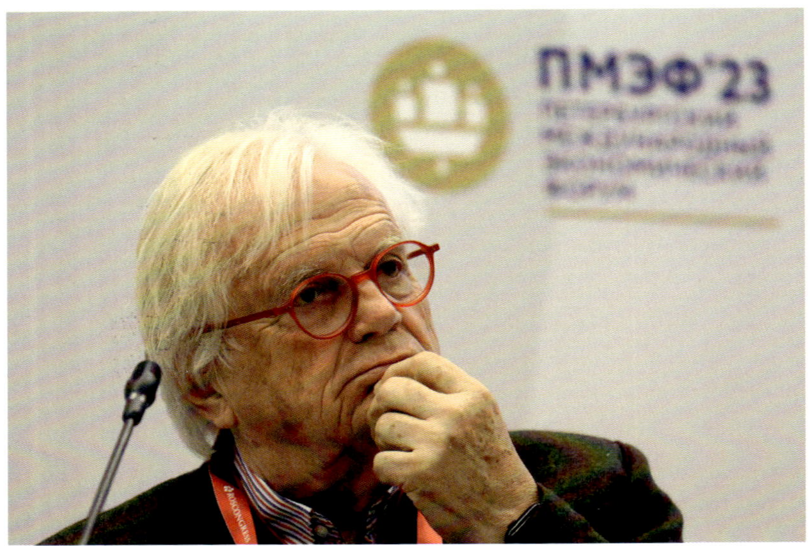

Foto: picture alliance/dpa/TASS | Peter Kovalev

Justus Frantz im Juni 2023 bei einer Podiumsdiskussion in St. Petersburg. Thema war der kulturelle Dialog in einer Ära politischer Änderungen weltweit.

hineinziehen lassen. Seine Meinung: »Die Möglichkeit eines Dritten Weltkriegs ist leider nicht auszuschließen.«

Zu seinen Vertrauten in Russland gehört Valery Gergiev, und zwar schon zu Zeiten, als Putin an der Staatsspitze noch nichts zu sagen hatte. Der Dirigent wurde Ende 2023 zum Leiter des weltberühmten Bolschoi-Theaters in Moskau ernannt. Nach einer Nachricht des Bayerischen Rundfunks vom 1. Dezember 2023 war der Vertrag seines Vorgängers Wladimir Urin »nach dessen Kritik am russischen Angriffskrieg vorzeitig gekündigt worden«. Nicht nur einmal hat Valery Gergiev Justus Frantz als »ehrbaren Brückenbauer zwischen Ost und West« bezeichnet. Er bewundere, wie Frantz bei aller Kritik verlässlich für Russland einstehe und das Land wertschätze. Gergievs Meinung: »Justus Frantz hat sich stets für den Frieden eingesetzt und immer Verbindungen zwischen allen geschaffen.«

Fraglos erntet Justus Frantz auch anderweitig Zuspruch. Ein Beispiel ist die nicht minder streitbare Frauenrechtlerin Alice Schwarzer.

Den Umgang mit dem Pianisten bezeichnet sie teilweise als empörend. »Ich finde Ihr Verhalten in diesem tragischen Ukraine-Krieg … konsequent und nur logisch in der Linie Ihrer bisherigen pazifistischen, nach allen Seiten offenen Engagements«, schreibt sie. Frau Schwarzers persönliches Fazit: »Sie haben einen großartigen Mut.«

Auch Oskar Lafontaine, früher Ministerpräsident, SPD-Vorsitzender und Kanzlerkandidat, ergreift Partei für den meinungsfreudigen Maestro. Einen Bericht der »Bild«-Zeitung von Dezember 2023 »Justus Frantz beim Schleswig-Holstein Musik Festival rausgeworfen«, kommentierte Lafontaine in der »Weltwoche« so: »Das besonders Bemerkenswerte an dem Vorgang: Der Ausgeladene hatte das Schleswig-Holstein Musik Festival gegründet und es zu einem Festival von Weltbedeutung gemacht. Da er an die völkerverbindende Kraft der Musik glaubt, hat er 1989 die Deutsch-Sowjetische Junge Philharmonie mit gegründet und 1995 die Philharmonie der Nationen unter dem Motto ›Make music as friends‹ ins Leben gerufen, ein Orchester, in dem Syrer und Israeli, Serben und Slowenen für den Weltfrieden musizierten.«

Tatsächlich hat Justus Frantz zahlreiche Weggefährten und Freunde in der Ukraine wie in Russland. Weitgehend herrsche Einigkeit, sagt Frantz, dass es sich um »zwei Schurkenstaaten« handele. Während hierzulande jedoch aus Frantz' Sicht die Ukraine heiliggesprochen werde, sei Russland ohne Wenn und Aber zum »Land des Teufels« degradiert. Abweichende Sichtweisen würden in Deutschland nicht toleriert. Dabei sei es so wichtig, »jede Art von Kontakt wie eine zarte Pflanze zu hegen«. Beispielsweise das Goethe-Institut in Sankt Petersburg zu schließen und die Arbeit einzustellen sei der falsche Weg. Weil unter dem Strich vernünftige Botschafter auf beiden Seiten isoliert werden. Damit sei der Weg frei für Hardliner.

Mit Worten wie diesen stieß Justus Frantz kurz vor seinem 80. Geburtstag auf massiven Protest. Er provozierte einen Orkan an Antipathie. Die gesamte Flut der Reaktionen wiederzugeben würde zu weit gehen. Daher nur einige Stichworte. »Kunst muss sich immer davor hüten, politisch missbraucht zu werden«, zitierte die »Zeit« den Intendanten des Schleswig-Holstein Musik Festivals, Christian Kuhnt. Ein paar rhetorische Kniffe änderten nichts an der Feststellung: Festivalgründer Justus Frantz ist ebendort nunmehr Persona non grata, eine unerwünschte Person. Von einem Rauswurf, formuliert Kuhnt, könne nicht die Rede sein, »denn zu einem Rauswurf gehört eine Einladung«. Eine solche sei niemals ausgesprochen worden.

Kein Wunder, dass Frantz sich getroffen und verletzt fühlt. Die Vorwürfe der Festivalmacher, auch in anderen Medien verbreitet: Justus Frantz begegnet Putins Aggression mit »kulturvernebelter Naivität«. Bei »Zeit Online« konterte der so attackierte Pianist: »Wenn ich in Moskau ein Konzert gebe, kann es Hass auf den Westen mindern.« Im öffentlichen Entrüstungssturm war untergegangen, dass Justus Frantz seine Freundschaft zu Menschen und Institutionen in der Ukraine seit Jahrzehnten pflegt. Die von ihm initiierte »Freundschaftsbrücke« half beim Bau von zwei Krankenhäusern nach der Reaktorkatastrophe von 1986 in Tschernobyl. Außerdem stellte Frantz die Weichen dafür, dass ukrainische Ärzte an den Universitätskliniken in Hamburg und Heidelberg Strahlenmedizin studieren konnten. Er habe fast ein Dutzend Konzerte in der Ukraine gegeben.

Während ihm Gegner eine »Flucht in die Unschuld der Kunst« vorwarfen und seine zu große Nähe zum System Putin und zu dessen Vasallen kritisierten, fühlte sich Justus Frantz in die Enge getrieben. Weitere Vorhaltungen: Er habe an russischen Musikwettbewerben teilgenommen und Geld für Auftritte und Einsätze erhalten. »Ich versuche, meinen Beitrag für den Frieden zu leisten, miteinander zu sprechen und nicht übereinander«, wehrte sich Frantz. »Werte und Ideale, die mich begleiten, müssen auch den nächsten Generationen erhalten bleiben.« Sein Fazit: »Ich werde mich auch weiterhin für die Freiheit des Andersdenkenden einsetzen. Dazu gibt es keine Alternative. Diese Freiheit allerdings nehme ich auch für mich in Anspruch.«

Selbst die wachsende Zahl seiner Gegner weiß, dass Justus Frantz selbstverständlich kein Putin-Verehrer und kein Unterstützer des Angriffskriegs gegen die Ukraine ist. Doch je intensiver der 79-Jährige in der Kritik stand, meint mancher, desto mehr habe er sich verrannt. Beim

Spagat zwischen hehren Zielen der Musik und der knallharten Realität drohte der Musiker auf einem Abstellgleis zu landen. Das spürte er auch.

Wer dennoch zu Justus Frantz hält und an die zweifelsfrei vorhandene Vernunft glaubt, hatte es kurz vor Erscheinen dieses Buches nicht leicht. Weil Frantz nun einmal in der Öffentlichkeit stand, allerdings anders als von seinem Team und ihm selbst erwünscht, gerieten weitere, alles andere als unumstrittene Aktionen in den Blickpunkt. Beispiele sind Diskussionsabende mit Personen wie der ehemaligen Linken-Wortführerin Sahra Wagenknecht oder der AfD-Politikerin Alice Weidel. Nicht nur diese Politikerinnen, sondern auch einige höchst umstrittene, dem Populismus zugeneigte Teilnehmer der Diskussionszirkel in der Frantz-Wohnung sorgten bei Beobachtern für Kopfschütteln.

»Es gibt in unserer Zeit nichts Wichtigeres, als sich für den Frieden und den Ausgleich zwischen den Nationen einzusetzen«, kontert Justus Frantz: »Ich lasse mir meinen Mund nicht verbieten.«

Kapitel 12

Zum Ausklang Blaubeertee am Kamin

Sternstunden der Musik

Wer sich keine Ziele setzt, wird niemals Großes erreichen. So war es damals, als der Schüler Justus seine langen Fingernägel an einem rauen Stein vor der Kirche in Kiel feilte. Um sodann halbwegs akkurat zum Klavierunterricht zu eilen. So ist es auch an diesem Abend am Kamin im Hause Frantz. »Ich wünsche mir, künftig etwa 100 Konzerte im Jahr zu geben«, sagt der Maestro bei einer Tasse seines wunderbar duftenden Spezialtees. Zur Jahreswende 2023/2024 gab Frantz zehn Konzerte in Moskau und St. Petersburg. »Alle waren ausverkauft«, sagt er.

Die Mixtur des Tees hatte er zuvor in der Küche seiner Wohnung am Hamburger Rothenbaum angesetzt: mit viel Ingwer, Kurkuma, beides handgeschnitten natürlich, ein paar Kräuter und Blaubeeren aus der Tiefkühltruhe. Schmeckt unwiderstehlich. Auf das Tischchen vis-à-vis der Feuerstelle hat der Pianist zudem ein Schälchen mit rechteckigen, dunklen Keksen gestellt. Das Backrezept seiner Vorfahren stammt aus dem 15. Jahrhundert aus Schlesien.

»Musik ist ein Jungbrunnen«, fährt Justus Frantz fort. Seine Hoffnung zum 80. Geburtstag am 18. Mai 2024: »Ich möchte in meiner Wohnung in Pöseldorf bleiben – wie seit nun fast sechs Jahrzehnten.« Und er möchte eines späteren Tages anderen nicht zur Last fallen. Größere Besitztümer hat er nicht angehäuft. Das ist spätestens durch seine Worte in dieser Biografie klar geworden. »Ich habe immer gut verdient«, sagt er auf Nachfrage, »habe mich allerdings niemals als reicher Mann gesehen.« Für die Professur an der Hamburger Musikhochschule, während der Zeit in Diensten des Bayerischen Rundfunks sowie in den Jahren als Intendant des Schleswig-Holstein Musik Festivals habe er jeweils »ein anständiges Gehalt« bezogen, indes keine Pensionsansprüche erworben. Solche finanzielle Sorglosigkeit aus jüngeren Jahren räche sind nun.

Andererseits genießt er Erfolgserlebnisse. So wie die Konzerte in Südafrika im Herbst 2023. Als er zweimal die Johannesburger

Philharmoniker dirigierte, mit Beifall überschüttet wurde. Und als er ihn erneut spürte, den Geist der Musik. »Diese künstlerische Erfüllung«, sagt Frantz, »beschert mir ein totales Glücksgefühl.« Genau um dieses Thema soll es gehen an diesem Abend ohne Tagesordnung. Ganz bewusst möchte der Musiker die Gedanken frei schweifen lassen, ohne ein Korsett. Es geht um die Inbrunst des Lebens, um Sonnen-, aber auch Schattenseiten. Glücksgefühl sei eine absolute künstlerische und intellektuelle Erfüllung. Gerahmte Fotos, teilweise mit Widmungen, auf dem Kaminsims gewähren Rückblicke auf außergewöhnliche Zeiten im Rampenlicht.

Justus Frantz ruft einige dieser Fotos und Eindrücke in seine Erinnerung zurück. Und deutet auf einen kleinen Stapel auf dem Tisch. Die Andenken an früher bringen das Erinnerungsvermögen auf Trab. Denn Justus Frantz genießt die Gnade eines erstaunlichen Gedächtnisses. Begeben wir uns also weiterhin auf eine Reise durch ein ganz besonderes Leben. Und machen an verschiedenen Orten und Momenten Station. Es sind große und kleine Haltestellen, die wunderbar zum Ausklang dieses Buches passen. Immerhin gab es 26 lange, intensive Treffen sowie eine mehrtätige Reise auf die Finca Justus Frantz im Süden Gran Canarias. 2025 wird ein Familientag der Familie Goßler organisiert, in Sudermühlen wahrscheinlich, in der Heide. Auch dort wird es eine Menge zu erzählen geben.

Vielleicht gibt es dort sogar Pflaumenkuchen. Wenn dieser gut gebacken ist, kann Justus Frantz schwach werden. So wie im Umland Münchens, als Frantz und Freunde eine Gastwirtschaft mit frischem Zwetschgendatschi entdeckten, spontan einkehrten – und den Flug nach Hamburg abheben ließen. Dann eben ein paar Stunden später. Die Gunst der Stunde ist köstlich; sie ist einmalig. Diese geradezu sinnliche Freude an den schönen Kleinigkeiten des Lebens erfuhr auch ein Konzertveranstalter zu Beginn dieses Jahrtausends. »Was wollen Sie denn verdienen, Herr Professor Frantz?«, fragte der Manager bei einem Gespräch im Ratskeller zu Alfeld. »Zwetschgenkuchen«, entgegnete der Pianist, »und zwar von der Güte des just probierten.« Das Beste an dieser Episode: Frantz meinte es ernst. Also gab es später Zwetschgenkuchen satt. Mit Schlagsahne. Zuvor war ein regelrechter Wettbewerb um den besten aller Zwetschgenkuchen ausgelobt worden. Frauen buken blechweise. Justus Frantz probiere. Lustvoll. Letztlich viel zu viel.

Hoch leben die Kontraste: auf dem Notenblatt wie im Leben allgemein. So erhielt der Maestro 2019 in der vornehmen Hanse Lounge am Rathausmarkt in Hamburg den Ehrenpreis »Optimist des Jahres«. In großer Runde wurde das positive Denken des Preisträgers gewürdigt. Denn eigentlich stand sein Jahr unter keinem günstigen Stern. So schnitt er sich mit der Brotmaschine versehentlich eine Fingerkuppe ab. Für einen Pianisten mit Fingerspitzengefühl eine Katastrophe. Später erkrankte er an einer lebensbedrohlichen Rückenentzündung mit folgender Notoperation. Doch stand er wieder auf, erholte sich, blickte froh gestimmt nach vorn. Seine unerschütterliche Überzeugung, dass immer alles gut gehen werde, hatte ihm nach Auffassung der Juroren geholfen. Justus Frantz selbst sagt dazu: »Ich lasse mich von allem Schönen inspirieren. Ganz gleich, ob das Menschen, Situationen oder Dinge sind.« Entsprechend formulierte es der Laudator

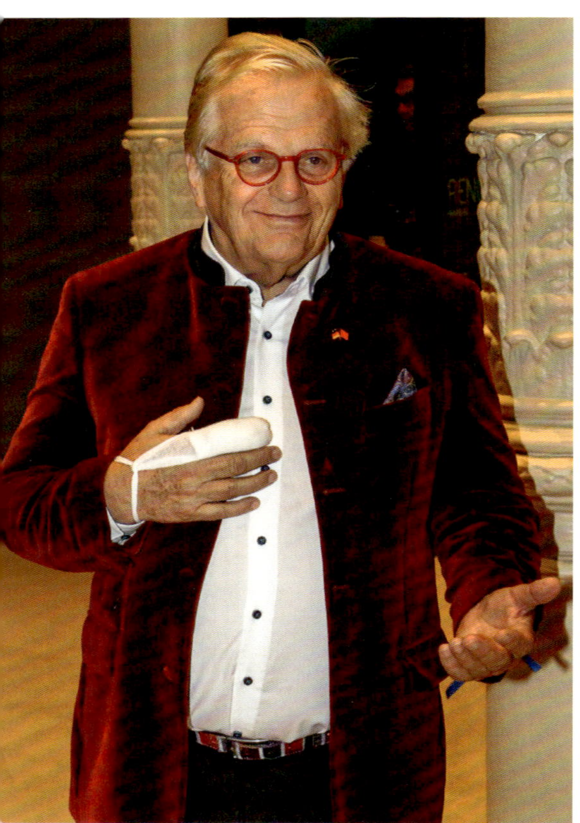

Foto: picture alliance / |

Justus Frantz im Jahr 2019, nachdem er sich versehentlich bei einem Haushaltsunfall eine Fingerkuppe abgeschnitten hatte – vor allem für einen Pianisten eine Katastrophe. Der Maestro blickte dennoch nach vorn und bewies später weiter Fingerspitzengefühl.

bei der Zeremonie: »Förmlich kann man die Freude hören, die aus der Musik in den Geist übergeht und vieles einfacher ertragen lässt.«

Justus Frantz sagte aber auch einen weiteren Satz: »Wenn es mir mal nicht so gut geht, spiele ich Beethoven am Klavier.« Denn auch solche Momente, graue Stunden, gab und gibt es im Dasein eines Weltstars. »Ja, auch ich habe sie, diese Berührungen der Melancholie«, sagt er am Kamin, während das Feuer flackert, »diese finsteren, traurigen Gedanken.« Ludwig van Beethoven helfe tatsächlich, wirke wie Medizin gegen Betrübnis. Er habe von jeher Kraft und Zuversicht aus der Musik schöpfen können: »Manchmal waren diese dunklen Gedanken sogar mit Selbstmordfantasien verbunden.«

Beethoven helfe bei ihm nicht nur gegen Anflüge von Depression, sondern auch bei trüben Überlegungen die Gefährdung des Weltfriedens betreffend. Früher habe er hin und wieder an einer Art Epilepsie gelitten: »Durch Schlafentzug zischten mir viele Gedankenblitze im Kopf umher.« In einem früheren Kapitel dieser Biografie hatte Justus Frantz bereits berichtet, seit seinem 21. Lebensjahr Schlafmittel zu nehmen, also seit fast sechs Jahrzehnten. Versuche, davon loszukommen, seien gescheitert.

In grauen Momenten denke er an seine Mutter Dosy – als Vorbild. Binnen kurzer Zeit, am Ende des Zweiten Weltkriegs, habe sie ihren Ehemann, ihre Heimat, fast sämtliche Besitztümer verloren. Geweint hat sie, wenn überhaupt, nur heimlich. »Das war gestern« sei die Devise dieser tapferen Frau gewesen. Jetzt jedoch ist Gegenwart. Entscheidend sei die Zukunft. Dosy von Goßler sei in ihrem Leben immer bescheiden gewesen. Und sie habe niemals aufgegeben. Geprägt von der entschlossenen Haltung, jedem Tag etwas Besonderes abzugewinnen. Entsprechend dem überlieferten Motto: carpe diem. Nutze den Tag – und mache das Beste daraus.

Bei diesen Worten hält Justus Frantz inne. Dann sagt er: »Der Grund, warum ich Musiker geworden bin, ist Beethoven.« Und: »Ich versuchte, in der Philosophie die Existenz Gottes zu erleben, den Sinn des Lebens. Doch in der Musik und bei Beethoven habe ich all das gefunden, was mit Worten ohnehin nicht auszudrücken ist.« Beethovens Musik allein könne keine Probleme lösen, doch steigere sie die Kraft, Schwierigkeiten

Auf dem Sekretär im Hause Frantz erinnert gerahmt ein persönlicher Gruß des verstorbenen Bundeskanzlers und Staatsmanns Helmut Schmidt aus den 1980er-Jahren an eine gute Freundschaft. Ehefrau Hannelore alias Loki unterschrieb ebenfalls. Man nannte sich beim Vornamen, siezte sich jedoch. Es handelt sich um das »Hamburger Sie«.

zu überwinden: »Hören wir jeden Tag Beethoven, wird unsere Seele gesunden.«

Ein weiteres Vorbild, führt Justus Frantz am Kamin aus, sei Helmut Schmidt, sein Freund. Dabei deutet er auf den Sekretär links vom Kamin. Am 26. Februar 1984 hatte der Staatsmann einen handschriftlichen Brief verfasst: »Lieber Justus.« Es geht um Finessen der Musik, um einen nach

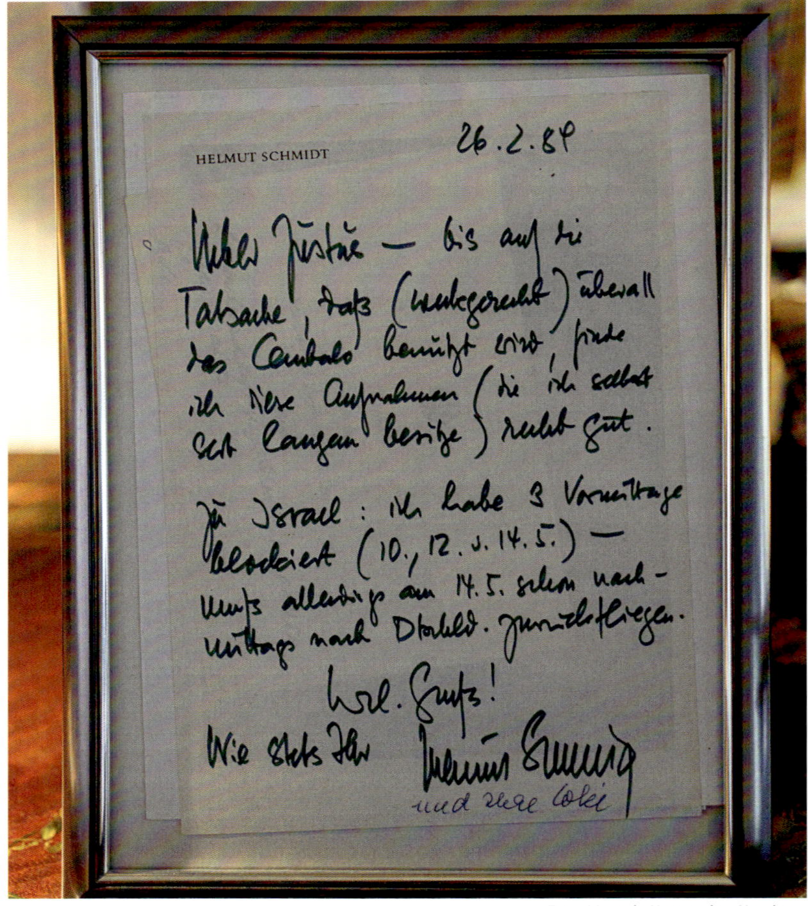

HELMUT SCHMIDT

26.2.84

Lieber Justus – bis auf die Tatsache, daß (werkgerecht) überall das Cembalo benützt wird, finde ich diese Aufnahmen (die ich selbst seit langem besitze) recht gut.

Zu Israel: ich habe 3 Vormittage blockiert (10., 12. u. 14.5.) – muß allerdings am 14.5. schon nachmittags nach Dtschld. zurückfliegen.

Herzl. Gruß!

Wie stets Ihr Helmut Schmidt

und Ihre Loki

Foto: Marcelo Hernandez, Hamburg

Schmidts Gehör übermäßigen Einsatz des Cembalos, um eine Israel-Reise gemeinsam mit Justus Frantz. Darunter steht: »Herzlicher Gruß! Wie stets Ihr Helmut Schmidt.« Mit blauem Kugelschreiber hatte Ehefrau Hannelore darunter notiert: »und Ihre Loki.« Grundsätzlicher meint Frantz: »An Helmut Schmidt bewunderte ich seine Souveränität im Alltagsgeschehen, seine Gradlinigkeit und die Ernsthaftigkeit, Ideale zu verfolgen.« Er habe seine Ziele niemals aus den Augen verloren, mit Fleiß und eiserner Disziplin überzeugt. Und dann habe der ehemalige Bundeskanzler erzählt: Nach strapaziösen Verhandlungen setze er sich an seinen Flügel, selbst zu sehr später Stunde. Dann habe er Bach gespielt – um wieder zu sich zu finden.

Diese Sprache trifft präzise den Tonfall, den auch Justus Frantz vertritt. Details beschrieb er in dem bemerkenswerten Buch »Vorbilder«, in dem »berühmte Deutsche erzählen, wer ihnen wichtig ist«. Auf Seite 145 dieses Werks kommt Justus Frantz auf jene beiden Musiker zu sprechen, die ihm inniglich verbunden waren. Und sind. Herbert von Karajan und Leonard Bernstein hätten ihn nicht nur als großartige Musiker vorbildlich geprägt. Karajan sei als Mensch bescheiden, indes bei Proben »unendlich streng und schwierig« gewesen. Seine Konzerte seien wie »Befreiungsschläge auf höchstem Niveau«.

Bernstein sei das genaue Gegenteil gewesen: »Manchmal erschien er gar nicht zu den Proben oder dirigierte im Konzert ganz andere Tempi, als wir geprobt hatten.« Aber dennoch: »Seine Impulsivität, Kreativität, sein Enthusiasmus, seine Freude an der Musik, seine unglaubliche Intensität schenkten uns Sternstunden der Musik.« Bei diesen Erinnerungen kommt ein Gespräch aus dem Herbst 2023 in den Sinn, einige Monate vor Justus Frantz' rundem Geburtstag. Bei einem Treffen im Komponistenhäuschen im exotischen, üppig blühenden Garten seiner Finca auf Gran Canaria schuf ein Blick auf die Oase Monte Leon innere Einkehr – mit philosophischer Natur. »Ein Pianist darf nicht mit den Händen in der Erde arbeiten«, grübelte Frantz damals, »sonst werden seine Hände rauer.« Ohnehin solle man als Klavierspieler keine groben Arbeiten verrichten, um die Haut nicht zu schädigen. Weil man mit den Fingerspitzen die Tasten spüre. »Ihr könnt lachen«, meinte er,

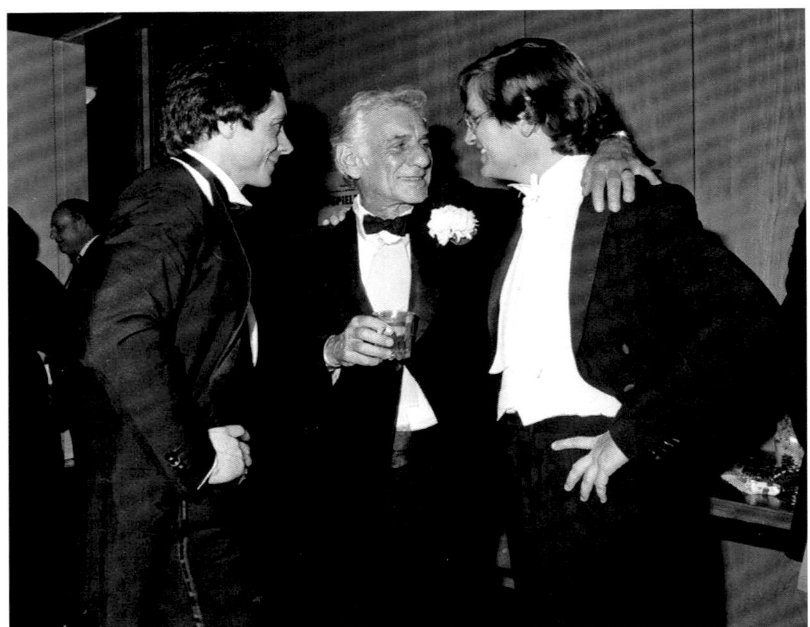

Foto: Justus Frantz privat

John Neumeier, Leonard Bernstein und Justus Frantz (von links nach rechts) 1988 in der Hamburger Staatsoper nach der Aufführung von Leonard Bernsteins Klaviersymphonie »Age of Anxiety«

»doch die hervorragendste Arbeit in der Landwirtschaft ist das Melken.« Diese Art von Training habe er früher in Holstein probiert: mit Melkfett eingerieben, alle fünf Finger unabhängig voneinander, mit unterschiedlichem Druck einsetzen, das sei eine exzellente Übung. Auch auf Gran Canaria habe er die Kühe auf seiner Finca gern gemolken.

Ja, die Musik führe zu erstaunlichen Erlebnissen und Erkenntnissen, sinniert Justus Frantz zum Ausklang dieses Buches. Die Kraft der Musik, das ist seine Erfahrung nach einem langen Leben an den Tasten, könne unendlich viel bewirken. Bei ihm, dem Klavierspieler, und bei den Hörern, den Empfängern. Darüber habe er früher mit Leonard Bernstein, dem Weltstar, ausgiebig philosophiert. Persönlich habe er die Zwischentöne favorisiert, Musik als Instrument zum Brückenbauen verstanden, Versöhnung verfolgt.

Zur Erinnerung: Bernsteins Eltern Jennie und Samuel waren US-Einwanderer aus dem ehemals polnischen und heute ukrainischen Wolhynien. Leonard Bernstein war der erste Musiker von Weltgeltung, der nach dem Chaos des Zweiten Weltkriegs in den Augen vieler jüdischer Freunde viel zu früh nach Deutschland kam, um aus Musik mehr zu machen: Freundschaft. Dieses Meisterstück glückte ihm vollkommen. Bernstein war zur Stelle, als Justus Frantz das Schleswig-Holstein Musik Festival an den Start brachte. Die beiden Männer waren Freunde, enge Freunde. »Auch mehr, Herr Professor Frantz?« Stille im Wohnzimmer am Kamin. »Gut, dass diese Frage kommt«, erwidert Justus Frantz nach kurzer Überlegung. »Sie gehört zu einer offenherzigen Biografie dazu.« Und er habe sich schon vorher entschlossen, etwas zu diesem Thema zu sagen.

»Mit Lenny hatte ich eine intellektuell und künstlerisch geprägte Freundschaft«, sagt der Pianist. »Ich weiß, dass Lenny sich in mich verliebt hatte.« Sie seien eine »unverbrüchliche Gemeinschaft« gewesen. Bis zu Bernsteins Tod im Oktober 1990 in New York City. »Ich habe Lenny apollinisch geliebt«, fügt Frantz hinzu. Also harmonisch, maßvoll, anziehend, jedoch nicht körperlich. Und zwar fast 20 Jahre lang, etwa von 1971 bis 1990. Dann fügt Frantz hinzu: »Mit Lenny habe ich immer Gespräche geführt, die Wesentliches berührten – sei es um Musikästhetik, um neue Kompositionen, um deutsche, amerikanische oder russische Literatur. Anschließend sind wir beglückt und beschenkt auseinandergegangen.« Frantz habe ihn sehr verehrt: »Er war ein Genie.« Seine Verehrung »war grenzenlos – aber mehr auch nicht«.

»Männer können eine große Anziehungskraft auf mich ausüben«, sagt Justus Frantz ungefragt. »Ja, und ich habe langjährige sehr enge Freundschaften mit Männern gehabt.«

Justus Frantz erhebt sich und geht voraus Richtung Küche. Auf dem Herd dampft ein Aluminiumtopf mit seinem Spezialtee. Es riecht verführerisch. Der Maestro schnippelt noch etwas Ingwer und Kurkuma in den rot brodelnden Sud, quetscht eine Zitrone aus. Dann holt er zwei Porzellantassen aus dem Schrank. Durch ein kleines Sieb lässt er seine Teekreation in die Tassen rinnen. Links neben den Herdplatten steht ein großer Obstkorb. Quitten, Limetten, Zitronen, eine Mango sowie eine Ananas liegen darin. Frantz besitzt einen perfektionierten Ananasschneider, mit dem man die Frucht gleichzeitig schälen und in Scheiben schneiden kann. An solchen Dingen hat der Junggeselle Spaß. Er ist geübt im Alleinsein.

»Auch wenn ich bisweilen etwas einsam bin«, bekennt er zurück am Kamin. Bezeichnungen als »Frantzdampf«, »Tausendsassa der klassischen Musik«, »Smiley des Musikfestivals« oder »Frantz im Glück« fand er immer unzutreffend: »Weil sie nicht die Tiefe meiner musikalischen Ästhetik widerspiegeln.« Diese bunten Tage sind vorbei. Heutzutage kann er mit solchen Klassifizierungen nichts mehr anfangen. Passé sind zudem Zeiten, in denen er von einem Konzerttermin zum nächsten jagte, Hunderttausende Kilometer jährlich im Flugzeug und mehr als 50.000 Kilometer im Auto zurücklegte. Sein Freund und Seelenverwandter Helmut Schmidt habe gesagt: »Justus Frantz, der große Impresario«. Einst habe das geschmeichelt.

»Viele Wege führen nach Rom«, wiederholt Justus Frantz nach einem kleinen Schluck Tee, »nur nicht der Mittelweg.« Dieser Satz könnte so etwas wie sein Lebensmotto sein. Zu den Ecken und Kanten stehe er. Nach wie vor liebe er den Disput, provoziere für sein Leben gern, blühe in intelligenten Auseinandersetzungen auf, komme allerdings rasch vom inneren Tempo 100 auf null zurück. Zu seinen vielen Geheimnissen gehört dieses: Hin und wieder schart er Jasager um sich herum, andererseits schätzt er diese im Herzen nicht. Menschen mit Widerworten hingegen, die er eigentlich mag, können auf Dauer anstrengend sein im Kosmos Justus Frantz. In dem sich eine Menge um den Mutterplaneten Justus dreht.

Über diese Formulierung muss der Maestro selbst lachen. Er ist gut in Form an diesem Abend eine Woche vor Weihnachten 2023. Ja, sein weltoffenes Denken, das er so nicht formuliert wissen mag, seine Reiseerfahrung, seine Kontakte in aller Herren Länder tragen ebenso zu einem spannenden Dasein bei wie seine Fremdsprachenkenntnisse: Spanisch, Englisch, Russisch und natürlich Deutsch als Muttersprache, zudem Französisch, Japanisch, Italienisch und – nicht unwichtig – Plattdeutsch.

Noch ein Griff in die Schale mit Gebäck. Diese Kekse schmecken so wunderbar nach Vergangenheit. Das »Schlossrezept« der Familie Goßler aus Schlesien hängt in der Küche. Bei diesem Stichwort kommt Justus Frantz ein weiteres Erinnerungsstück in den Sinn. Es betrifft seinen Großvater Alfred von Goßler. Eine mutige, konsequente Persönlichkeit sei dieser Mann gewesen. Aus Protest gegen die seiner Meinung nach unterwürfige Haltung dem Naziregime gegenüber drohte von Goßler schriftlich mit dem Austritt aus der Deutschen Adelsgenossenschaft. Dieses Schriftstück überlebte die Weltkriegswirren. Adelsmarschall Adolf zu Bentheim-Tecklenburg garantierte Chroniken zufolge Adolf Hitler in einem persönlichen Gespräch am 22. Juni 1933, die Begeisterung des deutschen Adels für den Nationalsozialismus zu wecken und antisemitische Maßnahmen zu forcieren. »Aktueller denn je«, sagt Justus Frantz.

Er freut sich, dass die mutige, unbeugsame Haltung seines Großvaters Alfred von Goßler der aufrechten Familientradition entspreche. Er sei ein standhafter Demokrat gewesen. Alfred von Goßler habe seinem Vetter, dessen jüdische Mutter ihm von den Nazis zum Verhängnis gemacht werden sollte, das Leben gerettet. Auf seinen Gütern ließ er eine »amtliche Bekanntmachung« veröffentlichen: Es heiße weiterhin »Guten Morgen« oder »Guten Abend« oder »Auf Wiedersehen« – aber nicht »Heil Hitler«. Ein solches Verhalten konnte während der NS-Diktatur fürchterliche Konsequenzen haben.

Justus Frantz hält erneut inne. Zum Ausklang dieses finalen Buchkapitels kommt ihm ein weiteres Detail in den Sinn: das russische Opernfestival im Rahmen des Schleswig-Holstein Musik Festivals Mitte der 1980er-Jahre in Hamburg. Gegen die Überzeugung einiger konservativer Nordlichter gelang zu Zeiten der Sowjetunion und des Kalten Krieges ein diplomatisches Kunststück. Mit Vermittlung des genialen russischen Komponisten Tichon Chrennikow wurden drei musikalische »Wunderkinder« nach Norddeutschland geholt: zwei Geiger, ein Pianist. Für diese Auftritte gab es viel Applaus. Zuvor hatte es für die Nachwuchstalente keinerlei Möglichkeit gegeben, aus der Sowjetunion auszureisen. Einmal mehr hatte sich die Philosophie des Justus Frantz bewahrheitet: Die Kraft der Musik kann Brücken bauen. Ob das auch in der Neuzeit funktioniert?

Justus Frantz hat es bis zu diesem Moment, sage und schreibe, mehr als drei Stunden geschafft, die unentwegt quäkenden, klingelnden, vibrierenden Handys im Nebenraum zu ignorieren. Für die bisher 26 Treffen in Zusammenhang mit dieser Biografie ist es ein Rekord. Was ist der Grund für die innige Zuneigung zu gleich drei Mobilgeräten, Maestro? Dieser blickt erstaunt auf, mit provozierendem Lachen. Dann gestattet er einen Blick auf das Display eines dieser Smartphones. 8.355 Kontakte sind darauf gespeichert. Und 121.000 Mails liegen im Eingangskasten. Das besagt die Zahl daneben. Warum das denn? »Ich lese keine Mails«, entgegnet Justus Frantz.

Dann springt er auf. Der nächste Termin wartet. Es ist eine Verabredung mit seinem Flügel im Nebenraum. Weiter geht's.

Foto: Marcelo Hernandez, Hamburg

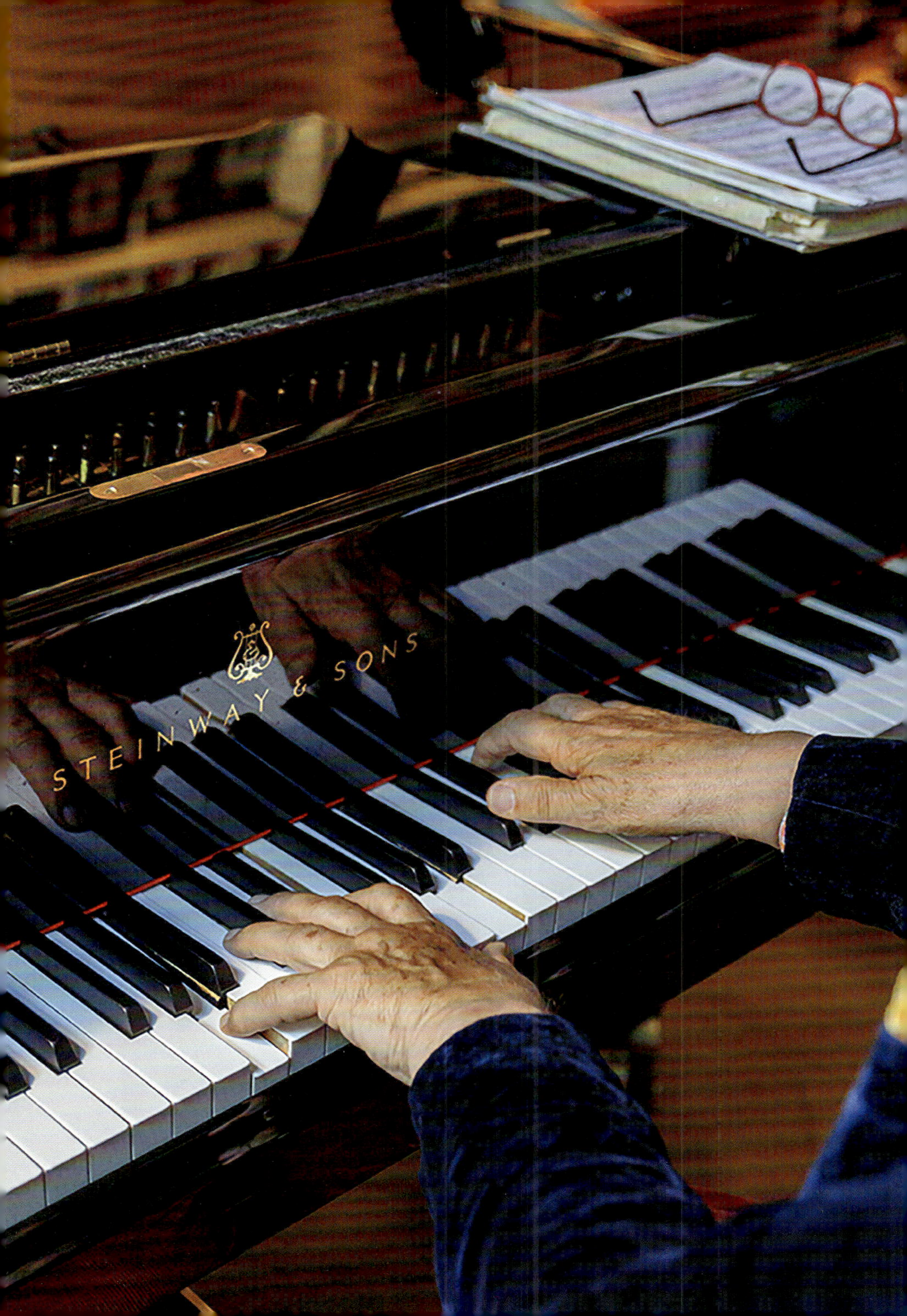
STEINWAY & SONS

Impressum

Titelfoto: Andreas Laible, Hamburg

Ein Gesamtverzeichnis der lieferbaren Titel schicken wir Ihnen gerne zu.
Bitte senden Sie eine E-Mail mit Ihrer Adresse an:
vertrieb@koehler-books.de
Sie finden uns auch im Internet unter: www.koehler-mittler-shop.de

Bibliografische Information der Deutschen Nationalbibliothek
Die Deutsche Nationalbibliothek verzeichnet diese Publikation in der Deutschen Nationalbibliografie;
Daten sind im Internet über https://portal.dnb.de abrufbar.

ISBN: 978-3-7822-1538-1

Gestaltung: Marisa Tippe, Hamburg
Druck und Bindung: Plump Druck & Medien GmbH,
Rolandsecker Weg 33, 53619 Rheinbreitbach

Printed in Germany

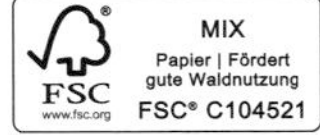

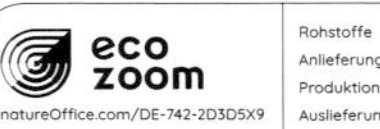

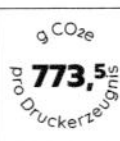

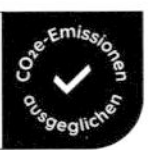